Raphaëlle Giordano

Et ils vécurent heureux malgré tous leurs enfants

roman

RÉCAMIER

#lisez! engagé
www.lisez.com
Pour plus d'information :
Imprimé sur du papier issu de forêts gérées durablement.

Imprimé en France par
CPI Brodard & Taupin
en septembre 2024
N° d'édition : H77118/01 – N° d'impression : 3057434

92, avenue de France
75013 Paris
Tél. : 01 44 16 09 00
Fax : 01 44 16 09 01
www.editions-recamier.fr
www.lisez.com

Mise en page : PCA
Dépôt légal : octobre 2024
ISBN : 978-2-38577-118-8

Et ils vécurent heureux malgré tous leurs enfants

De la même autrice

Romans

Ta deuxième vie commence quand tu comprends que tu n'en as qu'une, Eyrolles, 2015 ; Pocket, 2017.
Le jour où les lions mangeront de la salade verte, Eyrolles, 2017 ; Pocket, 2019.
Cupidon a des ailes en carton, Plon-Eyrolles, 2019 ; Pocket, 2020.
Le Bazar du zèbre à pois, Plon, 2021 ; Pocket, 2022.
Le spleen du pop-corn qui voulait exploser de joie, Plon, 2022 ; Pocket, 2023.
Heureux les fêlés car ils laissent passer la lumière, Éditions Récamier ; Pocket, 2024.

Non-fiction

Collection « Les Secrets du docteur Coolzen », Dangles, 2010. Illustrations d'Izumi Mattei-Cazalis :
L'Affirmation de soi – Ni tyran, ni carpette
La Gestion du stress – Ni babacool, ni bouledenerf
Faire face au changement – Ni déni, ni tétanie
La Relation de couple – Ni glaçon, ni crampon
100 % bonheur, Mango, 2012.
J'ai décidé d'être zen… et bien dans mes émotions, Eyrolles, 2014.

À mon fils, Vadim, mon unique, mon précieux.
À la plus merveilleuse des daronnes, la mienne.

Mes chers lecteurs,

Non, vous ne vous trompez pas de sens de lecture ! À l'envers de ce livre, j'ai eu envie que vous puissiez trouver une petite surprise ;-) Dans cette partie bonus, j'ai compilé pour vous une belle collection de témoignages de darons (majoritairement des daronnes !) qui se sont livrés à cœur ouvert sur la relation à leurs enfants et, par ricochet, à leurs propres parents. J'espère qu'ils vous toucheront autant qu'ils m'ont touchée ! Il est si réconfortant de pouvoir partager entre nous ces facettes intimes de la vie de famille, qui mettent en lumière la complexité de liens, jamais dénués de charge émotionnelle.

Un immense merci donc à tous mes amis lecteurs qui ont accepté de m'envoyer leur témoignage sur leur vie et vérité de daron, et qui ont osé me confier leurs pensées les plus intimes. Ce partage a stimulé ma démarche créative dans ma phase d'idéation. Mais par-dessus tout, chacun de leur message m'a émue par sa sincérité et sa profondeur. Quel beau cadeau ! Parmi les centaines de courriers reçus, un merci tout spécial à :

Gaëlle L., Sabine M., Sabine L.M., Florence G., Adeline L., Aurélie O., Lydie B., Manon R., Séverine T., Françoise J., Charlène C., Mathilde D., Christophe R., Mylène V., Sarah D., Céline R.G., Mathilde C., Stéphanie P., Sharone F., Carole B., Marie D., Clémence G., Mireille L., Caroline N., Natacha G., Céline C., Céline M., Guylaine B., Karinne V., Bérengère V., Stéphanie F., Rebecca H.R., Estelle H., Élodie T., Émilie B., Patricia M., Stéphanie I., Ashley H., Amanda C., Corinne G., Anne-Laure B., Sandrine G., Blandine C.D., Nathalie M.B., Cécilie F., Sylvie V., Damienne H.P., François D., Carine T., Valérie K., Laetitia L., Marianne K., Aurélie B.S., Hasna B., Marjorie B., Noémie D., Caroline M., Mireille M., Nathalie S., Nathalie M., Sophie L., Barbara A., Marylène V., Aurélie G. J., Mathilde R., Amandine F., Manon P.

Je vous laisse en leur compagnie ! Excellente lecture à vous.

Témoignages de darons et d’enfants de darons

« J'ai également toujours voulu que vous soyez fiers de moi. Et même si je ne l'ai pas toujours entendu, je pense que vous l'êtes. J'ai toujours cette inquiétude de vous décevoir, d'aller à l'encontre d'un de vos avis, comme une petite fille… »

(Gaëlle L.)

« Si je suis ce que je suis aujourd'hui, c'est aussi grâce à ce que je n'ai pas eu. »

(Sabine M.)

« Et là, mes enfants prennent conscience, enfin, que je suis mortelle, que le roc (comme m'appellent aussi mes petits-enfants) craque de partout. »

(Sabine L.M.)

« Je serai ta mère pour la vie mais j'ai aussi le droit d'exister. J'ai besoin tout comme toi de me réaliser : il n'y a pas d'âge pour cela. »

(Florence G.)

« Je vivais dans une insécurité constante, chose qui me poursuit aujourd'hui et à laquelle j'essaye de remédier… Dans la famille, il n'y avait pas de place pour moi, pour nous, tes enfants ; nous vivions au rythme des problèmes adultes. »

(Aurélie O.)

« Qui a dit que la grossesse était agréable ? Bof… Je ne partage pas cet avis. Régime alimentaire, pas d'apéro, impossible de dormir… Pas envie de recommencer ! L'accouchement a été compliqué également : prématurée, soins intensifs, sonde nasogastrique, chauffeuse, jaunisses à répétition… »

(Mathilde D.)

« Il le sait déjà, mais j'aimerais que mon père s'excuse. Pour ce qu'il a fait, mais surtout pour ce qu'il n'a pas fait.

[…] Si dans votre livre il peut y avoir une pensée pour Célestin, notre petit ange, et tous ces parents qui survivent sans leur(s) enfant(s) et que l'on appelle "paranges".

[…] Pour conclure, être parent, c'est devoir composer avec la joie et la tristesse, la santé et la maladie, la validité et l'invalidité, la vie et la mort. »

(Adeline L.)

« [À mes ados] Je voudrais leur écrire sans aucun reproche que ma vie de maman n'a pas été simple. Beaucoup de sacrifices, de rêves mis en sommeil, de fatigue, plus de temps pour moi… Ce n'était pas la vision que j'avais de la relation maman/enfants, car vous avez été très durs. C'est certainement ma faute, mais je ne savais pas faire autrement.

Mais l'essentiel est là : l'amour, vous êtes les enfants de l'amour. »

(Lydie B.)

« Le fait d'être parent requiert beaucoup de compétences en simultané et provoque énormément de stress et d'anxiété. Il faut toujours être vigilant : la vie d'un être repose sur vous, alors il faut rester attentif, avoir une grande force physique et mentale, de la patience, une envie d'éduquer, de protéger, de transmettre… Le parent se soucie souvent de son enfant, de son bien-être, de sa scolarité, de son épanouissement, et parfois le parent s'oublie. Je pense qu'être parent est une réelle vocation et n'est pas assez valorisé. »

(Manon R.)

« Vos propres parents n'ont pas toujours su vous accompagner pour vous permettre de mieux aborder la vie d'adulte, ils n'ont pas toujours su vous donner l'amour nécessaire pour vous sécuriser et vous apporter les ressources nécessaires pour affronter le monde extérieur. Par pudeur, éducation, culture, les sentiments n'étaient jamais abordés.

C'est pourquoi aujourd'hui je suis en mesure de comprendre vos propres schémas éducatifs à mon égard, ce qui enlève toute sorte de rancœur, je vous rassure.

J'aurais souhaité me sentir simplement plus armée pour affronter la vie, mes propres peurs, mes angoisses. Au lieu de cela, je me suis sentie enfermée, isolée dans votre surprotection, ce qui n'a fait que grandir mes peurs. Je me suis souvent sentie incomprise. Les émotions, les sentiments, n'étaient pas des "choses" qu'il fallait aborder à la maison. Je pense que je vous ai bousculés car, moi, je voulais exprimer ce que j'éprouvais à l'intérieur de mon être. J'ai essayé, mais je voyais bien que pour vous, exprimer ses émotions était un signe de faiblesse vis-à-vis des autres et de la société. Est-ce que c'était de l'ego ? de la pudeur ? Certainement un peu de tout cela.

Toi, papa, tu as toujours été l'homme fort de la maison, un homme qui aimait sa famille plus que tout. Tu voulais construire un foyer sécurisant. Pour cela, tu travaillais beaucoup, beaucoup, et cela occupait forcément ton temps et ton esprit, même lorsque tu étais présent à la maison. De mon côté, j'ai essayé de ne pas faire trop de bruit en étant la petite fille "parfaite". Mais malgré tout, je constatais bien qu'il n'en était pas ainsi. Ma grande timidité et ma peur de ne pas y arriver se ressentaient dans mes résultats à l'école… Et cela vous procurait un léger malaise, à cause de votre peur du regard des autres.

Bref, aujourd'hui, je constate qu'être parent n'est pas simple. Nos enfants sont des êtres uniques (je suis unique). Ce rôle de parent évolue au fil de la croissance de l'enfant, et, finalement, le plus difficile, c'est de s'y adapter, s'ajuster et accompagner notre enfant jusqu'à l'âge adulte sans pour autant vouloir de lui ceci ou cela, sans jugement, en accueillant simplement.

J'aurais souhaité qu'on aborde plus nos émotions, nos envies, nos désirs et nos peurs. Lorsque j'abordais certains de mes ressentis, mon mal-être, mes angoisses, je sentais que cela pouvait déranger, gêner ou bousculer… Certainement par l'incapacité pour eux de savoir quoi en faire. De fait, comme une page qui se tourne, mes attentes d'écoute, de conseil, d'aide étaient minimisées, et on changeait rapidement de sujet pour laisser place à des discussions d'adultes (travail…). Je ressentais une grande solitude intérieure et de l'incompréhension, d'une part à cause de ce que je vivais au quotidien avec cette lutte permanente pour cacher mes peurs… et d'autre part, par le manque de discussions de fond avec mes parents.

Oui, je trouve difficile le métier de parent, car en grandissant notre enfant n'a plus le même cadre de référence que celui qu'on lui a apporté jusqu'alors. On doit alors comprendre le sien, s'ajuster, pour être sur la même fréquence et se comprendre. Cela demande une perpétuelle remise en question pour espérer pénétrer dans le monde de notre enfant, en tout cas pour le comprendre et l'accompagner au mieux. C'est comme une course effrénée – à en perdre haleine, parfois.

Avec mon ado, j'ai vécu et je vis encore parfois de grands moments de repli sur moi-même, avec le sentiment de ne jamais être à la hauteur, avec la peur de dire un mot plus haut que l'autre et de "détruire" notre relation. J'avais juste envie, et encore aujourd'hui, de le mettre en garde sur les obstacles de la vie, sur ce que je vois qui pourrait être néfaste pour lui, avec mes yeux de mère ; oui, avec mes yeux de mère, mais pas forcément ses yeux à lui. Donc ma douleur est là aujourd'hui : me taire et le laisser faire son chemin de vie. »

(Séverine T.)

« “En tant que parent, il faut savoir que nous avons toujours pris chaque décision en pensant que c’était la meilleure décision à ce moment-là. C’est bien plus tard que nous constations si nous avions eu raison ou non.” C’est ma mère qui disait cette phrase. À l’époque, je ne comprenais pas. Mais je l’ai toujours gardée dans ma tête et je pense qu’elle résume parfaitement le rôle de parent. Elle m’a permis de cesser ma pluie de reproches envers mes parents, en me disant qu’ils avaient fait de leur mieux avec les connaissances et les moyens qu’ils avaient à leur disposition.

[…] Des parents parfaits, cela n’existe pas, mais nombreux sont ceux qui donnent le meilleur d’eux-mêmes en toute bonne foi, et ça, c’est déjà énorme ! »

(Françoise J.)

« À mes fils, j'expliquerais que je lutte chaque jour pour leur donner le meilleur. Que la vie d'une mère est un combat de chaque instant et qu'elle l'est d'autant plus lorsque le papa ne joue pas son rôle. Si je pouvais, je leur expliquerais les manquements de leur père, je leur montrerais que, s'ils ne manquent de rien, c'est parce que je gère tout sans compter sur lui. Que bien souvent je les laisse croire qu'il joue un peu son rôle pour qu'ils n'aient pas une trop mauvaise image de lui, et parce que je refuse d'être celle qui leur ouvrira les yeux sur qui il est. Je crains trop qu'ils me le reprochent ensuite. »

(Charlène C.)

« Pris entre le travail, l'organisation de la maison et mes quatre enfants, j'ai peu de temps à leur accorder individuellement mais, considérant que je fais de mon mieux, j'essaye de ne pas trop culpabiliser par rapport à cette situation. Étant papa solo, j'aurais aimé recevoir plus d'aide de mes enfants dans les tâches ménagères, mais je n'ai jamais trouvé la solution pour qu'ils comprennent qu'ils devaient faire leur part de travail. J'aurais aimé que cette aide vienne naturellement sans que j'aie besoin de la quémander. Avec quatre enfants, même avec la garde alternée, la charge est relativement lourde et, les temps pour soi étant rares, peut conduire à un véritable épuisement et un oubli de soi. »
(Christophe R.)

« Certaines personnes se prétendant des amis me posent la question qui tue : “À quand le deuxième ?” Parce que je dois avoir de l’amour à donner ?! L’amour se mesure donc au nombre d’enfants ?!! Je ne le savais pas. Les enfants seraient une mesure. Je serais par conséquent une mère anormale, une femme anormale. Il y a peut-être un Code (cf. le Code de droit pénal ou le Code de droit civil ou judiciaire ? Oui, c’est ironique…) qui stipule qu’une bonne mère est une femme qui a a minima deux enfants ? Et au maximum soixante-neuf si l’on en croit le record du monde de Valentina Vassilyeva ? Pourquoi pas ! »

(Mylène V.)

« […] car vivre ma vie d'adulte me titille ; avec mes enfants qui grandissent, cela me laisse plus de place… Pour la spontanéité, pour l'insouciance, pour casser des codes, pour être moins dans les clous… Car oui, pour moi, le rôle de parent implique une certaine retenue, un certain sens des responsabilités, être le bon exemple, et oui, aujourd'hui, j'aimerais être plus décalée… * m'asseoir sur la table si ça me chante * manger ce dont j'ai envie quand je suis prête, moi * mettre ma musique à fond quand je veux * mettre des huiles essentielles, de l'encens comme bon me semble sans me soucier des autres * partir où je veux quand je veux sans me soucier des autres * sortir * inviter qui je veux quand je veux * me centrer un peu plus sur moi et mon environnement social.

[…] Ce qui m'a manqué, c'est de prendre du temps long (une semaine) sans mes enfants, rien que pour moi, pour faire ce que je veux, me retrouver avec moi-même, mes amis ou mon conjoint… Finalement, les couples divorcés arrivent à avoir une semaine pour eux sur deux ! »

(Sarah D.)

« Mon mari ne prend pas son rôle de père à bras-le-corps. Je joue un peu les deux rôles et je voudrais vraiment, mais vraiment, pouvoir compter sur lui. Par exemple, quand on a diagnostiqué un diabète de type 1 à mon fils aîné (et c'est un exemple parmi tant d'autres). J'étais la seule à parler avec les médecins, à écouter les directives, à apprendre à faire des piqûres, à poser des cathéters. Tout reposait et repose toujours sur mes épaules. Mon mari ne cherchait pas vraiment à comprendre le traitement de son fils. Il me regardait faire, point. J'ai vraiment mal supporté la chose. J'ai vécu des moments très seule (psychologiquement parlant) dans les hôpitaux. »

(Céline R. G.)

« [À mes parents] J'aurais souhaité pouvoir communiquer avec eux sans filtre, sans limites et sans tabous. Avoir un échange à cœur ouvert. Ouverts, si seulement ils l'étaient à recevoir les messages que je souhaite leur délivrer, en m'écoutant plutôt qu'en me répondant avant même que j'aie pu terminer ma phrase (et bien souvent c'est à côté du sujet !). Je leur rappellerais que je suis leur fille, pas leur médiateur, leur mentor ou leur sauveur. Que ce trio infernal doit cesser. Je peux les aider, les conseiller, les accompagner... Mais je ne peux pas les sauver ! Et que tant que ma maman se verra comme une victime (je ne l'ai jamais connue autrement), mon père sera le bourreau (je ne l'ai jamais vu autrement non plus, à travers la vision biaisée de ma maman) et moi, la sauveuse (qui porte tout le poids de leurs actes manqués ou inachevés). J'aimerais retrouver ma place, être leur fille et non pas jouer tous les rôles à la fois pour combler les mauvais choix de vie de ma maman et compenser ce qu'elle ne reçoit pas, tant elle a besoin de reconnaissance, tant elle attend que les personnes et éléments extérieurs comblent son bonheur. Jeter l'éponge ? Oui... Parfois, j'ai envie de revenir à ma vie d'avant, c'est ce sentiment de liberté qui me manque le plus. Retirer mon rôle de maman comme on enlèverait son manteau d'hiver et revêtir la peau de la femme pleine de joie de vivre que j'étais, au sourire permanent et contagieux. Et en même temps, je ne me vois pas vivre sans elles ! Alors je garde l'éponge dans ma poche, j'éponge les gouttes de sueur sur mon front et je la serre très fort quand les temps se font plus durs... »

(Romina S.)

« J'ai appris sur la fin de vie de ma maman que je suis venue au monde pour combler sa peine à la suite d'un avortement qu'elle avait subi quelques années auparavant. Je me surnomme le "bébé pansement". Je comprends un peu mieux, depuis, pourquoi ma maman était toujours après moi, pourquoi elle m'appelait tous les jours et pourquoi j'avais ce sentiment d'étouffement permanent. Elle préférait me faire la tête à cause d'un super projet que je réalisais plutôt que m'encourager, uniquement parce que ce projet m'éloignait d'elle, à l'autre bout de la France. »

(Mathilde C.)

« Quelle maman je suis ?

Une maman qui fait ce qu'elle peut pour tout gérer et qui souvent se met une pression monstrueuse pour répondre aux attentes de tout le monde.

Le poids de la parentalité est très lourd dans notre société : il y a l'idée de la perfection à atteindre, véhiculée par les réseaux sociaux. Bien manger, faire du sport, CNV, parentalité positive, être soutenante mais ne pas s'imposer, être ouverte d'esprit en mode copine mais garder de l'autorité... Beaucoup d'injonctions contradictoires à gérer.

S'adapter à chaque enfant, moduler sa communication, apprendre à gérer ses émotions... c'est difficile. Et en même temps tellement enrichissant quand on perçoit chacun comme l'être unique qu'il est ! L'autoriser à exprimer et à s'exprimer d'une manière différente de la nôtre, lui permettre ses propres expériences et échecs, savoir qu'il va dans le mur, accompagner, soutenir mais le laisser faire parce que c'est comme ça qu'il grandira... »

(Stéphanie P.)

« Je me rappelle que mon fils a mis deux ans et demi à faire ses nuits… Je suis passée par des phases d'épuisement, mais j'ai toujours tenu. Je me rappelle avoir un jour dit au père “je vais dormir dans la chambre du haut, je vais dormir et je ne l'entendrai pas”. J'avais même mis des boules Quies. Dans la nuit, je me suis réveillée, j'ai enlevé mes boules Quies pour tendre l'oreille et j'ai entendu mon fils pleurer. Je suis descendue, le papa n'avait même pas entendu ! C'est ainsi que je définis l'instinct maternel. »

(Sharone F.)

« La société actuelle est bien pesante car elle se croit bien-pensante ! En effet, nous devons être des *wonder women* au boulot, à la maison, avec notre conjoint, nos enfants, nos parents… Parfois, j'ai l'impression d'être une clé de voûte. Il faut tenir coûte que coûte sinon tout s'écroule… Et bien souvent à notre détriment ! Il faut être des parents parfaits pour nos enfants, et être aussi des enfants parfaits pour nos parents, prendre soin d'eux à l'aube de la vieillesse. Nos vies semblent se résumer à une culpabilité oppressante et bien présente !

La société nous juge tout le temps… Nous essayons d'être dans les clous, ni trop ni trop peu… »

(Carole B.)

1

Si le milieu de nulle part devait trouver son royaume, il élirait probablement ce lieu. Isolé, désolé ; les arbres eux-mêmes ont des allures de naufragés. Une allée pavée d'un gravier sinistre, des pelouses à la calvitie avancée, un terrain cerclé de grillages, dont la couleur verte n'arrive pas à redonner de l'optimisme… Partout où les yeux se posent, le gris prédomine et se décline en camaïeu, du plus lumineux au plus sombre, telle une composition tardive de Nicolas de Staël où le paysage tend à devenir une abstraction et pousse un cri de solitude, déchirement d'une nature abandonnée. Personne ne serait étonné d'apercevoir un corbeau ou un pendu. Pourtant, défiant toutes les probabilités, c'est un visage aux yeux rieurs qui sort de la grande bâtisse taciturne plantée au milieu du domaine. La femme – car bien que dissimulés par des vêtements amples et une casquette enveloppante, ses attributs féminins se devinent – s'avance d'un pas alerte vers la voiture qui vient de se garer devant le refuge. Deux enfants surexcités bondissent hors du véhicule. Un homme, qu'on devine être le père, les exhorte au calme. La mère, résignée, n'essaye même pas. Vouloir baisser le taux d'adrénaline semble illusoire.

L'employée se présente à eux.

— Bonjour. Je m'appelle Bertha. Bienvenue. Je suis là pour vous accompagner dans votre démarche d'adoption.

Elle leur sert le laïus habituel rappelant le sérieux d'un tel engagement, qui nécessite de ne pas se prononcer à la légère. Les membres de la famille acquiescent. Ils ont conscience de la responsabilité qui va désormais leur incomber, si leur coup de cœur se confirme. L'employée le souhaite sincèrement car, en vérité, elle s'est prise d'amitié pour l'occupant du box 36 et espère qu'il trouvera une nouvelle famille.

La petite troupe s'arrête un instant devant l'accueil.

— Attendez-moi, j'en ai pour un instant, dit Bertha. Je vais chercher le dossier de notre protégé pour qui vous avez craqué sur notre site.

En effet, son absence ne dure pas plus d'une minute. Le père l'interroge :

— Vous avez beaucoup d'occupants en ce moment ?

Bertha soupire, l'air dépité.

— Oui, de plus en plus, malheureusement. On vit une drôle d'époque, vous savez…

La mère s'indigne. Trouve terrible qu'il y ait encore autant d'abandons. Les enfants courent en avant. Eux n'ont qu'une idée en tête, aller à la rencontre de ces candidats à une vie meilleure.

— Et vous travaillez depuis longtemps à la SPA ?

— Au début je pensais que cela serait un phénomène passager. Un peu comme les Restos du Cœur. Mais plus le temps passe, plus nous avons de cas, et le refuge est tellement plein à craquer que nous sommes parfois obligés de refuser des admissions.

— C'est formidable ce que vous faites, dit la mère. Cela doit être très gratifiant d'avoir un travail d'utilité publique.

— Oui, c'est vrai… Même si c'est usant, par d'autres côtés. Devant l'ampleur de la tâche, on a parfois envie de jeter l'éponge.

La joie des enfants, qui s'exclament devant chaque box, dissipe le léger vent maussade soufflé par l'employée.

— Et celui-là ? demande le plus jeune. Il a des yeux gentils ! Qu'est-ce que tu en penses, papa ? Regarde, on dirait qu'il me sourit !

— Les enfants, calmez-vous ! On était d'accord. On va d'abord rendre visite à notre coup de cœur. Après, on verra.

Bertha a l'habitude des élans d'enthousiasme des visiteurs. Mais elle ne peut s'empêcher d'être méfiante des feux qui ne durent pas. S'engager à prendre soin d'un être vivant, ce n'est pas pour cinq minutes. Cela ne doit être ni un jeu ni un caprice. Que se passe-t-il après les premiers jours d'euphorie ? Combien de temps dure l'effet du tout nouveau, tout beau ?

Malgré ses doutes et son scepticisme, il faut qu'elle garde bonne figure devant cette famille de volontaires. On ne sait jamais, leur démarche est peut-être sérieuse. Ils arrivent devant le box. Il n'y a pas de grille. Seulement des parois de verre. À l'intérieur, une femme est assise. Elle est en train d'écrire dans ce qui ressemble à un journal intime. Bertha frappe à la vitre et la femme lève les yeux. Elle regarde les personnes qui accompagnent Bertha et une lueur d'espoir se lit dans ses prunelles. Bertha entre avec le petit groupe, soudain intimidé sur le seuil de la cellule.

— Voilà, c'est elle. Je vous présente Andrea, quarante-trois ans, deux enfants, de seize et dix-neuf ans. Elle est là depuis cinq mois. Son mari l'a quittée et ses enfants la délaissent complètement… Je ne vous dis pas dans quel état de solitude on l'a retrouvée quand on l'a recueillie, n'est-ce pas, Andrea ?

Andrea acquiesce, les yeux humides. Aucun son ne sort de sa bouche. Le père s'inquiète.

— Elle ne parle pas ?

Bertha s'y attendait. Dès que l'un de ses protégés a une petite tare, les prétendants acquéreurs se hérissent et hésitent. Ils voudraient des êtres vivants tout neufs, tout beaux, sans défauts, comme sortis du magasin. Comme si on pouvait effacer leur vécu difficile d'un coup d'éponge !

— Si, si, je vous rassure, elle parle. Il faut juste lui laisser un peu de temps… La situation n'est pas facile pour elle.

L'un des petits garçons n'a pas compris la notion d'apprivoisement.

— On peut la serrer dans nos bras ? demande-t-il sans attendre l'autorisation.

Il saute au cou de la femme, qui bascule sous l'assaut. C'en est trop pour Andrea, qui n'a plus l'habitude de telles démonstrations affectives. Elle repousse l'enfant dans un réflexe de défense et recule dans le coin opposé de la pièce, le regard effrayé.

— Doucement ! s'agace la mère. Tu vois bien que tu lui fais peur !

L'enfant est déçu et commence à bouder.

— Ce n'est pas drôle si on ne peut pas cajoler la dame.

Le cœur d'Andrea s'affole. Elle se sent soudain comme une bête traquée. Sa bouche est pâteuse. Elle a du mal à respirer. Où est-elle ? Pourquoi est-elle là ? Elle essaye de se souvenir, mais tout reste flou. Est-ce qu'elle est devenue amnésique ? Ou pire ? Folle ? Que lui veulent ces gens bizarres ? La femme avec la blouse verte, Bertha, de ce qu'elle a compris, prend le groupe à part. Elle perçoit des bribes de leur conversation à voix basse. La famille a des doutes devant son attitude réfractaire. Ils hésitent à l'adopter finalement… L'adopter ? Mais elle n'est pas à adopter ! On n'adopte pas les personnes ! Les enfants peut-être, mais pas les adultes ! Qu'est-ce qui est en train de lui arriver ?

Paniquée, elle se dirige vers la porte du box, joue des coudes pour sortir de force, et tombe sur la pancarte accrochée à l'entrée. On y voit sa photo et en dessous un descriptif succinct, assez révoltant, qui retrace son âge, ses habitudes alimentaires, ses traits de caractère principaux. Une sourde révolte gronde en elle lorsqu'elle remarque le sigle sur le papier : SPA. Elle ne comprend pas. Elle n'est pas un animal ! Elle se penche davantage et lit alors le sous-titre :

« Société pour parents abandonnés. »

Andrea ressent comme un haut-le-cœur. Elle se précipite vers Bertha, l'attrape par les épaules et la secoue de questions.

— Pourquoi je suis là ? Où est ma famille ? Où sont mes enfants ?

Sa voix est étranglée de sanglots bloqués dans son arrière-gorge. Bertha, avec beaucoup de douceur et de bienveillance, tente de la calmer et l'aide à s'asseoir. Elle se tourne vers la famille et lui demande de l'attendre à l'accueil. Dépités, ils s'éloignent, non sans jeter des regards en arrière dans sa direction, en ayant l'air de se demander ce qui peut mettre dans un tel état cette *daronne à adopter*.

Andrea se retrouve face à face avec Bertha. Elle lui parle comme à une malade qui aurait perdu la boule.

Un petit filet de mots s'échappe de sa bouche, censé apaiser la crise.

— Andrea, vous vous souvenez ? Vous êtes ici parce que vous vous sentiez totalement abandonnée par votre famille. Rappelez-vous, votre rupture avec votre mari, votre fils, parti étudier dans le sud de la France, qui ne vous appelle presque jamais, et surtout votre fille de seize ans, qui vous parle mal et avec laquelle le lien s'est distendu.

Andrea l'écoute. Des larmes lui montent aux yeux. Oui, c'est vrai. Elle s'est sentie tellement abandonnée ! Elle qui a tout donné à ses enfants depuis tant d'années. Et ils se sont éloignés d'elle en lui laissant pour seul cadeau leur ingratitude. Jamais elle n'aurait pu s'attendre à un égoïsme aussi crasse, une crasse tellement plus sournoise que celle qu'ils laissent, avec un mépris total, dans leur salle de bains… Elle secoue la tête pour essayer de chasser ces pensées, en vain. Bertha pose sa main sur son épaule et lui offre un regard de commisération tel qu'elle hésite entre hurler et sangloter dans ses bras.

Puis tout à coup, tout s'accélère, le couple d'adoptants revient, lui caresse les cheveux, les enfants l'attrapent chacun par un bras et veulent l'emmener de force, ils lui adressent des paroles douces et folles à la fois. Elle se débat. Elle ne veut pas que quiconque l'emmène. Elle veut être libre. Elle veut retrouver sa vie ! La Bertha ouvre une mallette, apparemment un kit d'urgence. Elle en sort une seringue.

— Tenez-la, s'il vous plaît ! Elle fait une crise !

Des employés du refuge surgissent pour la seconder et immobilisent Andrea. L'aiguille se rapproche de son bras. Elle s'agite comme une aliénée, bat des jambes, essaye de mordre ses soi-disant bienfaiteurs. Elle pousse un cri si violent que tout devient noir.

2

Lorsqu'elle se réveille, elle est en nage. Est-ce qu'elle a perdu connaissance ? Inquiète, elle regarde autour d'elle. Elle reconnaît son décor familier. Le papier peint en toile de Jouy qui lui sort par les yeux à présent. Les rideaux lourds couleur ours brun. Sa jolie coiffeuse ancienne, seul meuble hérité de sa grand-mère. Les habits de la veille jetés sur le fauteuil acheté il y a longtemps, quand son mari et elle s'amusaient encore à chiner dans des brocantes. Son mari justement, qui dort, à ses côtés. Elle le devine aux ronflements qu'il émet ; des ronflements très spécifiques. Il expire par « puffs » successifs et cadencés. Comme des pets de bouche, pense-t-elle parfois, lorsque l'exaspération la submerge. Un petit bruit ridicule et irritant qu'elle a fini par haïr. Le corps de son homme, massif, empiète systématiquement sur son territoire. Dans le lit, elle doit se tenir comme un toast sur la tranche. Marc a l'art d'occuper l'espace. Paradoxe : il est souvent là sans être là, et laisse le sentiment d'un grand vide dans la relation. Présence de l'absence. Depuis quand est-ce ainsi ? Des lustres. Elle préfère ne plus compter. Curieuse expression, « ça fait des lustres », qui n'a rien à voir avec des luminaires suspendus au plafond. Elle se souvient avoir appris à l'école que le terme remontait à la Rome antique, où le lustre était fréquemment utilisé comme unité de temps, à l'instar des heures, des années ou des siècles. Un *lustrum* équivalait à un cycle de cinq années. Pourquoi cinq ans ? Parce qu'à Rome, au ve siècle avant J.-C., avait lieu tous les cinq ans une cérémonie expiatoire, le *lustrum*, « nettoyage » en latin, durant laquelle les censeurs effectuaient un rituel de purification des citoyens aux yeux des dieux, souvent par le biais de sacrifice d'animaux.

Or, en cet instant, la notion de sacrifice fait terriblement écho dans l'esprit d'Andrea. Jamais, en se mariant, elle n'aurait imaginé tout ce qu'elle devrait *sacrifier* à la vie familiale. Andrea se dirige vers la salle de bains et, tandis que sa bouche se remplit de la mousse du dentifrice, elle continue son monologue intérieur. Elle réfléchit à sa famille et se demande tout à coup la différence entre maison et foyer. Elle cherche la réponse dans son téléphone. « Une maison est un endroit où les membres de la famille mangent, dorment et vivent. Elle devient un foyer quand les membres de la famille apprennent ensemble, s'aident les uns les autres et font des choses amusantes.[1] » Et voilà. C'est clair désormais. Le miracle n'a pas eu lieu. Sa maison n'est pas devenue un foyer... Sa famille lui a pris trop de ses rêves d'autrefois. Sa liberté de mouvement. Son temps pour elle. Elle tressaille, encore assaillie de culpabilité rien que d'oser avoir de telles pensées. A-t-elle seulement le droit de dire qu'elle est déçue ? Déçue de sa vie maritale et de son parcours de maternité. Jeter l'éponge ? Oui... Elle y a songé parfois. Elle a eu envie de revenir à sa vie d'avant, ne serait-ce que pour quelques heures. Retirer sa peau de maman comme on enlèverait un manteau d'hiver trop pesant et mettre sa robe couleur de soleil, comme dans *Peau d'Âne*, pour vivre la joie et l'insouciance de nouveau ! Toutefois, elle ne se voit pas être sans ses enfants. Alors

1. Sheila E. Wilson, « Une maison ou un foyer », juin 2004, URL : www.churchofjesuschrist.org

elle garde l'éponge dans sa poche et la serre très fort quand les temps se font plus durs.

Andrea a mal à la tête. *Quel horrible cauchemar !* Et maintenant qu'elle est réveillée pour de bon, elle se demande si le vrai cauchemar n'est pas ce retour à la réalité. Elle repense à la scène de la veille avec sa fille, Suzanne, toutes dents sorties pour mordre avec des propos blessants. Le nombre des années – seize ans n'est pourtant pas un grand âge ! – semble lui donner le droit de parler mal à sa mère et de refuser son autorité. Comment ont-elles pu en arriver là ? À quel moment a-t-elle raté son éducation ? *Mamma culpa…*

Les yeux bouffis par la mauvaise nuit, Andrea se dirige à tâtons vers la cuisine pour se faire couler un café. *Un double*, prévoit-elle d'emblée. Il faudra bien ça pour tenir la journée. *Tenir*. Elle n'a que ce mot-là à la bouche depuis quelque temps. Tenir, ne pas craquer. Se tenir droite, continuer d'avancer, malgré la peine, l'inquiétude, les colères rentrées. Tenir, comme si un tuteur était planté en elle, avec un nœud sévèrement serré au niveau du gosier. Trop de choses ne passent pas et lui restent en travers de la gorge. Quelqu'un lance la grande roulette de la vie et crie : « Rien ne va plus ! » Elle a l'impression que, d'un instant à l'autre, elle va tout perdre. Et en premier lieu se perdre elle-même. Cette famille, elle l'a toujours voulue. Elle s'y consacre corps et âme depuis plus de vingt ans. Elle lui a tant sacrifié ! Son métier d'origine, tout d'abord. Dieu qu'elle l'aimait, son travail d'infirmière puéricultrice à l'hôpital auprès des grands prématurés ! Même enceinte de son fils, Bastien, elle passait sans rechigner dix heures debout, les mains dans les couveuses à 30 degrés, à prendre soin de ces êtres si fragiles.

Elle se souvient de l'un d'eux, bout de chou minuscule qui ne pesait guère plus de 900 grammes, et qui luttait farouchement pour sa vie. Elle ressentait l'angoisse de la jeune maman qu'il ne survive pas, et elle, par compassion, avait tout fait pour cacher sa propre grossesse en se camouflant dans une blouse gigantesque. Tenir entre ses mains la vie de ces bébés venus trop tôt lui donnait tous les courages, malgré le rythme hospitalier harassant. Travail de jour et de nuit en alternance, travail les week-ends et jours fériés…

Andrea avait réussi à concilier son rôle de maman et de puéricultrice pendant deux ans. Puis, lorsqu'elle s'était retrouvée enceinte de Suzanne, son mari avait imposé un stop. Il voulait qu'elle change de boulot. Il en avait assez de se retrouver certains week-ends seul à s'occuper de leur fils, et avait l'impression d'être un père divorcé. Alors, avec l'arrivée d'un deuxième enfant, il était hors de question que cela continue. Elle avait encaissé le choc. Infirmière puéricultrice, pour elle, c'était bien plus qu'un métier. C'était une vocation ! L'abandonner était un crève-cœur, mais elle avait été obligée de reconnaître qu'elle n'arriverait probablement plus à tout gérer de front. À la même période, son mari avait obtenu une mutation en région parisienne et, pour lui, elle avait quitté sa province, son boulot, ses copines… À l'époque, elle mettait ses émotions sous le tapis. Elle n'avait pas vraiment pris conscience à quel point elle lui en voulait : pourquoi est-ce que c'était toujours aux mères de se sacrifier, de tout arranger au mieux pour la famille ? Après un temps d'adaptation, elle avait pris un poste de directrice adjointe en crèche pour un meilleur équilibre entre vie professionnelle et vie personnelle. Bastien rentrait en petite section de maternelle, mais ils n'avaient pas réussi à avoir de place en crèche pour Suzanne. Comble de l'absurdité ! Elle passait ses journées à s'occuper des enfants des autres – changer les couches, donner les repas, jouer, accompagner le personnel sur la motricité libre, l'autonomie de l'enfant – en partie pour pouvoir payer une nounou au tempérament obtus, qui avait le don de lui donner l'impression qu'elle était une mauvaise mère. La nounou s'engouffrait dans les failles de son estime de soi.

En un éclair fugace, Andrea pense à son père qui n'avait jamais su être encourageant, ni attentif ou démonstratif. Un homme emmuré dans sa forteresse infranchissable. Très droit, très travailleur. Seulement, quand il rentrait à la maison, la famille payait le prix fort de sa fatigue. Il répétait à ses enfants combien ils devaient lui être reconnaissants pour tout ce qu'il faisait pour eux. Son père était intransigeant et culpabilisant. « Finis ton assiette ! Tu sais le prix que ça coûte ? Tu verras quand c'est toi qui devras travailler ! » Ces propos s'accompagnaient souvent d'une tape insultante derrière la tête. Elle se souvient des mots qu'elle jetait avec rage sur son journal intime, dans lequel elle pouvait enfermer ses pensées inavouables grâce à la petite clé magique. « Avoir un enfant et ne jamais être aimant ! Autant adopter un poisson rouge ! Et encore, tout animal mérite de l'attention ! » L'écriture saccadée pleine de chevauchements trahissait son mal-être et son émotivité.

Andrea avait grandi avec un *pourquoi* dans la tête. *Pourquoi* se montrer si sec, si dur avec son enfant, lui donner l'impression qu'il est un poids alors qu'il n'a même pas demandé à venir au monde ? Elle n'arrivait pas à comprendre. Sa mère, elle, était un petit oiseau charmant et adorable, dénué de toute méchanceté, mais complètement sous la coupe de son mari. Elle lui en avait voulu longtemps de ne pas davantage élever la voix contre son père pour le remettre à sa place et les défendre, son frère, sa sœur et elle. Cela crée un curieux conflit intérieur d'aimer autant une personne et de ne pas arriver à la respecter. Andrea aurait voulu que sa mère travaille sur elle pour s'émanciper, gagner en autonomie et en indépendance… Elle n'avait jamais osé franchir le pas. *C'est une autre génération*, songeait-elle souvent pour oublier la blessure occasionnée de voir sa mère si soumise à l'autorité naturelle de son père. L'*autorité.* Un mot qui lui fait mal. La sienne est mise à rude épreuve. Elle ne sait plus comment s'y prendre avec sa fille. Pour la moindre broutille, tout s'enflamme, le ton monte, les mots regrettables arrivent. Pour contrebalancer, Andrea tombe à d'autres moments dans des excès de démonstrations affectives qui hérissent le poil de son ado réfractaire. Elle se sent si coupable de ne pas réussir comme elle voudrait à garder son calme face aux petits affronts quotidiens de Suzanne ! En réalité, son cœur de maman est dans l'insécurité la plus totale : elle se demande si sa fille s'est mise à la détester en grandissant, si la merveilleuse complicité qu'elles avaient est en train de se dissoudre dans le bain acide de l'adolescence. Alors parfois, Andrea devient pénible, geignarde. Elle quémande des câlins, cherche à se rassurer : « Tu m'aimes, au moins ? » Ces petites phrases ont le don d'exaspérer Suzanne, qui s'enfuit dans sa chambre en levant les yeux au ciel et en claquant la langue.

D'ailleurs, quand on parle du loup… Elle tombe nez à nez avec sa fille, qui vient de se lever, les cheveux ébouriffés et la moue boudeuse. Elle porte un vieux tee-shirt des Aristochats, dernier vestige de l'enfance. Leurs regards se croisent et se dardent. Suzanne marmonne un vague *bonjour*, les dents serrées. Elles se retrouvent dans la cuisine. La mère savoure son double café à petites gorgées et l'ado se sert un verre de jus d'orange. Malgré sa colère en pensant à la scène de la veille, Andrea ne peut s'empêcher de demander à sa fille ce qu'elle va prendre pour le petit déjeuner. Réflexe maternel primitif. Toujours s'assurer que son petit a le ventre plein.

— Rien. Pas l'temps. J'vais être en retard au bahut.

Suzanne rechigne sur les tartines, mais mange les mots de tous ses débuts de phrase. *Articule !* s'exaspère sa mère. Pourtant, ce n'est pas le moment de mettre de l'huile sur le feu. Andrea se souvient du conseil d'une amie : lâcher sur les broutilles et tenir bon sur l'important. Sa fille va s'enfermer longtemps dans la salle de bains. Pour ce qui est de se maquiller et de se coiffer, en revanche, elle a toujours le temps ! Quand elle sort, elle est jolie, mais empeste. Andrea se retient de se boucher le nez.

— Tu avais besoin de mettre autant de parfum pour aller à tes cours de maths et de français ?

— Lâche-moi, s'te plaît !

L'ado attrape son sac et s'apprête à quitter l'appartement.

— Suzanne ! Ce soir, on reparle de ce qui s'est passé hier !

— Y a rien à dire, Andrea.

Chaque fois que sa fille l'appelle par son prénom, elle se raidit. Cette ridicule provocation n'est faite que pour l'agacer, elle sait qu'il ne faut pas « accrocher ». De toute évidence, Suzanne cherche à mettre de la distance avec sa mère, à lui enlever symboliquement un peu de son autorité en ne l'appelant plus « maman ».

— Moi, je crois que si… répond-elle avec toute la bienveillance dont elle est capable.

— OK… On verra. Salut !

La porte claque. L'humeur d'Andrea est en chute libre et il n'est même pas 8 heures.

3

Suzanne dévale les escaliers, une boule coincée dans la gorge. Elle sait qu'elle dépasse les bornes en ce moment avec sa mère. Mais c'est plus fort qu'elle. Elle ne peut pas s'empêcher de lui parler mal. Comment dire ? Tout l'irrite venant d'elle ! D'un côté, la facette « gentille maman poule qui veille au grain » lui donne la nausée, et de l'autre, sa casquette d'adjudant tout le temps sur son dos à répéter les mêmes messages de recadrage lui provoque de l'urticaire. Depuis peu, quand Andrea lui demande de ranger sa chambre, elle répond : « Oui, chef ! » Quand elle dit « Va sortir les poubelles », c'est encore « Oui, chef ». Et « Mets la table »… « Oui, chef ! » Sa daronne ne doit plus en pouvoir de son insolence. Malgré tout, elle ne craque pas. Pour un peu, Suzanne admirerait sa patience. Si c'était elle, elle se collerait des baffes à longueur de journée ! À croire que ça l'amuse de chercher les limites…

Cependant, ce n'est pas si marrant de voir sa mère sortir de ses gonds. Les fois où elle a réveillé le dragon, ce n'était pas beau à voir ! Sa mère est une bonne personne. Mais lorsqu'on appuie chez elle sur le bouton de l'injustice, cela déclenche un état de fureur assez impressionnant chez quelqu'un d'ordinaire si bienveillant. Mieux vaut ne pas être sur son passage à ce moment-là. C'est bizarre, d'ailleurs, car Suzanne passe son temps à la provoquer alors même qu'elle déteste se disputer avec sa mère. Cela lui crée comme un nœud au plexus. Et elle n'a vraiment pas besoin de ça en ce moment. *On est début juin*, pense Suzanne. *Bientôt la fin de l'année !* Elle a fêté ses seize ans en mai. A priori, elle va passer en première, malgré des moyennes catastrophiques au dernier trimestre, ce qui n'a pas manqué de mettre ses parents aux cent coups. Mais qu'est-ce qu'ils comprennent à ses priorités ? Est-ce qu'ils ont oublié ce que c'est d'être jeune ? Sûrement ! D'ailleurs, quand elle embrasse son père, elle le charrie en le surnommant « l'ancêtre ». Elle trouve ça drôle. Sa mère, moins... « Arrête d'appeler ton père comme ça ! » Elle aime bien les emmerder un peu. C'est de bonne guerre, non ?

Arrivée dans la rue, elle tourne son visage vers le soleil et goûte quelques instants la douce chaleur. Elle espère trouver un maigre réconfort minute. La soirée de la veille l'a mise en vrac. En aucun cas ses parents ne doivent être au courant de ses dérapages. Il va donc falloir donner le change coûte que coûte. Elle n'en mène pas large. Elle a payé pour voir. Et elle a perdu. C'est moins drôle qu'elle ne l'aurait cru, de jouer à l'affranchie. Mais assez lambiné ! Il faut qu'elle se dépêche. *Assume maintenant !* s'admoneste-t-elle. Elle est en retard pour sa première heure de cours qui la saoule au plus haut point. Les maths et elle sont fâchées depuis longtemps. Pour couronner le tout, le prof s'appelle M. Déquerre. Le premier jour de l'année, elle avait cru à une blague. Pourquoi pas M. Compas, tant qu'on y était ! En attendant, il va encore lui mettre la tête au carré si elle n'arrive pas à l'heure.

Elle se rend compte qu'elle s'est habillée n'importe comment. Elle a enfilé une chemise dépareillée avec sa minijupe. Ça n'a pas l'air de vraiment déranger le groupe d'ouvriers de chantier qui reluque ses jambes et son cul sans vergogne. D'ordinaire, elle se serait retournée pour leur tendre un doigt, mais aujourd'hui, elle est noyée dans ses pensées chahutées. Elle sort son portable pour texter sa meilleure amie. Dix fois, sa mère lui a dit de ne pas faire ça en marchant, mais elle s'en fout. Elle a l'habitude d'écrire les messages à une vitesse incroyable, et puis, elle gère ! Ce n'est pas comme si elle traversait la rue sans regarder. Elle n'a plus sept ans. Tous les matins, Suzanne s'amuse à bomber le torse pour que sa poitrine puisse clamer à sa guise : « Je suis une femme maintenant ! » C'est ce qu'elle reproche à sa mère, ces derniers temps : elle la traite comme une gamine. Toutefois, si elle n'avait pas été aussi fière, elle aurait aimé pouvoir se confier à elle, se blottir dans ses bras comme quand elle était petite, se laisser bercer, cajoler, couvrir de baisers réconfortants… Qu'est-ce qui l'en avait empêchée ? La peur que sa daronne ne comprenne pas et l'engueule. Elle envoie son texto à Nola.

Suzanne : Grav besoin de te parler !!! Tu v1 a la récré ? *(Grave besoin de te parler !!! Tu viens à la récré ?)*

Nola : OK. Tu m'1kt… 😱 *(OK. Tu m'inquiètes…)*

Suzanne : Thx 💕 J'tdr ! *(Thanks. Je t'adore !)*

Elle a cinq minutes de retard. Heureusement, M. Déquerre est dans un bon jour et lui permet de rentrer en cours. Elle ouvre son cahier, mais n'écrit rien. Elle a le regard vide, comme ces poissons morts qui lui font si peur sur les étals de marché. Elle a la tête qui tourne. Elle n'a rien avalé depuis la veille, si l'on considère que l'alcool n'est pas un aliment. Elle aurait dû manger quelque chose ce matin pour colmater. Une petite voix énervante lui souffle qu'*il faut toujours écouter sa maman*. Ça la met en rage !

— Mademoiselle Blandin ! Je ne vous ai pas acceptée en cours pour vous voir dormir. Venez donc résoudre cette équation au tableau.

Suzanne était déjà pâle ; elle devient livide. Elle se dérobe. Demande à sortir. Dit qu'elle ne se sent pas bien. Est-ce que cet imbécile de M. Déquerre ne va pas la croire le seul jour où elle dit vrai ? Bon gré mal gré, il la laisse quitter la salle. Suzanne court aux toilettes et arrive juste à temps. Un haut-le-cœur la prend. Le hoquet la secoue plusieurs instants et la laisse tremblante. Sa gorge brûle et sa bouche se remplit du parfum âcre de la bile. Malgré elle, quand ça ne va pas, elle appelle « maman, maman » dans un murmure. Heureusement, personne ne l'entend. Elle se relève, les jambes encore chancelantes, se mouche, se passe de l'eau sur le visage. Son mascara a coulé. Elle a d'ordinaire de beaux yeux bleus. Mais aujourd'hui, de la lave a coulé autour de la piscine. Le fond de l'œil est rouge. Le contour est noir. Le teint est blanc.

Elle tente de se refaire une tête du mieux qu'elle peut, discipline avec ses doigts ses longs cheveux blonds bouclés et plante sans ménagement une barrette au sommet de son crâne. Elle tire sur sa jupe trop courte, à moins que ce ne soient ses jambes qui soient devenues trop longues. Maudite génération girafe. Elle passe par l'infirmerie pour réclamer un sucre avec quelques gouttes d'alcool de menthe, qui pourrait dissiper le malaise. L'infirmière lui jette un regard soupçonneux. Suzanne la rassure. Elle a sûrement mangé quelque chose qui ne passe pas la veille au soir.

Pendant la deuxième heure de cours, Suzanne comate. Cela passe plutôt inaperçu avec Mme Nicole. C'est toujours le boxon pendant les cours d'espagnol. Suzanne n'a plus qu'une idée en tête : retrouver Nola pour pouvoir enfin s'épancher sur les événements de la soirée. Quand l'heure de la récréation arrive, elle bondit de son siège si fort qu'il se renverse dans un grand ramdam. Les élèves applaudissent. La prof s'énerve, ce qui indiffère totalement Suzanne. Si elle devait s'arrêter à chaque fois qu'un adulte lui crie dessus, sa vie deviendrait un enfer.

Elle a développé une sorte de protection acoustique qui lui permet de fermer les écoutilles à sa convenance. Elle retrouve Nola près de l'arbre habituel, dans la cour.

— Ah ! T'es là, ma Granola !

C'est ainsi que Suzanne surnomme parfois sa meilleure amie, parce qu'elle a les cheveux aussi noirs que le biscuit du même nom. Et puis, un Granola, c'est tellement bon ! Elle se jette dans les bras de sa copine, inquiète de ces effusions inhabituelles.

— Suze, la vérité, tu m'fais peur là.

— J'avoue… Il faut que j'te parle.

— Vas-y ! Tu me stresses, sérieux, crache le morceau.

— J'ai fait l'mur hier.

— Nan ?

— Je voulais aller à la soirée de Brahim. J'ai eu une grosse scène avec ma mère. J'ai attendu minuit pour me tirer.

Suzanne affiche un air fier.

— T'es gonflée ! Tes darons se sont aperçus de rien ?

— Nan, j'suis rentrée incognito à 3 heures du mat'. J'te dis pas dans quel état !

— T'abuses ! Et qu'est-ce que t'as foutu si tard ?

— Tu connais la bande à Brahim… On a fait un bière pong mais avec de la tequila, c'était dingue !

— T'aurais pu m'appeler, *bitch* !

Dans la bouche de Nola, c'est affectueux. Elles se sourient.

— Sans rancune ! Kad m'a raccompagnée et…

— Me dis pas que t'as emballé ?

— Ben si… Je sais pas ce qui m'a pris !

Kad est un beau garçon, mais il a déjà une petite amie.

— Les ravages de l'alcool ! Ça t'apprendra à sortir sans moi ! se gausse Nola. Quand même, il est gonflé, le mec ! J'espère pour toi que sa copine ne l'apprendra pas, sans ça, il y aura du grabuge !

Le visage de Suzanne s'assombrit.

— Je sais… Tu me lâches pas, hein ?

— T'inquiète. Au besoin, je ferai barrage. Si tu me promets d'arrêter tes conneries !

Elles éclatent de rire. Suzanne sait que c'est l'hôpital qui se moque de la charité : sa copine Nola est la première à aimer faire les quatre cents coups. Bras dessus, bras dessous, plus complices que jamais, elles partent se chercher un chocolat à la machine à café.

4

Andrea se balade dans une grande enseigne de distribution. Elle adore flâner au rayon livres. Elle les touche du bout des doigts. C'est fou le nombre d'ouvrages qui traitent de l'éducation des enfants et des adolescents. « Comment mieux les comprendre. » « Comment être les meilleurs parents possibles. » « Comment se mettre à leur place »... Et eux, parents ? Qui se met à leur place ? Dire qu'on devient parent du jour au lendemain, sans formation, sans mode d'emploi, propulsé premier rôle dans la vie d'un petit être, sans doublure, sans possibilité de remplacement en cas de défaillance. C'est écrasant !

Andrea aime ses enfants. Du moins la plupart du temps. Est-il possible pour une mère d'avouer ne pas les aimer certains jours ? La frontière entre amour et détestation est parfois si mince. Après la scène d'hier avec Suzanne, Andrea voudrait libérer sa colère et envoyer valser le politiquement correct. Du ressentiment s'est accumulé ces derniers temps, comme une moisissure qui gagne du terrain au fond de son cœur blessé. Ce n'est pas convenable, une maman qui a envie d'insulter son enfant... Ça ne se fait pas. Pourtant, la veille, Andrea aurait eu envie de dire des choses affreuses à sa fille. La traiter de petite conne, de branleuse, ingrate et bouffie d'insolence.

Je t'aime, je te déteste. Comment peux-tu m'infliger autant de peine ? Pourquoi me donnes-tu autant de fil à retordre ?

Andrea se souvient de phrases entendues autrefois, quand elle écoutait des parents plus aguerris : « Petits enfants, petits problèmes. Grands enfants, grands problèmes. » Dieu qu'elle avait haï cela ! Elle s'était dit : *À moi, ça n'arrivera jamais. Moi, avec mes enfants, je saurai instaurer du dialogue, une bonne intelligence. Ils pourront tout me dire. On sera très proches. Ils n'auront pas peur de se confier. Les gens nous envieront tellement on sera une famille modèle.* À l'époque, elle regardait presque de haut ces parents « qui n'avaient pas su faire » et se retrouvaient débordés au moment de l'adolescence.

Comme elle avait été naïve ! Elle avait cru longtemps cocher toutes les cases de la bonne maman. Elle avait lu des histoires, soir après soir, inlassablement. Elle avait consolé les bobos. Les chagrins. Elle avait admiré les gribouillages, les coloriages, les colliers de nouilles et les vide-poches en rotin peinturlurés d'une main malhabile. Elle avait écouté patiemment les morceaux de flûte, avait payé des gaufres, des glaces, des bonbons, des tours de manège... Elle avait écouté les petits drames des cours de récréation, les parties de billes perdues, les bagarres pour s'arracher des images de collection à la cote imaginaire, et les toupies à chamailleries chipées dans les poches. Chaque année, elle avait organisé une fête d'anniversaire, supporté dix enfants survoltés, épongé les sodas renversés, le gâteau au chocolat écrasé dans les coins de canapé, les doigts pleins de gras et de sucre essuyés en douce sur les fauteuils. Cependant, tout ça n'avait pas évité le rendez-vous fatidique avec l'âge ingrat : le cap Horn de l'adolescence.

Andrea repose le livre *Guide de survie pour parents en détresse* avec une grimace dépitée. La crise d'ado de son fils n'avait déjà pas été de tout repos. Celle de Suzanne défie ses pires pronostics ! Emmerdeuse ? C'est un peu court. Enquiquineuse, peste, chipie, bêcheuse, coupeuse de cheveux en quatre, chercheuse de poux, empêcheuse de tourner en rond... Service de rébellion ouvert sept jours sur sept, même le dimanche. Sa fille illustre à elle seule la loi de Murphy. Elle vérifie la théorie selon laquelle si une connerie peut être faite, alors elle va finir par se produire. Suzanne, c'est la tartine qui tombe toujours du côté de la confiture. La loi de l'emmerdement maximum. La provocation est une matière dans laquelle elle est très largement au-dessus de la moyenne. S'il existait des carrières de casse-pieds professionnels, elle serait sûre de ne jamais être au chômage... Sa fille possède un sens inné de la contradiction. Contredire est d'ailleurs le seul sport qu'elle pratique encore, puisqu'elle a abandonné la danse, pour laquelle elle avait pourtant de belles facilités.

Andrea a tant donné à ses enfants pour compenser les manquements de son conjoint, peu impliqué. Qui s'est occupé toutes ces années de superviser les devoirs ? Elle. Qui a fait le taxi les mercredis pour les activités extra-scolaires ? Elle. Qui s'est dévoué chaque fois pour aller aux réunions de parents d'élèves ? Toujours elle. Cette année, son fils est parti étudier en région. Andrea a eu un moment la naïveté de penser qu'elle aurait moins de travail à la maison. Mais sa fille compte double niveau éducation et intendance. Est-ce que son mari a compris son besoin de soutien ? Que nenni ! Il continue à lever le petit doigt très rarement pour l'épauler ; alors, quand cela arrive, ses moindres gestes paraissent exceptionnels et louables. Sa fille tombe dans le panneau à chaque fois. Un petit billet de cinéma offert par-ci, un petit fast-food par-là, et le papounet se voit érigé en héros. C'est elle qui s'occupe de tout et c'est lui qui a le beau rôle. Andrea rumine l'injustice. Aborder les sujets délicats, poser un cadre : c'est pour sa pomme. Elle est devenue une sorte de moulin à messages contraignants : « Range ta chambre ! Arrête de joncher le sol avec tes habits en vrac ! Tu as encore mélangé le propre et le sale ! » Ou « Bravo ! Tu as réussi à ce que la salle de bains devienne la pièce la plus sale de la maison ! » Teinture pour cheveux avec taches indélébiles sur la faïence blanche, serviettes mouillées jetées en boule par terre après le premier usage – à peine sorties du propre, déjà bonnes à repasser en machine –, flacons de shampoing jamais rebouchés, traces de mascara et pigments de fards à paupières qui repeignent le lavabo façon art tribal... Une collection de griefs accumulés ! Et la fois où Suzanne a bouché les toilettes en y jetant ses protections périodiques ? 350 euros de plombier ! Andrea a beau asséner mille fois les mêmes remontrances, ça rentre par une oreille et ressort par l'autre. La caboche de sa fille est pire qu'un couloir de métro. Les messages s'y perdent dans un vaste courant d'air.

La mère soupire profondément. Sans fin... L'éducation est une affaire sans fin. Un mythe de Sisyphe au féminin. Et son rocher, même s'il est de la taille d'un caillou, c'est Suzanne.

Elle feuillette distraitement un livre de CNV. Communication non violente. Non vraisemblable. « Parlez à votre ado sans vous fâcher. » Elle rit jaune. Mission impossible ! Elle repense à la scène de la veille au soir. Comment aurait-elle pu garder son calme ? Sa fille serait capable d'énerver un quokka, ce charmant marsupial élu « animal le plus doux et le plus gentil au monde ».

Hier, Suzanne avait eu la prétention de vouloir sortir en semaine, avec école le lendemain. « Pourfairequoiavecqui d'abord ? » Les mots avaient jailli de la bouche d'Andrea comme un automatisme. Sa fille l'avait toisée avec mépris et colère. Elle n'avait plus douze ans. Elle n'avait pas à se justifier de ses moindres faits et gestes. Elle en avait ras-le-bol d'être infantilisée.

— Je ne t'infantilise pas, je te protège, nuance !

Ta protection, tu sais où tu peux te la mettre ? avait l'air de dire les yeux de sa fille. Charmant. Désarmée, Andrea s'était tournée vers son mari, espérant un soutien.

— Dis quelque chose, toi !

Mollement, il avait demandé à sa fille si au moins elle avait fini ses devoirs... Elle avait dit oui. Marc avait alors abdiqué dans un haussement d'épaules. Suzanne avait fixé sa mère avec une lueur victorieuse dans le regard.

— Tu vois ? Lui, il me comprend, pas comme toi.

— Parce que tu crois que ça va t'aider qu'il te dise oui à tout ?

Elle avait dardé son mari d'éclairs furieux.

— Merci beaucoup pour ton soutien, au fait.

Marc s'était enfoncé dans son fauteuil, ennuyé par ce vacarme et par la tournure des événements. La seule chose qu'il voulait, c'était la paix.

— Moi, je te dis que je t'interdis de sortir en semaine, surtout vu tes résultats pitoyables.

— Tu m'interdis ? Tu m'interdis ? avait éructé la jeune fille.

— Oui, tu as bien entendu ! avait cinglé la mère d'une voix sans appel.

Suzanne l'avait fusillée d'un regard noir, puis bousculée sans ménagement pour sortir de la pièce. Sa main était déjà posée sur la poignée de la porte du couloir lorsqu'elle avait murmuré « Sale pute ».

Le sang d'Andrea n'avait fait qu'un tour. Elle avait attrapé sa fille par la manche pour la retourner brutalement. La gifle était partie toute seule. Suzanne, sous le choc, avait contenu ses larmes pour ne pas perdre la face devant sa mère.

— Tu me frappes, maintenant ? De mieux en mieux.

Andrea était restée bouche bée devant tant de cynisme.

Après ces paroles assassines, l'adolescente s'était enfuie dans sa chambre en faisant claquer la porte, drapée dans sa fureur, enfermée à double tour comme une victime subissant un régime d'oppression. Sa mère en avait été malade.

De surcroît, Marc avait mal vécu la remarque de sa femme et s'était approché d'elle, plein d'animosité.

— Tu es vraiment insupportable en ce moment.

— Ah, parce que c'est moi qui suis insupportable ?

Le sentiment d'injustice avait pris Andrea à la gorge. Elle suffoquait.

— Je sors dîner, avait dit son mari d'un ton détestable. L'air sera plus respirable ailleurs.

Les rats quittent le navire. Une fois de plus, Andrea s'était retrouvée seule à bord de son radeau à la dérive. Un flot de larmes retenu depuis des semaines avait jailli. Les mots résonnent encore : « Tu me frappes, maintenant ? »

Tout de suite, l'exagération ! La baffe n'avait pas été forte. *Une giflounette !* avait-elle essayé de se dire pour minimiser. Bientôt, Suzanne allait se plaindre d'être une enfant battue… Andrea avait regretté ce geste qui allait lui coûter cher, trop cher. Un mouvement d'humeur impardonnable, mais qui était venu de tellement loin. Ce soir-là, elle s'était débouché une bouteille de vin, avait à peine touché à son repas et s'était mise au lit. Un silence glaçant avait plané sur la maison. C'est peut-être de là que vient l'expression « être en froid ». Le leur était polaire…

Elle passe devant le rayon jouets de la grande surface. Des poupées sont exposées. *Tiens, est-ce qu'ils font des Barbie « mère parfaite » ?* se demande-t-elle. À quoi ça ressemblerait, une mère parfaite ? Serait-elle comme le blond dans le sketch de Gad Elmaleh ? Une *wonder woman* qui réussit tout, aussi douée pour sa carrière que pour les quatre-quarts, qui explique les choses sans s'énerver, a la patience d'enchaîner les parties de Uno et sait résoudre les équations en trois tours de crayon à papier. Soudain, Andrea a l'impression d'être la pire des mères. Les yeux lui piquent. Vite, elle dégaine un mouchoir. Quelques clientes lui jettent un regard oblique, un peu désolées, gênées aussi. Les gens malheureux mettent mal à l'aise, comme si on risquait d'attraper leur poisse en les croisant de trop près. Andrea se tourne contre un mur pour pouvoir écraser tranquillement sa larme. Elle pense à Suzanne. À leur lien qui s'étiole, peut-être à jamais.

5

Andrea se mouche bruyamment pour évacuer sa peine et enfile ses lunettes de soleil pour cacher ses yeux gonflés. Elle ne peut pas rester là toute la journée, tapie dans ce petit coin de centre commercial. Il va falloir qu'elle bouge, que la vie continue, même si sa coupe de daronne est pleine ! « Daron », « daronne », c'est comme ça maintenant que les jeunes parlent de leur père et de leur mère. Ils s'inventent un langage, des wagons entiers de mots d'argot. Question vocabulaire, l'avenir de la langue est assuré. En revanche, pour l'orthographe, l'Académie française peut écrire sa chronique d'une mort annoncée.

Suzanne fait partie du lot : depuis la sixième, ses notes se sont dégradées en même temps que leur relation. Elle détestait déjà les devoirs. Il y en avait toujours trop. Elle chouinait, se détournait, râlait, se déconcentrait, pleurait, tapait, gigotait. Un supplice ! Parfois, même les cahiers volaient dans la pièce, exaspération de l'une ou de l'autre. Une guerre des nerfs. Andrea avait dû revoir ses prétentions à la baisse. Aux oubliettes les espoirs qu'elle plaçait en sa fille, pourtant brillante et sage en primaire ! Où était passée l'adorable Suzanne, la préférée des maîtresses, qui collectionnait les A et les mignons petits poneys arc-en-ciel ?

Andrea reprend sa marche sans but dans les allées du centre commercial et feint de faire du lèche-vitrines tandis que la nostalgie et la tristesse l'envahissent. Voilà à quoi elle aura encore passé sa journée de RTT : à se lamenter et à se tourneboulet pour sa fille ! Elle aimerait pouvoir tout effacer. Avoir une ardoise magique. Recommencer à zéro. Pourquoi est-ce que l'on n'a pas le droit à une seconde chance en matière d'éducation ?

« Éduquer, verbe transitif. Sens 1. Donner une éducation à, élever, former quelqu'un ; développer les facultés morales, physiques et intellectuelles de quelqu'un. »

Or, « élever », c'est « emmener plus haut », non ? Pas « emmener plus bas ». Est-ce sa faute si sa fille a lentement glissé sur la pente du décrochage scolaire ? Andrea se souvient encore du slogan « Éduquons ! C'est une insulte ? », créé par Daniel Robert pour le lancement, en 1994, de la cinquième chaîne de télévision française. Oui, « éduquer » est presque devenu un gros mot tant les jeunes se rebellent tôt contre toute forme d'autorité. Ils vomissent la contrainte et conchient l'effort. « Pas tout le monde ! » disait encore sévèrement le père d'Andrea lors d'un déjeuner dominical. Lui, il n'est pas le dernier pour juger. Bien sûr qu'il doit avoir en partie raison et que tous les jeunes n'ont pas un poil dans la main. Elle aurait tant aimé qu'il la soutienne au lieu de l'enfoncer systématiquement, de toujours lui donner l'impression qu'elle a mal joué son rôle !

C'est d'ailleurs suite à une conversation tendue avec son mari, un week-end, sur les mauvais rôles, qu'il lui avait balancé une phrase énigmatique. « Il faut sortir de ton triangle de Karpman, Andrea ! ». Sur le coup, elle n'avait pas compris. Vexée, elle avait eu envie de se renseigner et avait découvert la fameuse théorie du triangle de Karpman, modélisée par Stephen Karpman et inspirée de l'analyse transactionnelle. Elle avait d'abord craint une approche théorique compliquée. C'était au contraire brillant de simplicité. Explication : une transaction, c'est un échange entre deux personnes. Et quand il se passe mal, la communication, devenue problématique, tourne au jeu psychologique négatif. Une fois dans le triangle, vous échangez régulièrement les rôles. De victime, vous passez à persécuteur ou sauveur. Calimero, Cruella et Zorro.

C'est frappant : Suzanne et elle se prennent sans arrêt les pieds dans le tapis du triangle de Karpman !

Andrea repense à cet exemple récent : Suzanne vient la voir en gémissant parce qu'elle n'arrive pas à résoudre ses exercices de maths. Calimero entre en scène. Dans le rôle de Zorro, la mère : « Ne t'inquiète pas, je vais t'aider ! Tu vas voir, tu vas comprendre très vite. » Elle enfile son costume de sauveur. Mère et fille se mettent au travail. Enfin, c'est la mère qui planche. Maintenant que la fille a trouvé son pigeon, ou disons plutôt son bon Samaritain, elle se tourne les pouces et ne fournit plus le moindre effort. La mère rame pour deux. La tension grimpe d'un cran. Andrea finit par sortir de ses gonds, Cruella apparaît. Le ton monte des deux côtés. « Tu vois ? Tu t'énerves toujours ! Je peux jamais rien te demander. Après, t'étonne pas si j'ai des mauvais résultats scolaires. » Puis, sortie de scène de la fille, qui claque la porte. Elle a réussi à obtenir le bénéfice négatif attendu : ulcérer sa mère et se donner inconsciemment une raison suffisante pour justifier son échec dans la matière. « Si je suis mauvaise, c'est à cause de ma daronne ! » La fausse croyance s'ancre alors dans sa tête. C.Q.F.D.

Des exemples comme celui-là, Andrea en a un catalogue entier. D'exaspération, elle serre les poings, s'élance un peu précipitamment dans le tournant d'une galerie et percute de plein fouet un kakémono qui l'entraîne avec lui dans sa chute. Elle crie et tombe de tout son long, empêtrée dans le panneau publicitaire. Une douleur vive irradie dans son poignet droit. Pourvu que ce ne soit rien ! Elle pense aussitôt à la ribambelle d'enfants dont elle s'occupe à la crèche. Ce n'est pas d'une main, mais de dix dont elle a besoin chaque jour pour venir à bout de ses tâches ! L'homme et la femme qui tiennent le stand se précipitent pour l'aider à se relever.

— Ça va ?

L'homme, attentionné, la conduit vers un banc.

— Je vais vous chercher à boire, dit la femme.

Andrea grimace. Elle souffre, mais peut bouger la main, c'est bon signe. La femme revient avec un verre d'eau.

— Plus de peur que de mal, j'ai l'impression.

— Heureusement !

Le binôme lui sourit. Les yeux de la mère de famille dérivent vers le kakémono qui gît au sol.

— Je suis désolée.

— Bah ! Ce n'est pas grave. Je vais arranger ça, dit l'homme en relevant le panneau.

Quelle heureuse nature ! songe-t-elle. Comme cela doit être agréable d'avoir quelqu'un comme ça à ses côtés tous les jours. L'image de Marc se superpose. Elle pense aussitôt au livre de Christophe Fauré, *Ensemble mais seuls*, qu'elle a acheté en catimini le mois dernier. Ce qu'elle vit dans son couple est loin de ce qu'elle imaginait quand elle s'est mariée. Le rêve d'Épinal : le mari, les enfants, la maison, le chien… Un bonheur de carte postale.

Les premiers temps avaient été magiques. Une lune de miel renouvelée. Puis les enfants étaient arrivés. Une grande joie, mais une lourde charge dont on ne fait pas la publicité. Petit à petit, la lassitude, la fatigue, la routine s'étaient installées chez eux insidieusement. Les nuits écourtées par les réveils nocturnes des enfants, les longues journées de travail, les week-ends grignotés par les obligations ménagères et les plaisirs des petits qui passent avant les leurs… S'ennuyer à les regarder s'amuser pendant des heures au parc, prétendre trouver ça formidable pour ne pas détonner avec le discours des autres parents. Jouer aux petits chevaux ou aux dominos en fantasmant sur une soirée seule au monde, avec un plateau-repas, devant une inavouable comédie sentimentale.

Enfant, Andrea aimait l'idée de fonder une grande famille. Elle imaginait les rires joyeux fuser de toute part, les repas généreux partagés dans la bonne humeur, l'entraide, le bonheur d'un chez-soi cosy, avec les siens. Des rêves puérils, elle en a conscience, des rêves écrasés, comme des miettes de Petit Lu recrachées par un bébé baveur.

Avec le temps, la notion de repas de famille a fini par lui donner le bourdon, car s'occuper de tout ce petit monde matin, midi et soir n'a rien d'une sinécure. Cela correspond à une réalité fastidieuse et d'autant plus harassante qu'elle est seule à la prendre en charge. C'est un peu différent depuis que son fils est parti étudier en province, mais, jusqu'à l'année dernière, elle avait l'impression d'être cantinière. Dans la famille « je me mets les pieds sous la table », je demande… le père, le fils et la fille ! Il fallait presque s'extasier quand l'un ou l'autre ramenait une assiette. Elle s'est souvent demandé ce que chacun d'entre eux voit en elle. Son fils, sûrement une sorte de distributeur à billets et une inspectrice des travaux finis dans les chambrées ; sa fille, une empêcheuse de rêver en rond, une voleuse de *chill* (passer du bon temps, dans le jargon de la nouvelle génération), une fliquesse des sorties suspectes, une trouble-fête… Quant à son mari, c'est simple : il ne la regarde plus.

Au fil des années, elle est devenue transparente comme une feuille d'agar-agar, une gélose morose. Insipide et incolore. Elle fait partie du décor, tout au plus. Il est habitué à elle comme à sa télévision. À un moment, ils se disputaient sans arrêt. La maison était devenue un terrain miné. Ses enfants lui avaient âprement reproché de ne pas quitter leur père. Ils la culpabilisaient de les obliger à vivre dans cette ambiance conflictuelle en permanence. Puis cette phase de tensions explosives avait cédé la place à un calme presque plus inquiétant. Le calme de l'indifférence et des amours mortes. S'il n'y avait plus d'éclats, l'atmosphère ne s'était pas allégée pour autant. Andrea se laisse aller parfois à rêver d'un ailleurs… Bouger, se libérer ! Mais elle ne voit pas comment. C'est le propre d'une gélatine : rester engluée. Serait-elle condamnée à la stagnation ? Résignée à son sort.

Au début de l'année, son fils était parti de la maison la fleur au fusil, sans un regard en arrière, heureux de pouvoir mener sa vie étudiante loin du giron familial, et de profiter d'une liberté grisante. En secret, elle avait souffert de cette indifférence. Elle aurait voulu qu'il ait le même déchirement qu'elle, la même peur de l'éloignement, la tristesse de se quitter, même si ce n'était pas pour de bon. Son fils, bien que parfois agaçant et désordonné, amenait de la joie et de la lumière dans la maison. C'était un bon compagnon, drôle et enthousiaste. Il lui manque beaucoup. Elle ne sait pas comment retrouver son équilibre, par quel bout s'attaquer à ses problèmes. Et si le bonheur ne veut plus d'elle ?

— Vous êtes toute pâle, vous êtes sûre que ça va aller ?

Andrea revient au moment présent. Le gentil monsieur a ramassé le kakémono. Elle prête attention à ce qu'il y est écrit.

GRAND CASTING NATIONAL
Devenez candidat pour participer à la
DARONS ACADEMY

— Qu'est-ce que c'est que ça ? demande-t-elle, intriguée.

— Oh, c'est une nouvelle émission. Vous savez, il y a une telle concurrence entre les chaînes qu'il faut tout le temps se renouveler ! Là, on recherche des parents qui auraient envie de s'exprimer sans masque sur leur rapport à la parentalité.

— Sans masque, c'est-à-dire ?

— Sans langue de bois ! Des darons qui témoignent de leur réalité de parents sans la maquiller, vous voyez ce que je veux dire ?

— Ah oui, je vois très bien, répond-elle en roulant des yeux. Un genre de talk-show, alors ?

— Non, pas vraiment… C'est plutôt un nouveau concept de téléréalité qui mettrait en scène des parents réunis pour quelques semaines dans un somptueux château.

Andrea en reste sans voix.

— Des darons qui auraient envie quelque part de… prendre des vacances de leurs enfants ! souffle le représentant avec un brin de provocation.

L'audace de l'idée fait palpiter le cœur d'Andrea. Le rouge lui monte aux joues. L'excitation. Peut-être aussi un peu la honte d'aimer à ce point cette évocation. Le recruteur sent qu'il a ferré une bonne cliente et s'engouffre dans la brèche en reprenant ses arguments d'une voix suave, presque hypnotique.

— Imaginez… Vivre une parenthèse enchantée, sans contraintes, sans horaires, sans personne de qui vous occuper, uniquement vous. Redevenir votre épicentre ! Laisser votre costume de daronne au vestiaire quelque temps pour vous retrouver vous-même, en tant qu'adulte, libre, vivant !

L'homme ajoute une couche de crème.

— Sans compter que la prod' a dans l'idée de chouchouter ses candidats, n'est-ce pas, Pauline ?

La Pauline acquiesce avec conviction.

— Tout à fait, Jean-Marc !

— Mais quel est l'objectif de l'émission, finalement ? questionne Andrea, séduite, sans pour autant cerner où tout ça peut mener.

Jean-Marc s'esclaffe comme si la question était une évidence.

— Eh bien, défendre la cause des darons, bien sûr !

— Et leur offrir un espace d'expression pour que la jeune génération les voie sous un jour nouveau, renchérit Pauline.

La jeune femme lui adresse un joli sourire hameçon.

— Vous avez des enfants ?

Andrea déglutit. Postuler, c'est prendre le risque d'être prise, même s'il y a peu de chances. En une fraction de seconde, les images défilent sous ses yeux. Les caméras, les micros, les projecteurs, son et image sur une chaîne en prime time… Elle a une subite montée d'adrénaline. Elle attrape le dépliant tendu par la jeune représentante de la chaîne.

— Toutes les modalités pour postuler sont expliquées à l'intérieur. Par contre, dépêchez-vous ! Ce sont les derniers jours.

Andrea glisse le papier dans son sac. Elle les remercie encore et s'éloigne non sans jeter un dernier regard sur le stand. Les mots « Darons Academy » dansent sous ses yeux. Pourquoi est-ce qu'une telle opportunité lui tend les bras, là, ici, maintenant ? Doit-elle y voir un signe ? Elle qui tremble déjà quand il s'agit de porter un simple toast ou de pousser la chansonnette à un karaoké, comment serait-elle capable de participer à une émission de téléréalité de cette envergure ? Pour s'exposer ainsi, il faut soit être résolument inconscient, soit être d'un narcissisme achevé et décomplexé. Andrea a le tournis. La seule idée de postuler est aussi effrayante que de sauter à l'élastique. Et pourtant, n'est-ce pas ce qu'elle recherche ? Un électrochoc radical dans sa vie de daronne désabusée. Elle serre fort le dépliant entre ses doigts. Résolue, elle songe avec fermeté que reculer n'est pas une option.

6

Six mois que la prod' travaille sur le concept. Ils ont pensé à un rôle pour Gabriel dans l'émission. Cette mission est une aubaine. Être comédien, par les temps qui courent, n'est pas un chemin de roses, même avec une jolie formation initiale rue Blanche, à Paris. Gabriel n'a peut-être pas une « gueule » avec suffisamment de personnalité pour percer. Ni assez laid ni assez beau. Un visage agréable, passe-partout, sans particularité marquante. Des cheveux bruns, des yeux marron, un nez droit, pas même tordu à la Anconina. Pas de grain de beauté non plus à la De Niro. Ni de mèche fatale comme Johnny Depp. Pourtant, dès qu'il s'anime, Gabriel séduit par son naturel charismatique, sa drôlerie et sa fantaisie. Dans le milieu, on dirait qu'avec sa « bonne tête » il attire un fort capital sympathie. Il ne fera probablement jamais carrière au cinéma, il le sait, et a cheminé pour parvenir à l'accepter. Il ne sert à rien de s'apitoyer. Il faut aller de l'avant et miser sur ses atouts. À quarante ans passés, Gabriel attend que la chance surgisse pour enfin tirer son épingle du jeu dans la profession. Jusque-là, il s'est débrouillé bon gré mal gré. Très infiltré dans les réseaux de la figuration, il tourne une foultitude de petits rôles, passant d'un costume de flic à un costume d'époque. Le secret de Gabriel, c'est sa polyvalence. Il ne met pas tous ses œufs dans le même panier. Il a appris à être multicasquette.

À la naissance de son fils Victor, douze ans auparavant, il a ajouté une nouvelle corde à son arc. Il est devenu *script doctor*. Quand il avait expliqué le principe à son fils quelques années plus tard, celui-ci avait eu ces mots d'enfant, attendrissants :

— Tu guéris les scénarios malades ?

— Oui, c'est ça, mon amour ! Papa doit trouver des idées qui les aident à aller mieux...

— Ça a l'air chouette, comme métier ! Moi aussi je veux faire ça quand je serai grand !

Ils s'étaient serrés fort dans les bras, heureux de leur connivence unique.

Gabriel est triste de ne pas voir Victor aussi souvent qu'il le voudrait. Son ex-femme est repartie vivre dans son pays d'origine, la Norvège, après leur séparation. Depuis, leurs relations se résument à quelques appels téléphoniques tout juste courtois. Gabriel a vite compris que son ex ne lèverait pas le petit doigt pour faciliter le lien entre son fils et lui. L'éloignement n'arrange rien. Les billets d'avion coûtent cher. Difficile de joindre les deux bouts avec un statut d'intermittent. Alors, même lorsque les tournages tombent à la dernière minute, impossible de refuser une date. Ce fonctionnement rend complexe la programmation d'allers-retours pour rendre visite à son fils ou le faire venir à Paris dans des conditions sereines. Son ex remue le couteau dans la plaie en lui reprochant sans arrêt son manque de stabilité. Dire qu'ils s'étaient rencontrés sur les planches ! Une passion aussi fulgurante qu'éphémère. Maintenant, elle s'est rangée. Elle ne veut plus entendre parler de cette « vie de saltimbanque », comme elle dit. Elle a choisi un mari banquier pour assurer l'avenir de son enfant. Qui pourrait la blâmer ? Gabriel enrage de ne pas mieux gagner sa vie pour offrir à son fils le meilleur. Mais il n'a de cesse de se battre pour y arriver. Pour lui.

« Mon fils, ma bataille », marmonne-t-il dans l'ascenseur qui le conduit au huitième étage de ce temple télévisuel. Il jette un regard dans le miroir pour ajuster sa coiffure. Il a soigneusement repassé son costume, et porte la chemise et les chaussures des rendez-vous importants. Le big boss sera présent à la réunion, et Gabriel tient à donner la meilleure impression. L'enjeu est de taille, décisif pour la suite de sa carrière. S'il accepte cette mission pour le moins saugrenue, la chaîne saura le récompenser et lui a promis un poste d'animateur de jeu télé en prime time. D'un autre côté, il s'exposerait à la critique. Les gens du métier lui cracheraient dessus d'avoir osé passer par la case « candidat de téléréalité » pour bénéficier d'une promotion « courte échelle » au sein de la chaîne. Il en entendrait des vertes et des pas mûres. Le cercle des comédiens dirait tôt ou tard qu'il a fait honte à la profession en acceptant de prendre part à une telle mascarade. D'autres, qu'il a baissé son froc pour du fric, et renoncé à ses ambitions artistiques. Qu'importe. Gabriel balaye ces sombres perspectives et se concentre sur la seule chose qui compte à ses yeux : mettre fin à sa galère financière pour maintenir des liens avec son fils et contribuer à son avenir. Or, ce poste fixe promis à l'issue de la Darons Academy serait fabuleusement bien payé ! Sans compter qu'une fois qu'on a un pied dans une chaîne, on est presque sûr d'être employé de manière pérenne.

Gabriel se hâte dans le dédale de couloirs. Il traverse un plateau en open space. Personne ne lui prête attention, et nul ne lève les yeux de son écran. Il arrive enfin devant la salle de réunion aux parois de verre translucides. Pour l'instant, les personnes présentes discutent par petites grappes, les fesses posées sur un coin de table, un café à la main ; d'autres debout se donnent une contenance en vapotant discrètement. Gabriel entre, salue les uns et les autres, fait mine d'être d'emblée à l'aise parmi ces gens qu'il ne connaît pas. Prétendre est de rigueur dans le métier. Dans le fond de la pièce, une femme le dévisage. Un carré plongeant de cheveux noirs probablement teintés, des yeux verts mutins, un drôle de petit sourire en coin, les lèvres gourmandes napées de gloss. Elle lui adresse un signe de tête discret qu'il lui rend. Qui est-elle ?

Le brouhaha s'arrête lorsque François T. et Yann D., les producteurs, entrent dans la pièce. Le pouvoir se mesure au niveau de décontraction affiché par la personne. François T. et Yann D. sont très détendus, en apparence, et éminemment sympathiques, en apparence. Quand ils vous serrent la main, vous avez l'impression d'être leur meilleur ami. C'est ce qu'on appelle des personnalités « à haute énergie ». Ils dégagent une intensité hors norme. Leur simple présence occupe tout l'espace. Une voix qui porte. Des gestes qui convainquent. Une assurance qui en impose. On les aime ou on les déteste. Vous êtes avec eux ou contre eux. Le monde de la télé est assez manichéen.

Les deux hommes président la séance ; ils s'installent côte à côte au bout de l'immense table. François T. et Yann D. aiment briser la glace en lançant quelques blagues et bruits de couloirs. Personne n'a le mauvais goût de ne pas en rire. Puis, François T. tape sur la table pour capter l'attention de tous.

— Alors ! On en est où ?

Un rappel à l'ordre qui résonne comme le coup de marteau des procureurs : tout le monde sait qu'il est temps de s'attaquer aux choses sérieuses.

Natacha, la directrice de casting, prend la parole. En quelques phrases, elle reformule le brief qui a été posé plusieurs semaines auparavant pour conditionner la campagne de recrutement des candidats à la Darons Academy.

— Ainsi que nous en étions convenus, dans un premier temps, nous ratissons large. Nous acceptons donc toutes les candidatures qui répondent aux critères de base : être un daron, homme ou femme, avoir entre trente et soixante ans, et, le plus important, ne pas avoir peur de s'ouvrir, de se raconter face caméra…

L'équipe approuve l'intervention de Natacha, qui termine en donnant des nouvelles du recrutement à la source, sur le terrain, dans les grands centres commerciaux de France et de Navarre.

— Tout se passe au-delà de nos espérances ! Nous recevons quotidiennement de très nombreuses candidatures. Nous allons bientôt pouvoir passer à la deuxième phase de sélection, sur dossier et sur motivation. Et enfin, en phase trois, nous pourrons convoquer les personnes retenues pour le casting filmé.

— Merci, Natacha, intervient Yann D. De notre côté, nous avons aussi avancé sur la façon de scénariser les épisodes de la Darons Academy. Il en ressort une idée pour pimenter la dramaturgie…

Les membres de l'équipe restent suspendus à ses lèvres.

— Infiltrer un comédien parmi les candidats, révèle Yann D., pour pouvoir intervenir à notre guise, de l'intérieur. Alors, voilà : je vous présente Gabriel, notre taupe !

— Notre marionnette, tu veux dire ! ricane l'un des scénaristes.

Gabriel masque son agacement et serre les dents. Il pense très fort à son fils et respire. *Ne pas tout foutre en l'air. S'accrocher.* Certes, il va devoir faire le guignol dans cette émission de téléréalité, mais n'est-ce pas le passe assuré pour le job d'animateur dont il rêve ?

Natacha se tourne vers lui avec un sourire satisfait.

— Et d'ailleurs, Gabriel, je ne te l'avais pas encore dit, mais je te présente… ta femme !

Elle tend les bras en direction de la demoiselle au carré noir aperçue un peu plus tôt.

— Quoi ! Ma… Ma femme ?

Gabriel manque de s'étrangler. C'est ce qu'il craint, avec la prod'. Ils peuvent avoir des idées farfelues à tout moment. *No limit.* Il se méfie d'eux. On ne sait jamais jusqu'où ils sont prêts à aller pour faire grimper l'audimat. Cependant, il n'a pas le choix. S'il veut le poste d'animateur télé, il doit jouer le jeu coûte que coûte.

— Oui, ta femme. Elle va intégrer l'émission avec toi. Vous êtes mariés, et avez un fils de douze ans. Comme le tien dans la vraie vie, Gabriel ! Pour toi, ce ne sera pas trop dur à jouer, par contre, Cindy, elle, n'a pas d'enfant, donc je compte sur toi pour la briefer sur le rôle.

— Ah oui, s'il vous plaît, travaillez à fond la cohérence, qu'on n'ait pas d'impair ! appuie Yann D. Nous tournerons quotidiennement dans les conditions du direct et le montage devra être effectué du jour pour le lendemain. Ça ne nous laisse presque pas de marge de manœuvre, alors pas le droit à l'erreur !

Ces conditions de tournage très tendues donnent des sueurs froides à Gabriel. Cette émission est un défi de taille et c'est lui, en animateur secret, qui va prendre le plus de risques. La production joue gros : il s'agit de la première émission de téléréalité de ce type ! Mettre en scène des darons, c'est un monde à l'envers par rapport à ce qui existe dans le paysage audiovisuel actuel, où la moyenne d'âge des candidats se situe dans la vingtaine. Un quitte ou double pour la chaîne, qui rêve de river leur clou à ses concurrents.

Le producteur se tourne vers les « mariés ».

— Je vous rappelle que votre engagement est strictement confidentiel. Vous n'avez pas le droit de parler à qui que ce soit de votre rôle. Il ne doit y avoir aucune fuite. Il en va de la réussite du projet, c'est clair ?

— Oui, n'oubliez pas de verrouiller avec vos proches, famille et amis ! renchérit Natacha. J'ai quelques formulaires de confidentialité à leur faire signer, au besoin.

— Pour les amis, pas de souci. Et côté famille, vous êtes tranquilles : mon ex-femme et mon fils habitent à Oslo. Aucune chance qu'ils voient l'émission, ajoute Gabriel avec un imperceptible accent de tristesse.

— Moi, j'ai déjà prévenu ma mère, dit Cindy. Et par ailleurs, personne n'est au courant que je suis apprentie-comédienne.

Natacha lui adresse un bref sourire complice et fait un aparté à François T. et Yann D.

— Cindy est une amie à moi. Elle est en pleine reconversion et elle suit depuis quatre mois seulement un cours du soir en comédie. Vous allez voir, elle a un gros potentiel !

Gabriel croise le regard de Cindy. Elle aussi espère peut-être que l'émission lui serve de tremplin pour sa carrière naissante. Son manque d'expérience l'inquiète. Saura-t-elle jouer le rôle imposé par la prod' ? En tout cas, les voilà dorénavant liés pour le meilleur et, espère-t-il, pas pour le pire…

7

La réunion se poursuit dans un climat d'intense concentration. Les producteurs tiennent à ne rien laisser au hasard. Ils rappellent le cœur du concept de la Darons Academy : offrir une parenthèse enchantée à des hommes et femmes qui ont envie de témoigner de leur expérience de la parentalité, et qui par ailleurs ont grand besoin de se retrouver, de s'épancher, et surtout de s'amuser en oubliant cinq minutes les pressions, la charge mentale, les difficultés, la fatigue d'une vie consacrée à leur progéniture.

— Attention ! On n'a pas dit non plus *La croisière s'amuse* ! Le ton sera intimiste, chaleureux, et nous alternerons les séquences émotions avec des séquences plus déjantées.

François T. se tourne vers les auteurs présents dans la pièce.

— On compte sur vous pour nous imaginer des situations et des jeux cocasses !

Sourires entendus dans l'assistance.

La discussion se poursuit. François T. et Yann D. expliquent les enjeux. Ils veulent que l'émission fasse grand bruit. Ils ont eu un mal de chien à convaincre la direction.

— Ce qui nous intéresse, c'est de capturer de l'authentique. D'habitude, on dit que la vérité sort de la bouche des enfants. Aujourd'hui, avec la Darons Academy, nous voulons que la vérité sorte de la bouche des parents !

L'assemblée salue le bon mot de François T. par des interjections admiratives. Ainsi gratifié, il poursuit avec un sourire satisfait.

— Donnons-leur une chance de raconter la réalité de ce qu'ils vivent, sans filtre, sans retenue. L'objectif ?

François T. laisse planer un silence pour être sûr de captiver son auditoire, puis s'enflamme.

— L'objectif, c'est que toutes les générations soient collées à leur poste de télévision ! Je veux que les parents piquent la télécommande aux gosses à l'heure du prime time pour regarder avec passion leur émission de téléréalité, et que ça laisse les jeunes babas ! Pour autant, je veux aussi captiver ces mêmes jeunes en leur montrant jour après jour la face cachée de leurs vieux, pas si vieux et pas si cons !

Yann D. prend la suite de la présentation.

— Ce qu'on souhaite, c'est rassembler un éventail de darons représentatifs du grand public. Trouvons des idées de personnages types. Je vous propose de travailler en binôme et, dans une heure, on fait le point.

Tout le monde s'y met. Il est déjà 13 h 30. François T. et Yann D. commandent des plateaux-repas. Bientôt, les barquettes en plastique se mêlent aux feuilles de notes étalées sur la table en merisier.

La session de brainstorming se termine. Il est temps de mettre en commun. Un premier binôme propose que Gabriel et Cindy, les comédiens infiltrés, jouent le rôle des darons pressés et dépassés. Les concepteurs s'expliquent.

— L'idée, c'est de montrer une certaine réalité des parents : débordés, submergés par un rôle pour lequel ils étaient mal préparés… Vous voyez le genre ? Comment bien s'occuper d'un enfant quand on a déjà du mal à s'occuper de soi ?

François T. approuve.

— Oui, c'est intéressant. Très tendance : des couples qui ont fait des enfants un peu pour faire comme tout le monde, mais qui finalement n'assument pas tant que ça.

— OK. Parfait. Quoi d'autre ? demande Yann D.

— Nous, on a pensé à montrer un couple dans une famille « plus décomposée que recomposée ».

La collaboratrice dessine de gros guillemets dans les airs.

— Ça, c'est drôle ! intervient la directrice de casting.

— N'est-ce pas ? renchérit le coéquipier. J'imagine la belle-mère qui se retrouve à jouer la maman bis et qui tente de poser un cadre. Et le père tellement plein de culpabilité d'avoir fait subir à ses enfants un divorce qu'il ne veut pas les ennuyer avec des règles trop strictes ! Le revers de la médaille d'une éducation post-Dolto trop permissive à cause de laquelle les parents n'arrivent plus à poser des limites, et les jeunes à accepter l'autorité et la frustration…

— Vendu ! adjuge François T., enthousiaste. Quoi d'autre encore ?

— Nous, on a imaginé un couple de « parents parfaits, parents défaits ».

— Intrigant. Explique !

— Des parents exemplaires en apparence, qui seraient rattrapés par des problèmes d'éducation inattendus. Genre, les p'tits génies premiers de la classe ou les p'tits lords Fauntleroy se mettraient à avoir des troubles du comportement surprenants, ou un truc comme ça.

— Oui, ça peut fonctionner ! approuve Yann D.

Le staff du casting prend des notes. Natacha lève le nez pour lancer une nouvelle suggestion.

— Ah ! Et pourquoi pas une daronne un peu au bout de sa vie, qui essaye de faire tout bien, mais qui, au final, récolte surtout de l'indifférence ou de l'ingratitude ?

— Tu veux dire une mère « parfaitement imparfaite » ? sourit Yann D., content de sa trouvaille.

— Super idée ! s'exalte François T. On garde.

Un autre binôme intervient.

— Il nous faudrait aussi une maman solo, une mère-courage, mère-à-tout-faire, multicasquette, multifacette, qui a beaucoup sacrifié pour ses enfants et s'est perdue en cours de route…

— Absolument ! Et choisissez-la avec soin, celle-là, parce qu'elle couvrira une large partie de l'audience. Les mères célibataires en France représentent presque deux millions de femmes.

François T. et Yann D. font le compte.

— On arrive à huit personnes. Dix, ce serait parfait. Depuis Agatha Christie, il n'y a pas chiffre plus emblématique pour un huis clos.

— Et qui meurt, dans l'histoire ?

— Les non-dits ! Je veux que les candidats se lâchent pour dire ce qu'ils pensent tout bas sans jamais oser le dire tout haut. Pour une fois, l'adulte caché derrière le parent a la parole et peut plaider sa cause ! Les jeunes sont très inconscients de la réalité de leurs aînés, et notre émission sera un bon moyen de leur ouvrir les yeux et de permettre un trait d'union entre les générations. Notre ambition, c'est délier les langues, créer du dialogue, brasser des points de vue.

— Tout ça, c'est très bien. N'empêche qu'il nous manque encore deux profils à recruter.

Natacha, la directrice de casting, se tourne vers le binôme Gabriel-Cindy pour qu'ils exposent leurs idées.

— Pourquoi pas un « verrouillé du sentiment » ? propose Cindy. Quelqu'un à qui sa famille reproche de ne pas être assez démonstratif, vous voyez le tableau ? C'est important, je pense, qu'on ait aussi ce point de vue masculin sur la façon de vivre la parentalité. Qu'est-ce que vous en dites ?

— Un daron *old school*, plus cool que prévu ? J'achète ! dit Yann D.

— Allez, un dernier… Gabriel ?

— Je me suis dit qu'il faudrait un personnage à contre-courant. Qui vienne gratter les autres dans leurs convictions… Un non-daron ?

— C'est-à-dire ?

— Ben, par exemple… Une femme qui a fait le choix de ne pas avoir d'enfant.

— Ah oui, pourquoi pas !

— Il faut montrer que c'est aussi un choix respectable.

— Il lui manque un truc pour la rendre sympathique.

— Un chien ! Une boule de poils qui deviendrait la mascotte de l'émission.

— Est-ce que, quelque part, elle ne serait pas la maman du chien ? suggère François T., malicieux. Donc une daronne au même titre que les autres, ce qui éviterait qu'elle se sente exclue au sein du château.

— Ce serait juste une « daronne d'un autre genre », ajoute Yann D.

— Pourquoi pas la catégorie des « darons non genrés », tant qu'on y est ! proteste Natacha.

— Eh bien justement, on y songe ! s'amuse François T.

— OK, on va creuser alors, note Natacha, conciliante.

Les producteurs sont satisfaits. Le projet se dessine de plus en plus clairement. Yann D. amorce le speech de clôture de réunion.

— Un grand merci à tous pour votre créativité. Je crois que nous tenons nos personnages dans les grandes lignes ! Maintenant, il n'y a plus qu'à aller les chercher dans la vraie vie.

— Natacha, c'est toi, avec ton équipe, qui va réaliser le gros du tri sur dossier. Garde en tête qu'on recherche des caractères piquants, gratinés, mais juste ce qu'il faut. Ces gens doivent avoir des problématiques sous-jacentes « concernantes » pour nos téléspectateurs, alors cible des cas qui vont intéresser le plus grand nombre, d'accord ? Je rappelle qu'il s'agit d'une émission de divertissement, donc on évite le Zola. Pas de cas soc', pas de sombres drames qui ressurgiraient comme des squelettes du placard.

— J'en convoque combien pour le casting filmé ? demande-t-elle.

— Cinquante, pas plus. On tournera les essais à Paris en juillet et en août. Et on lance directement l'émission mi-septembre. Six semaines de tournage avec des différés serrés… Et la finale en direct !

— Est-ce que les candidats seront éliminés au fur et à mesure ?

— Non, on n'a pas retenu cette mécanique-là pour l'émission. On prévoit plutôt un système de vote du public. Chaque candidat aura une cote de popularité.

— Pour élire le daron parfait ? s'enquiert l'un des scénaristes.

— Justement pas… répond Yann D.

Le scénariste ne comprend pas. Le producteur s'explique.

— Les téléspectateurs seront invités à voter pour la personnalité du château la plus touchante, celle qui aura su tomber le masque et parler de son rapport à la parentalité avec le plus de sincérité ! À la fin de chaque épisode, nous diffuserons un minispot pour rappeler ces modalités de vote. Le gagnant recevra le trophée du Daron d'Or pour sa capacité à s'assumer en tant que « parent acceptable », car il n'y a pas d'autre choix que celui-là. C'est ce que dit Bruno Bettelheim, le célèbre psychanalyste, dans son livre *Pour être des parents acceptables*, vous connaissez ?

Gabriel ne l'a pas lu, mais note la référence. Le sujet l'intéresse au plus haut point. Yann D. insiste.

— L'objectif de l'émission est de montrer que le parent parfait n'existe pas, que tous les darons commettent des erreurs et qu'à la fin seul compte l'amour, l'implication et la bonne volonté ! Notre ambition est d'ôter de la pression aux parents.

— Bref, nous voulons élire le daron le plus authentique. Il y aura un prix… 100 000 euros pour le gagnant ! De quoi motiver les participants. Ils recevront également un salaire pour compenser la perte de revenus le temps du tournage. On va trouver un designer pour plancher sur la création du trophée. On veut qu'il soit beau comme un César !

— Est-ce que la candidate qui n'a pas d'enfant pourra être élue ? soulève l'un des scénaristes.

— Oui, puisqu'elle représente les « darons d'un autre genre ». Si l'on pousse la réflexion plus loin, on peut se dire qu'il n'est pas nécessaire d'être liés par le sang pour être le daron de quelqu'un. Je pense aux darons de substitution, aux tuteurs en tous genres qui s'engagent pour accompagner un jeune, l'aider à grandir et à s'autonomiser… Par extension, puisqu'il est question de prendre soin et d'éduquer, il paraît aussi légitime d'ajouter qu'il est possible d'être darons de mammifères intelligents.

— Ça va loin, mais pourquoi pas, réagit Yann D. Quand on sait le nombre de personnes qui se nomment eux-mêmes « maman » ou « papa » auprès de leur animal de compagnie !

Rires de l'assemblée, qui s'arrêtent aussitôt quand Natacha rétorque placidement :

— Oui, j'en fais partie. Je suis la maman d'un adorable carlin.

Un ange passe.

— Et si les gens votent pour Gabriel et moi ? demande Cindy pour détourner l'attention, les yeux brillants à l'idée du gain.

La question embarrasse les producteurs.

— Vous êtes payés pour jouer un rôle et animer l'émission de l'intérieur, pas pour remporter le prix final, cela va de soi ! Nous devons faire en sorte que les votes s'orientent vers d'autres candidats.

Cindy se renfrogne, déçue par la réponse.

— Ah… Et comment comptez-vous y parvenir ? demande-t-elle avec une pointe de défi dans la voix.

— Nous n'avons pas encore la réponse, Cindy, mais nous allons y réfléchir, je te le promets. D'autres questions ?

Silence dans l'assemblée. Yann D. et François T. se lèvent en même temps.

— Alors, au travail !

François T. rattrape Yann D. un peu plus loin dans un couloir.

— Dis donc, c'est embêtant, si jamais le public vote pour l'une de nos taupes.

— Oui, on ne les embauche pas pour qu'ils remportent le pactole ! Je ne vois qu'une solution : nous arranger pour détourner les votes d'eux.

— Comment ça ?

Yann D. se passe la main sur la nuque et se masse discrètement.

— Mmm... Faisons en sorte de ne pas les rendre trop populaires. Vu qu'on est aux commandes, ça ne devrait pas être trop difficile.

— Tu penses à quoi ?

— Il faudrait une mission qui contribue à les maintenir en bas du classement. Quelque chose que le public désapprouve...

— Intéressant, sourit François T. Tu n'oublies pas de me mettre dans la boucle ?

8

Andrea est enfermée dans sa chambre depuis une demi-heure. Elle a besoin de réfléchir au calme. Elle tourne et retourne entre ses mains le dépliant de candidature pour cette nouvelle émission de téléréalité : la Darons Academy. Le concept l'intrigue et l'attire comme la belle pomme rouge ou la pointe du fuseau des contes. Cela paraît trop beau pour être vrai. Elle se demande où est le piège. Son père l'a dotée d'un fort esprit pragmatique dont elle a du mal à se défaire. *Ma fille, ne te berce pas d'illusions, la vie ne fait pas de cadeaux ! Il y a toujours un prix à payer…* Et là ? Quel est le prix ?

La production promet aux candidats sélectionnés de vivre six semaines de rêve dans un château grand confort, une aventure collective merveilleuse, dont l'objectif suprême – d'utilité publique, souligne le prospectus – est de porter « la cause des parents » auprès du grand public, toutes générations confondues. L'émission leur donnerait un fabuleux espace pour libérer la parole, témoigner, dire tout haut ce que les autres pensent tout bas de la parentalité. Eux, les quelques heureux élus par la prod', au nom de tous les autres parents, auraient droit à une parenthèse enchantée, comme une récompense symbolique inespérée à leurs efforts envers leur famille, le droit de s'appartenir de nouveau le temps de l'émission, comme s'ils étaient seuls au monde, sans charge d'âme, sans responsabilités… Comme « avant » !

Andrea fronce les sourcils. Elle se revoit jeune fille dans son premier appartement, minuscule – mais rien qu'à elle –, un studio loué par ses parents afin de pouvoir suivre ses études à Lyon, dont elle remboursait une partie des loyers grâce à des petits boulots. *Sa* cuisine. *Sa* chambre. *Sa* salle de bains. Quelle sensation délicieuse de posséder ce lieu sans personne pour venir y semer le désordre ni empiéter sur son territoire ! *Nous sommes des animaux*, songe-t-elle. Elle a un besoin viscéral d'avoir son espace… Peut-être parce que, dans sa famille, elle a toujours dû partager sa chambre avec sa grande sœur. Certainement. C'est ce qui lui manque le plus dans sa vie actuelle : avoir sa pièce à elle pour pouvoir se retrancher quand elle en a besoin. *Que devient une histoire d'amour en open space ?* s'interroge-t-elle en pensant à son mari, qui a l'art d'occuper chaque recoin de l'appartement avec ses affaires ou sa présence.

Alors qu'elle est plongée dans ses pensées, Suzanne entre sans frapper.

— Andrea ! Tu peux venir m'aider pour poser ma couleur ? Je n'y arrive pas toute seule.

La mère claque la langue, contrariée de cet empiètement sur son espace-temps personnel.

— Je t'ai déjà dit de ne pas m'appeler par mon prénom. Pour toi, c'est « maman », un point c'est tout !

L'adolescente la regarde avec une moue frondeuse.

— Comment tu me parles ! Ça me rappelle quand on apprenait la féodalité à l'école, les seigneurs et tout le tintouin !

— Carrément ? C'est pas du tout exagéré ! s'esclaffe Andrea.

Sa fille poursuit son délire.

— Ah, si si si ! Sauf que là, c'est pas une baronnie, c'est une *daronnie* ! Un régime parental *quasi* autoritaire.

— Quasi, oui ! se moque-t-elle, qui connaît la permissivité de son système d'éducation et le regrette parfois. Arrête, Suzanne, ou tu vas finir par me donner des idées !

Sa fille flaire le danger et préfère revenir sur le sujet de la coloration capillaire.

— Allez !

— Pas maintenant, Suzanne. Tu vois bien que je suis occupée.

— Ah oui ? Qu'est-ce que tu fabriques ? demande la jeune fille avec un brin d'insolence en balayant la pièce du regard, à la recherche d'une activité de daronne, comme plier du linge ou ranger les placards.

N'en voyant pas, elle insiste.

— Tu vois, j'étais sûre que tu ne faisais rien de spécial !

La voix de Suzanne devient mielleuse tandis qu'elle s'approche de sa mère.

— S'il te plaît, mamounette chérie…

S'il y a une chose que les enfants possèdent d'instinct, c'est l'art d'une tendre et experte manipulation. Andrea se sent à deux doigts de capituler, puis se ravise. Elle a profondément besoin de réfléchir à cette émission.

— Caresses de chat donnent des puces ! dit-elle en repoussant son matou collant. Après le dîner, si tu veux. Là maintenant, je ne peux pas.

Les yeux de la jeune fille s'écarquillent. Elle n'a pas l'habitude d'être rabrouée. Sa mère lit sur son visage l'incrédulité du refus, puis la montée d'une copieuse frustration. Est-il possible que sa mère n'accède pas immédiatement-tout-de-suite à son désir ? Elle finit par lâcher l'affaire, non sans exprimer son mécontentement. La râlerie, chez elle, se suit à la trace comme la traînée de bave d'un escargot fâché. En ce moment, leurs conversations se limitent à quelques mots tendus ou désobligeants. *Enfin seule ! Cela ne durera pas*, soupire-t-elle.

Daronnie… Non mais je rêve ! s'offusque Andrea en repensant aux mots de sa fille. Si elle était un preux *daronnier* – un daron-chevalier héroïque engagé dans sa noble mission éducative –, elle saurait avoir une main de fer dans un gant de velours. Il n'en est rien. Andrea a plutôt l'impression d'être un *daronniard*, parent-serf en galère, au bord de la crise de nerfs ! *Au moins, tu essayes de lui tenir tête un minimum*, se dit Andrea. Ce statut de *daronneur* donneur de leçons l'ennuie prodigieusement. Dire qu'elle se voit parfois obligée de mettre une casquette de daron-au-bâton plutôt qu'à la carotte, rôle ingrat de rabat-joie qui doit piquer des colères pour que ça file droit, pour le « bien » de sa progéniture. *Daronner* n'est pas une mince affaire ! Je *daronne*, tu *daronnes*, nous *daronnons*... *Daronner* n'est certes pas un verbe passif. Il s'agit de prendre la responsabilité d'accompagner un être dans son évolution. Rien que ça ! L'élever, l'instruire, le former, le cultiver, le développer, l'entraîner, l'exercer, le discipliner, le façonner... Bref, l'éduquer ! Le daron prend des airs de *daronnien*, parent galérien qui rame pour ne pas se noyer dans sa mission pharaonique. D'autant qu'il y a des gosses *indaronnables* ! Résistants aux règles établies. Réfractaires à toute forme d'autorité. Des enfants récalcitrants qui font voler en éclats les piètres tentatives de fermeté éducative de leurs responsables légaux. L'erreur, c'est de *daronnailler* : *daronner* petit, laisser la marmaille avoir le dernier mot. Ce qui finit immanquablement en eau de boudin ! Non, il faut voir le *daronnage* comme une action de tuteurage jardinier et journalier pour aider l'enfant à pousser droit, telle la plante qui a besoin de soutien dans sa croissance. D'où l'émergence logique de conflits d'autorité, particulièrement chez l'adolescent rétif, car comment pourrait-il aimer avoir un bâton coincé dans le dos ? Pour contrebalancer et adoucir le rapport de force, le *daronnage* suppose aussi un arrosage régulier d'engrais nutri-affectifs enrichis d'actifs concentrés de reconnaissance, sous peine de voir le plant se rabougrir ou, pire, finir en mauvaise herbe ! Autant de pression pour le parent peut aboutir à de fréquentes crises de *daronnalgie*, pathologie de la parentalité douloureuse parfois traitée à tort par des prescriptions de permissivité démissionnaire.

Andrea pousse un profond soupir. Puis, tout à coup, sa fille pénètre dans sa chambre, sans frapper, pour la deuxième fois.

Sans vergogne, elle pose la question qui fâche :

— M'man ! Qu'est-ce qu'on mange ce soir ? Je meurs de faim ! J'ai rien bouffé à la cantine ce midi. C'était dégueu-lasse.

Elle sait que Suzanne la provoque en piétinant les mots de la sorte.

— Ça t'embêterait de parler correctement ?

— J'peux pas. J'ai trop la dalle.

L'irritation monte d'un cran.

— Qu'est-ce que tu as mangé alors, finalement ?

— Je me suis pris un burger à la sortie des cours, à 16 heures.

— C'est sûr que c'est meilleur ! raille-t-elle.

— D'ailleurs, tu pourras me rembourser ? J'ai pris ça sur mon argent de poche…

Le sang d'Andrea commence à bouillir.

— Suzanne, je *paye* pour la cantine ! Alors ce serait pas mal que tu arrêtes de faire la difficile. Quand j'avais ton…

La jeune fille l'arrête tout de suite.

— Oui, je sais, quand t'avais mon âge… tu ne *pinaillais* pas comme ça. Mais je te rappelle qu'on a changé de siècle !

Son ton insolent vient fouetter les oreilles de sa mère. *Pourquoi j'ai envie d'un punching-ball, tout à coup ?* Elle prend une grande inspiration pour garder son calme. Son ado revient à la charge.

— Alors, dis, quand est-ce que tu t'occupes du dîner ? Il est tard, déjà !

Ce rappel à l'ordre à peine maquillé irrite Andrea au plus haut point.

— Tu sais qu'il ne t'est pas interdit, pour une fois, de mettre les choses en route ?

Sa fille joue l'idiote et répond à côté :

— Merci, Mams, t'es au top !

Puis elle se volatilise. C'est bien connu, au moment d'aider, l'ado disparaît dans son terrier. Politique de l'autruche. Trou noir dans l'éducation. Même mettre la table est un concept tombé aux oubliettes. Sa fille semble croire que les choses bougent « toutes seules ». Que la préparation quotidienne des menus s'effectue par l'action du Saint-Esprit ou d'une magie blanche et, ô miracle ! des mets arrivent sur la table ! L'idée de proposer une aide terrestre à sa mère ne vient jamais spontanément. Andrea est obligée de venir l'assommer de remontrances, ce qui provoque moult grognements insupportables. Double peine : d'abord, parce qu'il est coûteux pour une daronne de demander un service, car c'est une posture désagréable qui l'expose à un refus. Ensuite, parce qu'il est tout à fait injuste de subir la mauvaise humeur de son ado, alors même qu'il est plus que légitime de demander un coup de main ! Le plus souvent, Andrea préfère donc prendre seule en charge les corvées plutôt que subir le spectacle pénible de la mollesse de sa fille pour s'exécuter.

Fin de la récréation. Il va falloir bouger. Aller à la cuisine. Assumer son rôle, son « devoir ». Elle rêve du temps où elle n'avait pas charge d'âme… Le temps avant la vie de famille.

Des heures de liberté qu'elle flambait comme des billets gagnés au casino, remplies d'insouciance et de légèreté, entièrement dévolues à s'occuper d'elle. Son petit nombril à chouchouter comme un meilleur ami ! Un resplendissant paroxysme d'autocentrisme ! La Andrea de l'époque savait prendre un soin particulier pour s'apprêter, choisir ses tenues, se maquiller. « Se plaire » était alors une activité à part entière, son loisir principal. La coquetterie jubilatoire la poussait au détail jusque dans la couleur du vernis à ongles : Dior 999 – couleur couture –, la brillance incomparable des pigments, infusés d'extraits de pivoine et de pistachier… La touche finale se trouvait dans le parfum posé au creux du poignet, pour en libérer les fragrances quand on embrasserait ses paumes. Est-ce qu'on parle de la même Andrea ? Oui, mais aujourd'hui elle a oublié ce que voulait dire flirter, flâner ou rêver. Elle se rappelle ses grasses matinées de l'époque, interminables, passées à lire des romans ou des bandes dessinées, au lit. Le temps s'étirait au rythme des cafés et des croissants qui laissaient leurs miettes joyeuses dans le lit. De comptes à rendre à personne. Libre de ses journées et de ses soirées. Libre de sa vie !

Voilà ce qu'elle pourrait expérimenter quelques semaines si elle avait la chance de participer à cette émission. Elle n'ose imaginer combien il lui serait bénéfique d'échapper à ce quotidien devenu pour elle difficilement supportable. Comme si elle n'arrivait plus à trouver du sens dans la famille qu'elle a fondée vingt ans auparavant. Ce n'est pas le syndrome du nid vide, car, même si Bastien lui manque par moments, le reste du nid est encore occupé par un mari absent à leur couple, là sans être là, et par une fille en pleine crise d'adolescence, dont elle a l'impression de ne plus subir que les mauvais côtés. Une confiance éraillée, des petits mensonges éhontés, des rebuffades effrontées… Elle n'a pas signé pour ça ! Elle, ce qu'elle aime, c'est l'harmonie, les câlins, la connivence. Tout ce qu'elle a perdu avec Suzanne ! Où a-t-elle échoué ? Elle est à bout. Son rôle de mère la gratte comme un pull en laine. Elle constate avec amertume qu'elle connaît plus de désagréments que de joies avec son enfant. Le lien s'est effiloché. Elle voudrait ne plus y penser. Elle réenclenche le film de la Darons Academy. Elle, sous les projecteurs. L'adrénaline. L'aventure ! Elle essaye de s'imaginer ce que cela pourrait lui procurer comme sensations. Exister ! Avoir droit à la parole. Être importante.

Un sourire extatique flotte encore sur ses lèvres tandis qu'elle se dirige à contrecœur vers la cuisine, ouvre le frigo à la recherche d'une idée et improvise un repas équilibré : un point d'honneur pour elle.

Marc rentre. Il ne peut pas s'empêcher de faire claquer la porte. Andrea sursaute. Il crie un « C'est moi » à qui veut l'entendre, jette ses clés dans le vide-poches en verre, qui tinte. Drelin-drelin familier. Quand il la trouve dans la cuisine, il se penche pour l'embrasser sur le front.

Oh, l'affront ! Ce geste la hérisse au plus haut point. Elle déteste ce baiser vexant de l'homme qui n'est plus amoureux et tente de sauver les apparences. Le regard de Marc l'effleure à peine. Peu attentif à son état émotionnel, il ne perçoit pas son humeur. Debout, les yeux rivés sur son courrier qu'il dépiaute, il demande si elle a passé une bonne journée, sans que la réponse lui importe vraiment.

— Qu'est-ce qu'on mange, ce soir ? demande-t-il à son tour sans la regarder.

Tout lui est dû. Tout leur est dû. *Je n'en peux plus,* conclut Andrea au bord des larmes. Et puis, sans trop savoir ce qu'il lui prend, elle lui envoie :

— Spaghettis, aiguillettes de poulet à la crème, *clous* et haricots verts…

— Parfait, marmonne-t-il.

Il n'a même pas relevé. Il est ailleurs, comme d'habitude. Elle se plante devant lui pour capter son attention.

— J'ai lancé le menu. On dînera à 20 heures, j'ai un truc à finir…

Elle s'enfuit plutôt qu'elle ne quitte la pièce, pour ne pas voir sa réaction. Du *home-ghosting*.

Elle s'enferme de nouveau dans sa chambre. Elle sourit. C'est elle, l'ado, à présent ! Elle s'empare du dépliant de la Darons Academy, cédant à une douce et inhabituelle euphorie. Elle saisit son ordinateur, et se connecte rapidement au site de l'émission. Un gros bouton, à côté duquel il est impossible de passer, appelle les candidats à s'inscrire pour tenter leur chance. Elle clique. Le formulaire apparaît sous ses yeux. Son cœur bat plus fort tandis qu'elle le remplit avec soin. Elle a l'impression de transgresser les règles de la parentalité : oser passer au premier plan avant sa famille, et se lancer dans un projet qui compte pour elle. Lorsqu'elle clique sur le bouton « envoyer » une heure plus tard, ses doigts tremblent légèrement, comme si elle avait commis une bêtise. Pourtant, à l'intérieur, elle ressent une douce chaleur qui n'a rien à voir avec la culpabilité. Cela ressemble à s'y méprendre à… de l'excitation !

9

Andrea jette un regard critique au miroir. Insatisfaite, elle tourne la tête de gauche à droite pour inspecter sa coiffure sur les côtés. Pour le chignon à la Grace Kelly, c'est plutôt raté. Elle attrape une énième pince à cheveux et la plante sans ménagement dans sa crinière revêche, ce qui lui arrache un petit cri de douleur. L'accessoire métallique lui a râpé le cuir chevelu.

Andrea a essayé d'imaginer le type de look qui pourrait plaire à la prod'. Pour incarner la « mère de famille parfaite », il serait certainement bon d'avoir un style élégant et classique, et sûrement pas d'arborer une sauvage tignasse caramel comme elle en a l'habitude. D'où l'acharnement depuis une heure à discipliner ses longs cheveux frisés dans une torsade qui martyrise son crâne. En ce mois de juillet, elle a opté pour une jolie robe soyeuse aux discrets motifs floraux, qui, semble-t-il, met plutôt en valeur ses formes et sa poitrine généreuse. Elle se torture les méninges depuis trois semaines pour choisir ce qu'elle portera. Depuis ce jour incroyable où elle a reçu une convocation pour un entretien. Elle en a pleuré de joie et d'étonnement ! Elle a été retenue pour passer des essais ! Elle ! Elle n'en revenait pas encore… D'autant que, pour ce casting, le plus gros de l'écrémage a été réalisé en amont, dès l'envoi de la candidature. Il avait fallu répondre à un bon nombre de questions pour constituer son dossier. Son histoire familiale, les particularités de son parcours de parent, les relations entretenues avec ses enfants, ses motivations à exposer possiblement des éléments très personnels à un large public… Andrea avait répondu avec beaucoup d'application et de sincérité. Cette expérience pourrait être salutaire pour bousculer l'ordre établi, voire figé, dans sa vie familiale. Il fallait que ça bouge, d'une manière ou d'une autre. Il en allait de sa santé mentale ! Elle ne se voyait pas continuer comme ça, sans réagir.

Face à la pression de l'enjeu, elle se noie dans des questions idiotes. Doit-elle camoufler ses quelques taches de rousseur avec du fond de teint ? Colorer ses lèvres d'un rouge glamour ou au contraire jouer l'authenticité d'un ton *nude* ? Andrea hésite. La nervosité monte encore d'un cran. Elle regarde sa montre. Elle va finir par être en retard ! Elle sort de la salle de bains et croise son mari installé à table, en train de siroter son café.

— Je file, dit-elle avec le plus de naturel possible. À ce soir !

Elle se penche pour attraper son sac, et l'échancrure de sa robe laisse entrevoir sa lingerie. Son mari émet un sifflement approbateur.

— Dis donc, c'est pour aller garder des bambins que tu t'es mise sur ton trente-et-un ?

N'importe quel autre jour, elle aurait adoré qu'il dise cela, mais pas aujourd'hui ! Elle ne lui a pas du tout parlé de cette affaire de casting. Elle aime ce petit bout de jardin secret venu de nulle part, et elle a envie de le garder rien que pour elle encore un peu.

— C'est l'été, tout simplement. Rien de plus, rien de moins, mon chéri.

— Mais… tu t'es parfumée ? remarque-t-il.

Andrea rougit légèrement. Stress et confusion. Elle a l'impression d'être prise en faute comme une gamine.

Flûte ! Après tout, elle a le droit de faire ce qu'elle veut de sa vie, à quarante ans passés !

— Oui, c'est agréable, avec la chaleur, de s'assurer qu'on va sentir bon jusqu'au soir.

— Tu as raison. Alors, à ce soir ?

D'une manière devenue très inhabituelle, il se lève pour aller déposer un léger baiser sur les lèvres de sa femme. Elle en reste coite. Il rit.

— Arrête ! On dirait que c'est la première fois que je t'embrasse !

— Mmm… Non, mais… Ce n'est plus si souvent.

— Les décolletés non plus, ce n'est plus si souvent, rétorque-t-il en laissant glisser ses doigts sous la robe, à la naissance des seins.

Suzanne débarque alors dans la pièce.

— Ne vous gênez surtout pas pour moi, dit-elle sur un ton blasé et légèrement réprobateur.

Andrea profite de l'occasion pour s'enfuir. Une fois seule dans la rue, elle est soulagée. La voie est libre pour voler vers son rêve !

Elle met quarante minutes pour arriver à bon port. Quarante minutes pendant lesquelles son estomac se tortille comme une serpillière qu'on essore ! Un trac violent la prend au ventre, comme elle n'en a que peu connu dans sa vie, à part dans la période d'examens pour devenir infirmière puéricultrice. Elle sait que, pour décontracter le diaphragme, il est important de respirer profondément. *Je crois que je vais vomir.* Son malaise s'accentue lorsqu'elle se retrouve devant les locaux de la chaîne à Neuilly-sur-Seine. L'impressionnant logo qui s'étale majestueusement sur la façade, les grandes baies vitrées qui réfléchissent la lumière comme autant de miroirs… Andrea passe le portillon de sécurité en retenant son souffle. On inspecte le contenu de son sac. Le vigile est un peu sur les dents. Combien y en a-t-il comme elle qui viennent ce matin se présenter à l'audition ? Elle est autorisée à pénétrer dans l'antre télévisuel.

À l'accueil, on lui remet un badge spécial casting et une hôtesse récite sa litanie : « Premier étage au fond du couloir à gauche. Vous suivez la signalétique. L'assistant de production vous attendra là-bas. Bonne journée. » Andrea la remercie et entend la jeune fille répéter le même discours à la personne suivante. *Une concurrente*, comprend-elle en sentant son plexus se serrer de nouveau. Ses talons résonnent sur le sol froid et laqué. Il y a des écrans partout. C'est intimidant. Elle suit les pancartes rouge et noir ornées du logo de l'émission : « Casting pour la Darons Academy ». Impossible de passer à côté ! Andrea s'engouffre dans l'ascenseur. La concurrente la rattrape. Elle lui sourit en biais et les deux femmes se toisent en silence. Une voix douce d'automate annonce le premier étage. Elles arrivent en même temps au point de rassemblement pour les auditions. Un grand garçon métis avec un porte-bloc blanc vient les accueillir, prend leur nom, les coche sur sa liste. C'est sûrement l'assistant de production.

— Installez-vous là. On vous appellera.

Il a des yeux verts, songe Andrea. *Est-ce que c'est sa couleur naturelle ou est-ce qu'il porte des lentilles ?* Elle remarque qu'il lui vient toujours des pensées bizarres quand elle est stressée. Son esprit cherche à s'échapper d'une manière ou d'une autre. Se détourner de l'épreuve qui l'attend. Car elle va devoir se surpasser, elle en est consciente. Elle n'a pas l'habitude de se mettre ainsi en avant, loin de là. Non pas qu'elle soit timide ; pudique, plutôt. Elle étudie discrètement les autres darons dans la salle d'attente. Des hommes, des femmes, d'une quarantaine d'années ou plus, tous murés dans un silence embarrassé. Tous, sauf une jolie blonde au charme filiforme, les yeux gris allongés de faux cils et le front bordé d'une longue frange rétro. Elle gesticule sur sa chaise en jouant avec le petit chien qu'elle tient dans ses bras. Il ressemble à une grosse boule de poils toute douce et porte une barrette sur la tête. Rigolo. Les concurrents lui jettent des regards réprobateurs qui agacent Andrea. Elle décide d'aller la voir. Sa chaise grince quand elle se lève. Maintenant, tout le monde la regarde. Tant pis.

Elle s'approche de l'inconnue et s'accroupit pour se mettre à la hauteur du chien sur ses genoux.

— Bonjour. Je m'appelle Andrea. Et vous ?

— Karen ! Enchantée.

— Il est trop mignon, votre chien ! dit-elle en lui donnant une caresse qu'il ne refuse pas.

— Merci ! Il s'appelle Frisbee. Parce qu'il est fou de ce jeu, et aussi à cause de ses bouclettes frisées.

— On va bien s'entendre, j'ai les mêmes quand j'enlève mon chignon !

Elles éclatent de rire, ce qui semble agacer les autres postulants.

— Chut, dit Karen un peu plus bas. On dirait qu'ici il ne faut pas avoir l'air de trop s'amuser.

— C'est clair !

La porte s'ouvre sur un grand monsieur à lunettes qui lit le nom de la personne appelée en l'écorchant.

— Karen Betsonne.

— Bengtsson, rectifie la jeune femme avec le sourire. C'est scandinave.

Le membre du jury ne sourcille pas et l'invite à le suivre.

— Je crois que c'est à moi, souffle-t-elle à Andrea.

— Bonne chance, alors ! Oups, je veux dire… Merde !

— Merci !

Karen disparaît dans la salle d'entretien en lui lançant un dernier geste de sympathie : les doigts croisés pour lui souhaiter à elle aussi le meilleur.

10

Depuis le début des grandes vacances, Suzanne et sa meilleure amie, Nola, se voient presque tous les jours. Suzanne savoure le bonheur de profiter de la maison sans la présence – trop pesante à son goût – de ses parents. Cette année, la famille partira à cheval sur juillet et août. D'abord la traditionnelle semaine dans le Périgord, pour aller rendre visite à ses grands-parents maternels – rien de très excitant –, puis deux semaines plus prometteuses dans un camping club à Saint-Rémy-de-Provence. Sans doute y trouvera-t-elle de belles occasions pour compléter son abécédaire de conquêtes. Elle tire du dessous de son lit un carnet sous forme de répertoire et le feuillette avec délectation. Pourvu que ses darons ne tombent jamais dessus : ils péteraient les plombs… Déjà qu'ils s'inquiètent pour un oui ou pour un non… L'abécédaire est un petit jeu qu'elles ont mis au point, avec Nola, deux ans auparavant. Un tableau de chasse de garçons, classés par prénom. La première qui réussit à remplir les vingt-six lettres de l'alphabet a gagné !

— Tu sais que ça peut nous prendre une vie ? a plaisanté Nola encore récemment.

— Qu'importe ! Un concours, c'est un concours, ma vieille !

— Y a des lettres plus dures que d'autres, avoue !

— C'est vrai. N'empêche, je crois que j'ai une touche avec un Zach !

Les deux copines sont parties d'un éclat de rire explosif, les laissant au bord des larmes, les zygomatiques douloureux. Voilà pourquoi Suzanne aime tant Nola. Elle parle fort. Rit fort. Aime fort. Elle est ce que l'on appelle une « personne à haute intensité » ! Auprès d'elle, la vie prend une saveur particulière, loin du fade. Leur activité favorite, pour ne pas dire leur sport préféré, se résume à sortir avec des mecs. L'été, les parents sont plus permissifs sur les sorties, et Suzanne espère en profiter pour combler son léger retard par rapport à Nola. L'idée d'être une reine du flirt lui plaît beaucoup. Elle aime se construire une image d'elle piquante, sexy, audacieuse. Pas comme certaines filles de sa classe coincées, qui gloussent dès qu'un garçon cherche à les approcher. Suzanne met même un point d'honneur à s'afficher comme une décomplexée à fort potentiel d'émancipation. D'où la dégaine branchée, décalée et parfois provocante, assortie d'une confiance en soi à toute épreuve. Nul n'a à savoir que cette dernière est plus souvent feinte que ressentie.

Elle n'arrive pas à oublier l'affront commis quelques mois auparavant par ce garçon du bahut pour qui elle avait eu un incompréhensible béguin, et qui l'avait traitée, un jour, à la cafétéria, de « pucelle », devant leur bande de copains. Elle l'avait fouetté de mots acerbes pour donner le change et ne rien laisser paraître de sa gêne, mais à l'intérieur, elle était mortifiée. Il avait touché sans le savoir un point plus que sensible. Pour Suzanne, être vierge avait quelque chose de honteux. Alors, elle mentait, prétendait à qui voulait l'entendre qu'elle l'avait déjà fait cent fois. Mais le misérable avait du flair et ne lâchait rien. « Pucelle, pucelle », continuait-il à lui souffler dans l'oreille en la scrutant d'un œil narquois. Elle ne s'en remettait pas. Depuis, elle se tenait toujours loin de ce maudit Nicolas, même si son côté *bad boy* des beaux quartiers l'attirait malgré tout.

Elle chasse ce souvenir désagréable de son esprit et feuillette son carnet avec ravissement. *Ça progresse*, constate-t-elle, satisfaite. La semaine dernière, à la soirée de Bénédicte, elle a flirté avec un P. et un B. Quelquefois, cela l'énerve de doublonner les lettres. Ça ne compte pas pour la compétition. À quoi servent deux L dans sa collection ? Il aurait été plus malin de sortir avec Mathieu plutôt qu'avec Louis début juillet. Résultat, elle n'a toujours pas de M…

Suzanne en est là de ses réflexions lorsque quelqu'un sonne à la porte d'entrée. Sûrement Nola ! Elle court lui ouvrir. Les deux amies se tombent dans les bras.

— Tes parents sont au boulot ?

— Affirmatif. La voie est libre !

Pimpantes et court-vêtues, elles et leur bonne humeur font une escale par la cuisine afin de prendre des réserves de munitions gourmandes. Sucré, salé, elles ne sont pas regardantes. Chips, bonbons, sodas, biscuits. Tout est bon en bouche pour débriefer les derniers potins. Le plaisir gustatif facilite le déliement des langues. Nola connaît le chemin. Elle se dirige directement vers la chambre de Suzanne et se jette sur le lit de tout son long. Elle pousse un soupir de contentement.

— Tu as trop de la chance d'avoir un lit double. Moi, j'en peux plus du mien. Il est tellement petit que, dès que je me tourne, je manque de finir par terre !

Les parents de Nola étant d'extraction modeste, les trois enfants partagent la même chambre. Une situation parfois explosive dans la fratrie. Des conflits d'intérêts sans fin entre ses frères cadets et elle, entraînant leur lot de chantage et de marchandage. Sans parler de ce qu'elle doit payer pour pouvoir faire le mur ! Quelques pièces d'argent de poche quand il lui en reste encore, des corvées ménagères à sa charge, ou d'autres contreparties quand elle n'a plus de quoi monnayer.

— En tout cas, tu m'as bluffée la dernière fois, ma Suzanne, d'avoir réussi à aller toute seule à la soirée de Brahim dans le dos de tes parents. Faut juste que je t'apprenne à mieux picoler, parce que tu t'es mise dans un drôle d'état ! Sérieux, quand je t'ai vue pâle comme une revenante, j'ai craint le pire. En tout cas, en galochant Kad, t'as réussi à choper un K ! Super dur, le K !

Elles éclatent de rire. Nola tend sa main pour un check complice. Le *give me five* est de rigueur pour valider les bonnes vannes.

— Tu nous mets du son ?

Nola ne jure que par Jul. En secret, Suzanne voue un culte à Angèle...

— Pendant ce temps, je nous roule un bédo, ajoute Nola.

Suzanne se raidit. Ce n'est pas la première fois que sa copine lui propose de l'herbe. Sa mère lui a si souvent farci la tête avec ses mises en garde sur les dangers du hasch ! Addiction, léthargie, aboulie... Des mots compliqués et abstraits pour elle, mais suffisamment forts dans la bouche de sa mère pour qu'ils lancent dans son cerveau un système d'alerte. Est-ce que ce truc-là peut lui cramer les neurones ? Nola, étrangère au conflit intérieur de sa copine, s'approche du petit bureau et pousse les cahiers d'un revers de bras pour dégager le terrain.

— J'ai regardé un super tuto pour rouler comme une déesse, tu vas voir !

Ricanements embarrassés de Suzanne, qui écarquille les yeux devant l'impressionnant matériel de Nola.

— C'est quoi, ça ?

Nola la regarde comme une demeurée.

— C'est un grinder.

— Un *quoi* ?

— Un grinder, un broyeur, quoi. Pour effriter le cannabis, cocotte !

— Ah oui, j'avais pas bien vu dans la lumière.

Suzanne se recroqueville sur le lit et continue d'observer le travail minutieux de Nola. Elle déchire un bout de carton – une carte de visite piquée à son père – et le roule pour réaliser un filtre.

— Aujourd'hui, on va se faire un spliff.

— Qu'est-ce que c'est que ce truc ?

— Faut vraiment tout t'apprendre, toi ! C'est comme un joint, mais coupé avec du tabac. L'avantage, c'est que ça brûle moins vite.

— Ah, d'accord…

Suzanne n'est pas rassurée. Elle regarde sa montre en priant pour que ses parents ne rentrent pas plus tôt du boulot. Nola a fini. Elle se retourne, victorieuse.

— Tada ! À nous la weed !

Elle allume la cigarette interdite, en inhale une profonde bouffée, puis recrache la fumée en dessinant des ronds dans l'air.

— T'as vu ? La classe, hein ? À toi !

Suzanne voudrait dire non, mais les yeux de sa copine l'en dissuadent. Un refus signerait probablement la fin de leur pacte tacite : binôme de conneries, à la vie, à la mort ! Elle fume et tousse. Nola est satisfaite.

— Au fait, tu voulais me dire quoi au téléphone tout à l'heure ? demande Suzanne en se frottant l'œil où une volute de fumée vient malencontreusement de se loger.

Nola bascule sa tête en arrière sur l'oreiller, les yeux pétillants de malice et d'excitation, et tortille son corps en minaudant.

— J'sais pas si j'peux te dire !

Elle aime ménager ses effets pour rendre ses révélations plus croustillantes.

— Allez ! Raconte ! implore Suzanne, impatiente de connaître son scoop.

— Ça y est. Je l'ai fait.

Le sang de Suzanne se glace.

— Quoi ?!

Choc. Sidération. Déni.

— C'est pas possible. Entre hier et aujourd'hui ?

— Ça s'est passé hier soir. Avec Julien…

— Comme ça, sans prévenir ?

— Eh ouais !

Sa copine a l'air de jubiler devant sa mine défaite. Suzanne jette un coup d'œil à son carnet-tableau-de-chasse devenu en un instant puéril, inutile, ridicule. Son monde s'écroule. Sa meilleure amie a perdu sa virginité avant elle. Quelle lose ! Rouler de simples pelles n'aura plus jamais le même impact. Nola est passée en une soirée dans la cour des grands et la laisse à la traîne. Dépitée, Suzanne reste sans voix, quand soudain Nola se redresse et tend l'oreille.

— Suze ! J'entends du bruit, Suze ! Tu rêves ou quoi ? J'te dis que j'entends une voiture arriver !

Suzanne se précipite à la fenêtre.

— Merde, ma mère ! Vite !

Nola se jette sur la beuh et remballe le matériel fissa. Suzanne ouvre grand les fenêtres en espérant disperser l'odeur, puis fonce dans la salle de bains pour se racheter une haleine. Elle tend le dentifrice à sa camarade, qui se sert de son doigt comme brosse à dents. En panique, Suzanne attrape la bouteille de parfum pour les en asperger.

— Ça devrait aller !

Au moment où sa mère pénètre dans la chambre, les deux fausses innocentes ont eu le temps de reprendre leur pose sur le lit, comme si de rien n'était. Andrea s'arrête sur le seuil de la porte sitôt qu'elle aperçoit Nola.

— Ah… Bonjour, Nola.

Son ton n'est pas aussi cordial que ses propos. Suzanne sait pertinemment que sa mère désapprouve ses fréquentations.

— Qu'est-ce que vous faisiez, les filles ?

— Nous ? Rien, on papotait. Tu rentres tôt, dis donc !

— Ah, oui, j'ai pris ma journée.

Elle s'approche de sa fille pour l'embrasser, mais s'écarte aussitôt en affichant une mine écœurée.

— Tu es tombée dans la bouteille de parfum ou je rêve ?

Ne pas argumenter pour ne pas attirer l'attention, songe Suzanne.

— Désolée, maman, c'était pas voulu…

Andrea lève un sourcil étonné. Elle n'a plus l'habitude que sa fille fasse amende honorable.

— Bon, je vous laisse alors. Amusez-vous bien !

Ses pas s'éloignent.

— Ouf, on a eu chaud ! s'amuse Nola.

Mais Suzanne n'a plus vraiment envie de rire…

11

Andrea s'éloigne de la chambre de sa fille et entend glousser après son départ. Elle serre les dents et lève les yeux au ciel. Est-ce que Suzanne pense vraiment qu'elle est dupe ? Croit-elle que sa mère est née de la dernière pluie ? Elle n'a pas eu besoin de plus de quelques fractions de seconde pour comprendre qu'elles avaient fumé, et pas que des cigarettes ! L'odeur persistante, la fenêtre ouverte, les résidus d'herbe sur la table, leurs yeux rouges comme des lapins junkies. Et comme elles cocotaient ! Croient-elles être les premières à renverser la bouteille de parfum pour camoufler ce type de bêtise ? Andrea le sait : il faut que jeunesse se passe. Elle n'aurait pas cru que ça arriverait si tôt, si vite… On pense toujours que son enfant va échapper à la règle. Quelle utopie ! Elle n'arrive pas à s'y faire. Par moments, elle ne la reconnaît plus, c'est comme si on lui avait enlevé sa fille : menteuse, dissimulatrice, manipulatrice. Et cette défiance qui a grandi entre elles la plonge dans le désarroi et la tristesse. Andrea hésite à retourner leur voler dans les plumes. Vider son sac, les « cramer » comme disent les jeunes. Mais elle n'en a pas la force. Elle va laisser couler pour l'heure et réglera la question plus tard. Les auditions l'ont secouée. Un vrai grand huit émotionnel. Aujourd'hui, égoïstement, elle a envie de penser à elle et de s'épargner un énième mélodrame familial. Prendre le temps de décompresser, aller au parc, marcher, buller au soleil pour faire décanter les événements. Il n'est pas tard. Pour une fois qu'elle a pris sa journée, autant en profiter.

Elle traverse le jardin public à la recherche d'un endroit bucolique où se poser. Elle n'est pas la seule à avoir eu cette idée, comme toujours lorsque le temps est radieux. 28 degrés au baromètre. Sur les pelouses, des grappes d'étudiants campent, rient, jouent et parlent fort. Deux d'entre eux se courent après et s'amusent avec des bouteilles d'eau. Andrea se prend des éclaboussures sur le visage et sur sa robe. Elle pousse un cri de surprise.

— Désolé, madame. On n'a pas fait exprès.

Andrea marmonne un « Ce n'est pas grave » qui ne sonne pas très juste. *Ce qui est incroyable avec les jeunes*, se dit-elle, *c'est que ce n'est jamais leur faute !* Elle sort un mouchoir pour s'essuyer et se rend compte à quel point elle s'est durcie ces derniers temps. Elle n'arrive plus à être clémente. L'état de grâce de la maternité des débuts l'a résolument quittée. Cet aveuglement euphorique des premières années, où, malgré les difficultés, on trouve son enfant exceptionnel, merveilleux, craquant. Le temps des petites bêtises attendrissantes. Maintenant, l'âge de l'innocence est révolu. Trop de problèmes et de tensions accumulées. Trop de déceptions, aussi. Usure avec ses enfants. Usure avec Marc. Était-ce inévitable ? Est-ce le sort qui attend toutes les femmes : un mari qui se détourne de vous, et des gosses qui donnent trop de fil à retordre ? Quelle récompense ! Andrea se demande si elle va finir aigrie et desséchée du cœur.

Elle trouve un petit coin libre au pied d'un grand arbre. Elle s'y adosse et respire enfin. Dire qu'avant, la solitude lui faisait peur. Maintenant, elle apprécie ces moments de calme où elle peut se retrouver en tête-à-tête avec elle-même. Elle repense à sa matinée de casting et, à cette évocation, un léger tremblement hérisse les poils de son avant-bras.

Quand Karen était sortie de la salle des auditions, elle affichait un grand sourire. Elle lui avait adressé un clin d'œil et un discret pouce levé, ce qui avait fait monter la pression d'Andrea. Puis, le grand homme fin et sévère l'avait appelée. Elle revivait la scène.

Quand elle s'était mise debout, elle ne sentait plus ses jambes – mais bien trop son cœur qui cognait dans sa poitrine. Elle avait essayé d'ignorer les regards des autres candidats sur elle. Ils la scrutaient, la détaillaient des pieds à la tête, tentaient sûrement d'évaluer ses chances d'être prise. Andrea aurait voulu disparaître dans un trou de souris. Comment avait-elle pu s'imaginer qu'elle pourrait se transformer en star du petit écran ? Quelle idée stupide !

Une fois dans la salle, un assistant l'avait conduite jusqu'au marquage au sol. Elle devait se tenir là, debout, entourée de projecteurs braqués sur elle qui l'aveuglaient légèrement, face à une caméra derrière laquelle un homme s'affairait à la mise au point. L'assistant s'était approché pour lui installer un micro. Elle portait une robe. Ça n'allait pas pour dissimuler le micro et les fils. Il lui avait montré un paravent derrière lequel elle pouvait se cacher et accrocher le matériel à ses sous-vêtements. Andrea était gênée, tandis que l'assistant, lui, ne la considérait pas autrement que comme une poupée de cire. Il avait clipsé le boîtier à sa culotte et lui avait demandé de passer le fil sous la tenue afin qu'il ressorte par l'avant du décolleté. Puis il avait fixé le minuscule micro sur l'encolure.

— Voilà, vous êtes prête, avait-il dit sans un sourire ni une émotion.

À la voix, elle avait entendu que l'un des membres du jury s'impatientait. Elle avait hésité entre s'évanouir, vomir ou prendre ses jambes à son cou. Elle s'était finalement avancée d'un pas timide jusqu'au repère, face aux trois jurés. Ils avaient commencé l'interview. Les questions pleuvaient plus vite que la capacité de réponse de son cerveau. Elle s'écoutait bafouiller. L'horrible impression de passer à côté de son audition lui serrait la gorge. L'homme au visage rond et aux grosses lunettes lui avait alors posé l'ultime question.

— Et qu'est-ce qui vous motive à participer à cette émission ?

Elle avait cherché à toute allure une réponse intelligente et peut-être décisive, mais tout ce qui lui était venu à l'esprit lui avait paru quelconque.

— Euh... Je ne sais pas... Pouvoir montrer à ma fille que je ne suis pas ce qu'elle croit. Enfin, pas *que* un moulin à reproches ! J'aime aussi l'idée de raconter un peu ma réalité de parent d'ados compliqués.

Andrea essayait de lire une réaction sur le visage des membres du jury. Rien. Leur expression restait impassible. *Aïe. Plutôt négatif,* en avait-elle déduit.

— Merci beaucoup d'être venue jusqu'à nous, Andrea. On vous tiendra au courant.

OK. C'était foutu. Hautement prévisible. Un type qu'elle n'avait pas remarqué jusque-là était ensuite sorti de l'ombre pour venir lui dire quelques mots, pendant que les autres échangeaient et regardaient leurs notes, déjà passés à autre chose.

— Salut, Andrea ! Je m'appelle Gabriel. Pas faciles, les premières fois face caméra, n'est-ce pas ? Perso, je vais intégrer l'émission, je fais partie des tout premiers sélectionnés. Et la prod' m'a demandé si je pouvais être là pour jeter un coup d'œil aux auditions.

— Ah, félicitations. Malheureusement, je ne pense pas que nous aurons la chance de nous connaître, Gabriel !

— Ne dites pas ça. Avec eux, on ne sait jamais ! Regardez, moi, est-ce que j'ai une tête de daron parfait ?

Il avait pris la pose, sourcil levé et air sévère, dos droit, une main devant, une main dans le dos, tel un patriarche du XIXe siècle. Elle avait ri.

— Au fait, comment m'avez-vous trouvée ?

Il paraît embarrassé de répondre.

— N'hésitez pas à me dire ce que vous pensez, c'est toujours intéressant d'avoir un retour.

— Mmm… J'ai aimé votre authenticité ! La seule chose que j'ai un peu regretté, si je peux me permettre, c'est votre coiffure.

Ma coiffure ? Il s'était penché vers elle pour lui chuchoter avec beaucoup de bienveillance :

— Je crois que vous avez tellement tiré vos cheveux en arrière que ça a plissé vos yeux, ça vous durcit, c'est dommage !

Cela avait été dit si gentiment qu'elle lui avait souri.

— Merci de votre franchise. Je tâcherai de m'en souvenir pour une prochaine fois. Sauf que… il n'y aura pas de prochaine fois.

L'émotion et la déception l'avaient rattrapée. Elle voulait s'en aller. Il l'avait retenue par le bras.

— Attendez ! Avant de partir, est-ce que je pourrais voir vos cheveux défaits ?

Il la fixait de son regard ébène où brillait une lueur presque enfantine. Sa demande lui avait paru totalement incongrue. Alors pourquoi y avait-elle accédé ? Elle ne saurait dire. Peut-être pour prolonger de deux minutes l'intensité de ce moment mémorable, avant de retourner à l'ordinaire de son existence de mère frustrée ? Elle avait ôté une à une les épingles plantées dans son chignon, sans le quitter des yeux. Il la regardait comme un gosse qui attend de découvrir sa surprise. Des mèches rebelles se libéraient au fur et à mesure. Elle avait oublié ce qui se passait autour d'eux, la caméra, les assistants, les membres du jury. Un sursaut d'orgueil la poussait dans ses ultimes retranchements pour au moins sortir avec panache. Foutu pour foutu, elle voulait offrir à cet homme une vision d'elle telle qu'elle se considérait parfois, dans les bons jours, libre, flamboyante, expressive… Quand enfin la cascade de ses cheveux avait jailli, dansant autour de ses épaules comme des flammes folles, elle avait secoué la tête dans un mouvement provocant, en lançant son plus beau sourire, aussi éclatant qu'inattendu. Il était resté figé, comme statufié.

— Vous êtes sublime, avait-il balbutié.

Puis Andrea avait entendu quelqu'un taper dans ses mains.

— Au suivant, s'il vous plaît. Merci de dégager le plateau.

Retour sur terre. Brutal. Andrea s'était enfuie et, à la différence des contes, n'avait laissé tomber ni chaussure ni aucun indice pour être retrouvée. L'époque n'était plus aux souliers de vair…

Andrea arrache les brins d'herbe autour d'elle. Elle ne reverra jamais cet homme. Mais quelle importance maintenant ? Ce petit moment exquis aura au moins permis de mettre du baume sur sa déception. Car c'est un fait : elle a été si mauvaise qu'il n'y a aucune chance qu'elle soit retenue. Elle a rêvé trop fort. Comment avait-elle pu croire qu'elle se débarrasserait de sa pudeur naturelle face aux caméras ?

Elle consulte son portable toutes les deux minutes pour voir si elle a reçu des messages. Mais non, rien. Des années que son mari ne lui envoie plus de textos affectueux. Elle songe avec abattement à Suzanne, qui doit être en train de redescendre de son *shit trip*. Quant à son fils, il est aux abonnés absents et n'a pas donné de nouvelles depuis des jours. *Pas de nouvelles, bonnes nouvelles,* se dit-elle avec amertume. Sa présence lui manque. Son tempérament est tellement différent de celui de Suzanne. Il est plus empathique, plus jovial. Une vraie bonne pâte. Un gentil extraterrestre, lunaire, tête en l'air comme pas permis, mais attachant. Écrire à sa mère, elle sait qu'il n'y pense même pas. Il préfère vivre sa vie en flottant plutôt qu'en marchant… C'est ainsi. Elle regarde sa montre. Il est peut-être temps de rentrer. Se remettre à ses obligations. Elle n'a plus que ça à faire.

12

Natacha a déjà réalisé un important travail de présélection. Cependant, dans la dernière ligne droite, François T. et Yann D. tiennent à s'investir personnellement. Tous trois se sont donc réunis pour passer en revue les rushs de l'audition, afin de recruter ensemble les meilleurs candidats. Ils ont sous leurs yeux, accrochées sur un grand tableau blanc, les photos des personnes déjà sélectionnées, en plus de Gabriel et Cindy, leurs deux comédiens infiltrés. Il y a Sandrine et Laurent, un charmant couple repéré dans la région grenobloise, pour incarner la famille recomposée.

Ils n'avaient pas arrêté de se chamailler face caméra, offrant sans le vouloir une scène hilarante, drôles malgré eux dans cette caricature de darons que tout oppose comme le jour et la nuit : elle, très adulte responsable, lui, très flex et immature. Un contraste qui avait séduit le comité de sélection. Ces deux-là avaient l'air de s'aimer, mais le sujet de l'éducation restait leur pomme de discorde : ils n'étaient d'accord sur rien. La lune de miel s'arrêtait dès que l'on prononçait le mot *enfant*.

Laurent a déjà deux petits grands d'un autre lit. Neuf et onze ans. Et le couple envisage d'avoir un bébé. Seulement, leurs divergences représentent un vrai frein. On ne surnomme pas Laurent « Lolo » par hasard. Ses amis le décrivent comme le garçon le plus cool qu'ils aient jamais connu. Lolo pourrait être la réincarnation de Jean-Pierre Darroussin dans le film *Mes meilleurs copains*, alias le personnage de Dany, connu pour ses répliques à la désinvolture légendaire. « Y a pas mort d'homme ! » « T'énerve pas, t'es déjà jaune comme un coing. » Cet homme ne trouve jamais rien inquiétant. Un flegme touchant, qui finit néanmoins par taper sur les nerfs de sa compagne. Sandrine, sans conteste très amoureuse de lui, n'en est pas moins sans arrêt sur son dos pour le houspiller, comme si elle avait un troisième enfant à la maison. Elle se demande même parfois si les deux préados ne montrent pas plus de maturité. Lolo est l'archétype du père copain, une catastrophe selon Sandrine, qui tente d'éduquer son homme comme elle peut.

François T. et Yann D. s'amusent beaucoup en revoyant les extraits de leur passage, notamment quand ils avaient parlé du cadre et des limites à poser aux enfants.

— Tu dois leur dessiner des bords, mon Lolo, tu comprends ? Si y a pas de bords, et ben, ça déborde !

Il est impossible de ne pas rire des intonations que la jeune femme avait prises, et des grands gestes désespérés qu'elle avait fait pour dessiner dans les airs un semblant de cuvette, afin d'illustrer son idée.

— Les enfants, il faut les contenir, sinon, ils partent en sucette !

Lui avait haussé les épaules en roulant des yeux d'une manière comique pour signifier sa désapprobation.

— Les enfants, ça a besoin de s'amuser ! Ils auront bien le temps que la vie leur mette des bâtons dans les roues, crois-moi ! Il faut les laisser vivre leur jeunesse. Le temps de l'insouciance passe si vite…

La jeune femme avait confié être à bout. « J'ai peur que nos divergences aient raison de notre couple ! » Sa problématique avait touché les producteurs.

— Ces deux-là ont toute leur place dans l'émission ! réaffirme François T.

— Oui, ça peut leur permettre de prendre du recul, et peut-être d'accorder les violons !

— Ou pas ! souffle Yann D. C'est la force du show. La vraie vie va se dérouler sous nos yeux, et rien n'est écrit d'avance. Ce qui est sûr, c'est que ce sera palpitant à suivre pour les téléspectateurs : regarder comment chaque personnage évolue au contact des autres et au gré des expériences qu'on va leur concocter…

François T. sourit malicieusement en songeant à ce qui attend leur petite troupe de darons.

— Tu m'étonnes ! Ils ne sont pas au bout de leurs surprises… Alors, pour Sandrine et Lolo, on valide. Mais on a du boulot pour caster les autres. On visionne la suite ?

— Allez.

Natacha, François T. et Yann D. se concentrent sur les images et discutent de chaque candidat qui passe. Lorsqu'ils sentent un potentiel, ils impriment la fiche du postulant avec sa photo, et la déposent sur une grande table pour pouvoir examiner l'ensemble des finalistes. Certains parents sont venus en solo. D'autres, en couple. Les critères de sélection, décidés en amont, sont précis, et ils s'y tiennent.

Ils regardent sur l'écran l'entrée en scène de la personne suivante.

— Et elle, c'est qui ?

François T. lit la fiche préparée par l'assistant de production.

— Andrea. Quarante-trois ans. Mariée, mais se présente en solo, sans son conjoint. Mère de deux enfants. Ancienne infirmière puéricultrice, devenue adjointe d'une directrice de crèche pour suivre son mari promu sur Paris. Grosses tensions avec sa fille adolescente. Fils parti étudier en province, qui ne donne pas trop de nouvelles. Là, on a une mère de famille au BDR.

— Au BDR ? interroge Yann D.

Son acolyte se fiche de lui.

— Oui ! Au bout du rouleau, quoi !

— Je ne savais pas que tu t'exprimais en mode ado prépubère !

— Je préfère ça à devenir un vieux fossile.

Les deux hommes, amis depuis longtemps, ont l'habitude de se chambrer en permanence.

— Alors, qu'est-ce qu'on en dit, de la p'tite dame ?

Ils se concentrent sur l'image et Yann D. critique.

— Ce look ! C'est pas possible… Elle s'est tellement tiré les cheveux en arrière que ça lui plisse les yeux, on ne voit plus que deux fentes !

— T'as raison. Je ne comprends pas que les proches ne leur donnent pas un avis.

Ils écoutent ses réponses au questionnaire, observent la manière dont elle agit face caméra. Elle gigote, balbutie, se tord les mains.

— Touchante, mais ça va pas le faire, je crois.

— Je te rejoins, répond François T. Tu es d'accord Natacha ? Bon, au suivant ?

Il pose le doigt sur le bouton « avance rapide ». Les images d'Andrea passent en accéléré. Le son est coupé, et les images qui défilent à grande vitesse montrent la métamorphose d'Andrea en quelques visuels décomposés, comme dans un flip book.

— Attends, il s'est passé un truc, là. Rembobine pour voir.

Ils visionnent de nouveau l'entrée dans le champ de Gabriel, leur comédien complice, qui va parler à cette femme. Ce visage, qui apparaissait lisse et quelconque un instant plus tôt, devient fascinant lorsqu'elle ôte une à une les épingles de son chignon trop strict et détache ses cheveux.

— Ah… Intéressant. Voilà un joli moment de spectacle ! s'exclame François T.

— En tout cas, elle montre une nature plus sauvage et captivante que prévu.

Le petit groupe observent la scène qui n'aurait pas dû être filmée.

— Elle devait croire que ça ne tournait plus. On dirait une autre personne.

— Oui… Et je viens de penser aussi à un truc qui pourrait être encore plus intéressant pour l'émission. Vas-y. Reviens en arrière. Encore. Encore. Stop ! Là !

Yann D. pointe le doigt sur l'écran, qui fige une image précise. Un long regard échangé entre Gabriel et Andrea.

— Tu as vu ça ? s'exclame-t-il, excité.

— Quoi ?

— François ! T'as pas bu assez de café ou quoi ? Ouvre les yeux ! Regarde, là : cette complicité, cette connivence. Je dirais même : cette électricité !

— Je ne vois pas où tu veux en venir.

Yann D. claque sa langue, agacé que son acolyte ne le comprenne pas au quart de tour.

— Tu te souviens de la mission secrète que je cherchais pour nos taupes, pour qu'ils ne deviennent pas trop populaires auprès du public ?

— Oui, et ?

— Je crois que je la tiens !

13

L'air est doux et embaume l'essence de pins en cette heure matinale. Andrea sort sur la pointe des pieds du mobil-home. Tout le monde dort encore. Marc, Bastien et Suzanne. Le soleil paresse à l'horizon et projette ses lueurs timides d'un camaïeu pourpre orangé. Le bleu de Prusse donne un dernier baiser à la nuit avant de se parer de son manteau de jour couleur azur. La végétation lui ravit les yeux : la palmeraie alentour et, non loin, le champ de lavande, dont les effluves chatouillent les narines.

Andrea marche d'un pas lent sur le chemin caillouteux qui mène au cabanon du petit déjeuner. Elle savoure la faveur de l'été qui offre aux plaisanciers le bonheur de se balader en nu-pieds et à peine vêtus de trois bouts de tissu. Elle sourit : là, les narcisses et les cupidones bleues se font la bise au gré du vent… Ces vacances lui procurent une vraie sensation de détente. Elle a quitté Paris deux semaines plus tôt dans un état de fatigue qu'elle n'avait pas connu depuis des lustres. Retrouver son fils lui amène une bouffée d'oxygène, comme si sa simple présence suffisait à ramener l'harmonie familiale d'antan. Débarrassée des contraintes scolaires, Suzanne se montre aussi plus détendue. Les jeunes passent le plus clair de leur temps à la piscine, et son mari, à participer aux tournois sportifs. Andrea, quant à elle, fuit tant que possible l'agitation et préfère s'en aller marcher dans les Alpilles.

Durant ces longues balades en solitaire qu'elle s'octroie, elle ne peut s'empêcher de repenser à l'année écoulée, aux chambardements qui couvent dans sa vie familiale. La crise d'adolescence de Suzanne laisse son cœur de mère démantelé. Sur ces chemins des Baux-de-Provence, elle songe aussi à son cœur de femme, desséché comme un raisin de Corinthe. L'hyperactivité de son mari la laisse perpétuellement frustrée et triste. Il est toujours occupé à ne pas s'occuper d'elle. Elle rêve d'un amour où l'on se raconte à l'autre dans de longs regards volubiles, où donner de soi va de soi, où l'on prend le temps d'écouter le même silence. Entre eux, l'écart s'est creusé. Malgré tout, pour les enfants, même s'ils sont devenus grands, il lui semble important de sauver les meubles, de préserver l'essentiel : une entente cordiale dans un cadre sécurisant.

Andrea arrive devant le cabanon. Il vient juste d'ouvrir et le parfum du pain frais et des croissants se mêle à celui des aiguilles de pins. Elle échange quelques mots aimables avec Fabien, que l'on surnomme ici « Fafa », l'animateur multitâche très apprécié de tous.

— Tu viens à la *beach party* cet après-midi ?

— Oui, peut-être, lance-t-elle pour ne pas l'offenser alors qu'elle sait qu'elle n'ira pas.

— Ah ! Enfin une bonne parole, Andrea ! À tout à l'heure alors !

Andrea s'éloigne rapidement. *Tu devrais faire un effort pour te mêler davantage aux autres,* s'admoneste-t-elle. Pourtant, elle n'en a aucune envie. Son esprit est ailleurs, préoccupé. Six semaines se sont écoulées depuis le casting, et elle n'a toujours pas reçu de nouvelles. Chaque jour, l'espoir s'amenuise et le désenchantement la gagne. Tout ce qu'elle demande à cet instant, c'est au moins une réponse. D'en finir avec cette attente éprouvante. Elle s'en veut de n'avoir pas été capable de donner le meilleur d'elle-même ce jour-là. *C'était peut-être la chance de ta vie,* se répète-t-elle en s'autoflagellant sans ménagement.

Quand elle revient au mobil-home, rien n'a bougé. On n'entend pas une mouche voler. Elle se sert un café et s'installe sur la petite terrasse pour savourer cet instant de paix. Elle écoute le chant des tourterelles se mêler à celui des cigales. Un concerto privé. Andrea se sent privilégiée d'assister à ce spectacle qui réjouit ses sens. Un chat sauvage s'approche à pas feutrés. Elle aime sa robe originale, avec son pardessus gris et ses dessous blancs. Il a retrouvé le chemin. Il n'a pas oublié les faveurs des autres matins. Elle se lève pour aller chercher à l'intérieur des bouts de jambon, lorsque la musique de *Mon nom est Personne* éclate à plein volume. Un air guilleret, dont elle apprécie la légèreté de la flûte et qui lui rappelle l'enfance, quand elle regardait chez ses grands-parents ce western spaghetti et se pâmait devant les incroyables yeux bleus de l'acteur Terence Hill – dont elle était amoureuse, comme toutes les jeunes filles de son âge.

Andrea pousse un juron, lâche le paquet de jambon, laisse le frigo ouvert, se rue vers la terrasse et se cogne brutalement le petit orteil contre un coin de porte. Elle pousse un hurlement et se roule par terre de douleur. La sonnerie s'arrête. Elle a raté l'appel. En revanche, elle a réveillé tout le monde. Les membres de la famille accourent en entendant le vacarme, visages défaits, cheveux hirsutes, mines déconfites. Elle a bientôt trois têtes penchées au-dessus d'elle.

— Qu'est-ce qu'il se passe, maman ? Tu t'es fait mal ? s'inquiète Bastien.

Andrea explique l'incident.

Son mari va chercher des glaçons dans le bac du congélateur et improvise une compresse glacée sur la zone douloureuse. Empathie ? Non, pas vraiment. Il n'a pas l'air très heureux d'avoir été réveillé en sursaut et houspille sa femme de s'être blessée pour un coup de fil raté. La fille se range du côté du père.

— Oui, franchement maman, la prochaine fois, mets-toi en mode vibreur *steuplait*. Bonjour les vacances, d'être réveillée aux aurores, surtout avec une sonnerie aussi effrayante ! Faut vraiment que tu changes d'ailleurs... Sinon, comment veux-tu qu'on ne te prenne pas pour une ringarde ?

— Merci beaucoup, ma fille, ça me touche, ta façon de me réconforter, lance-t-elle ironiquement.

— De rien, répond Suzanne, laconique, en croquant dans un croissant sans se soucier des miettes qu'elle sème un peu partout sur le sol.

Andrea clopine jusqu'à son portable et le consulte. Appel manqué : numéro inconnu. Un message en absence. Marc arrive derrière elle les bras chargés d'assiettes et de verres. Bastien apporte le jus d'orange, le pain et de la pâte à tartiner. Il n'a pas envie de viennoiserie. À quoi bon lutter ? Ses jeunes aiment n'en faire qu'à leur tête. Suzanne a décidé de venir squatter la terrasse avec eux pour dessiner en sifflotant, les écouteurs enfoncés dans ses oreilles pour soigneusement éviter toute communication. Ses crayons de couleur s'étalent sur la table. Elle les taille un à un et les épluchures ne tardent pas à se mélanger aux miettes de pain et de croissants. *Rester zen.* Le père et le fils se lancent dans une conversation de haut vol pour commenter le match de foot de la veille au soir. Leur niveau de technicité et d'expertise aurait pu arracher un sourire attendri à Andrea en d'autres temps. Là, le sentiment d'exclusion au sein de son propre clan empêche toute connivence. Elle ressent le besoin urgent de s'éloigner de nouveau.

— Je vais me balader ! lance-t-elle à la cantonade.

C'est à peine si Marc et Suzanne lèvent le nez. Bastien, lui, demande quand même :

— Tu n'as pas déjà été jusqu'au cabanon du p'tit déj' ?

Sa mère le taquine.

— Trois cents mètres, je n'appelle pas ça une balade, m'sieur !

Néanmoins, elle lui adresse un sourire reconnaissant d'avoir fait un minimum attention à elle, et lui envoie un baiser avec la main tandis qu'elle s'éloigne.

Marcher au milieu de la garrigue l'apaise. Le soleil a commencé sa course vers le zénith, mais pour l'instant, ses rayons caressent sa peau gentiment. Andrea a attaché ses longs cheveux bouclés avec un ruban et porte un grand chapeau de paille qui projette une ombre quadrillée sur son visage. Elle repère une souche de bois dans une clairière ombragée près d'un verger d'oliviers et s'y installe pour écouter son message. Une voix de femme s'échappe du combiné.

« Bonjour, Andrea. Je suis l'assistante de François T. et Yann D., qui m'ont chargée de vous appeler… »

Son cœur saute dans sa poitrine. L'instant, qu'elle attend depuis des semaines, arrive. Elle va savoir, enfin. Mais elle n'est plus sûre de vouloir cette délivrance. Qu'adviendrait-il si la réponse était négative ? Ses rêves tomberaient à l'eau. Son moral serait en chute libre. Aurait-elle la force de reprendre le fil de sa vie comme s'il ne s'était rien passé ? Surmonterait-elle cette déception ? Un klaxon interrompt ses pensées et un moteur vrombit à ses côtés. C'est Fafa, dans sa voiturette aux couleurs du camping. Deux jeunes filles l'accompagnent. Elles aussi font partie de l'équipe d'animation. Ils ont mis la musique à fond, qui répand ses vibrations assourdissantes dans chaque particule du paysage. La jeunesse aime le vacarme. Andrea, elle, a besoin de silence pour s'écouter exister.

— On t'emmène au village ? hurle Fafa pour couvrir le bruit tenace des percussions.

— Non, merci. Je m'offre une pause contemplation.

Ils la regardent sans la comprendre, avec un brin de perplexité et d'amusement.

— On te laisse alors, mais fais quand même attention de ne pas prendre racine !

Fafa redémarre en trombe, souriant de son trait d'humour. Il le sait, son tempérament boute-en-train, ses facettes de trublion lui valent d'être la star du camping et sa cote de popularité n'a plus rien à prouver.

Le calme de nouveau. Andrea ne leur en veut pas. Elle envie presque leur insouciance et leur gaîté. Elle, elle a oublié comment s'amuser. Elle reprend l'écoute de son message et tente de retenir les informations principales.

Assistante. Production. Darons Academy. Essais. Vous revoir.

Andrea n'est pas certaine d'avoir bien entendu. Elle rembobine. « Vos essais les ont intéressés. Ils souhaitent vous revoir. Seriez-vous disponible… » Tout le reste se brouille dans son esprit. *Vous revoir !*

La tachycardie s'intensifie. Ce n'est ni un oui ni un non, mais c'est tout de même un peut-être ! Elle serre fort le téléphone contre sa poitrine et pousse un cri de joie, fou, bizarre et incontrôlé. Le chant des cigales s'arrête une petite seconde. Un oiseau la regarde d'un drôle d'air. Elle s'en fiche ! Elle se met à tournoyer, tournoyer sur elle-même. La branche du peut-être, elle va s'y accrocher… Comme un arapède !

14

La famille est de retour de vacances depuis quinze jours. Dans une semaine et demie, c'est la rentrée. À cette perspective, le visage de Suzanne s'assombrit. Elle ne peut plus supporter l'école. Être vissée sur une chaise toute la journée, l'angoisse ! Tout comme écouter des cours rasoirs débités par des profs trop souvent désenchantés la met sur les nerfs. Elle, ce qu'elle aime, c'est le mouvement, la liberté. Suivre ses envies. Ses impulsions. Récemment, elle a récupéré la vieille machine à coudre de sa grand-mère et s'est mise à fabriquer des costumes de cosplay. Elle avait tenté d'expliquer sa démarche à sa mère.

— Tu ne connais pas Nobuyuki Takahashi ? s'était-elle indignée devant la méconnaissance de sa daronne.

— Non, Suzanne, je ne connais pas ce Nobuya Takatruc dont tu parles, excuse-moi !

— Laisse tomber ! avait répondu Suzanne, pour une fois magnanime. Retiens juste le *cosplay*, c'est le mot-valise de *costume* et de *play* en anglais.

— Et ça consiste en quoi exactement ?

Suzanne avait vu que cela agaçait sa mère d'être larguée, mais elle avait savouré ce moment. Pour une fois que c'était elle qui expliquait !

— Imagine une costumade ! Tu t'amuses à jouer le rôle d'un célèbre personnage de fiction en imitant dans les moindres détails son costume, sa coiffure, son maquillage…

Évidemment, les thèmes qui reviennent le plus sont inspirés de mangas, de bandes dessinées, d'animations japonaises… Entre autres ! C'est très vaste !

Sa mère avait souri et, pour la première fois depuis longtemps, Suzanne avait cru percevoir dans son regard une lueur tendre et amusée, avec un brin de fierté.

— Et tu as besoin d'investisseurs ? avait demandé Andrea, l'œil complice.

Elle avait été touchée que sa mère lui propose de soutenir son projet financièrement. Elle lui avait sauté au cou pour la remercier. Elles avaient prolongé l'étreinte un instant. Suzanne ne se souvenait pas que c'était aussi agréable, les bras d'une maman, et de nicher son nez dans son cou chaud. Elle était repartie en sautillant de joie, guillerette, enflammée, inspirée, les doigts qui démangent, pressés de créer, de travailler les matières, de sentir les textures, de s'amuser des trompe-l'œil.

Elle s'était jetée dans cette activité avec frénésie, pour oublier sa contrariété. Ses parents l'avaient obligée à suivre des cours de rattrapage qui venaient empiéter sur le peu de vacances qui lui restait. « Il faut te remettre dans le bain », telle était l'habituelle rengaine qu'elle entendait jour après jour. Son esprit bloquait dès le « il faut ». La notion de contrainte lui procurait d'emblée des sensations urticantes. Quant à se remettre dans le bain, la révision de certaines matières n'amenait pas une image de bouillonnant jacuzzi, mais plutôt de cryothérapie. Oui, un cri glaçant à la Munch, telle était l'image qui lui venait lorsqu'elle songeait à l'ampleur de ses lacunes accumulées.

En ce matin de fin août, Suzanne s'éternise au petit déjeuner. Ses parents ont repris le travail. Sa mère, avant de partir, s'est inquiétée de savoir comment elle allait occuper sa journée. Elle a brodé un programme cohérent pour la rassurer et qu'elle ne lui pose pas de questions. En réalité, elle appréhende les retrouvailles avec Nola, qui sera là en fin de semaine et voudra la voir sitôt un pied posé à Paris. Comment expliquer ce qui torture Suzanne depuis des jours ? Qui pourrait comprendre l'ampleur que le problème a pris dans son esprit : elle n'a pas réussi à perdre sa virginité pendant les vacances et l'idée de ne pas être à égalité avec sa meilleure amie lui ronge les sangs !

Sans surprise, semaine à encéphalogramme plat dans le Périgord, coincée entre ses parents, ses grands-parents et les vaches. Quant aux deux semaines de camping aux Baux-de-Provence, elles n'avaient malheureusement pas tenu leurs promesses. C'est à peine si elle avait conclu un misérable flirt le dernier soir avec l'apprenti barman qui lui faisait du gringue depuis le début du séjour. Elle avait laissé sa langue se mêler à la sienne, sans grande conviction, et avait regretté les effluves de vodka tonic et de tabac qui avaient refroidi ses ardeurs.

Suzanne se ressert un verre de jus d'orange et vient se percher sur le tabouret haut de la cuisine pour se remémorer cette nuit-là. *Regarde la réalité en face, Suze, tu as flippé. Tu t'es dégonflée, voilà tout !* Elle grogne intérieurement, mais elle est obligée de le reconnaître : c'est vrai, elle a eu peur de passer le cap. Ce gars de vingt-quatre ans ne l'avait pas rassurée. À la manière dont il avait passé ses mains sous son tee-shirt pour caresser ses seins, elle l'avait imaginé très expérimenté et avait craint qu'il ne l'entraîne dans des ébats qu'elle n'était pas encore prête à assumer. Passer pour une gourde, non merci ! C'est sa plus grande angoisse : avoir l'air gauche. Pour s'instruire, elle passe du temps sur les sites pornos. Elle prétend avoir dix-huit ans… Comme tout le monde. Elle essaye de s'habituer au fait d'être léchouillée de partout par un homme. Pour l'instant, l'idée la dégoûte plus qu'elle ne l'attire. Quant à mettre un sexe dans sa bouche ? Comment cela est-il même possible ? *C'que t'es nouille ! Il faudra bien t'y mettre si tu ne veux pas passer pour une débile.*

Alors, dès qu'elle a un moment, Suzanne s'entraîne sur une carotte, essaye d'imiter les gestes et mimiques des actrices du X, tente de surmonter son dégoût en regardant les étalages de corps se pénétrant comme des animaux. Lors d'explorations intimes, elle n'a toujours pas compris où est l'hymen. Elle se renseigne sur l'anatomie de l'appareil génital féminin. Comment ça, les femmes ont plusieurs lèvres ? L'autre jour, elle s'est enfermée dans la salle de bains, a baissé sa culotte et a coincé le miroir grossissant de sa mère entre ses cuisses pour regarder tout ça d'un peu plus près. La tête penchée vers l'avant, le dos contorsionné pour mieux apercevoir, les doigts affairés pour faciliter l'observation. Sa première réaction fut sans appel : révulsant. Puis, malgré la répugnance, Suzanne s'est forcée à se familiariser. Elle a sursauté à en laisser tomber le miroir quand son frère a tambouriné à la porte. Sa rentrée étudiante n'était que mi-septembre et on aurait dit qu'il ne trouvait rien de mieux à faire que de l'enquiquiner.

— Suze ? Qu'est-ce que tu fous dans la salle de bains ? Magne-toi ! J'ai besoin d'y aller.

Elle a remonté sa culotte à la hâte et a pris quelques secondes pour se donner une contenance avant de sortir.

— Ça va, frangin, me mets pas la pression. Toi aussi, tu passes trois heures à te coiffer, avec tous tes gels !

Il a regardé les cheveux emmêlés de Suzanne.

— Je sais pas ce que tu fichais là-dedans, mais en tout cas, t'y étais pas pour tes cheveux !

Il s'est marré. Elle l'a tapé. Le climat habituel entre frère et sœur.

La panique a définitivement envahi Suzanne quand elle est tombée sur un schéma explicatif parlant de caroncule hyménéale et de vestibule du vagin. « Vestibule. » Elle visualise maintenant son vagin comme un couloir de manoir donnant accès à la chambre nuptiale de l'utérus. Le manoir sera-t-il hanté ou enchanté ? C'est ce qui l'inquiète. Néanmoins, d'une manière ou d'une autre, elle va devoir se lancer. Le temps est compté.

Suze ! Tu ne vas quand même pas attaquer la rentrée avec un métro de retard ? Elle se torture pour trouver une solution. *Je dois tenter le tout pour le tout !* Elle s'enferme dans sa chambre, s'allonge sur son lit et entreprend d'éplucher son carnet d'adresses. Chaque nom de garçon est considéré. Elle tente d'imaginer la scène avec chacun d'eux et grimace. Lucas, non. Vincent ? Beurk ! Adam, faut voir… Tout à coup, de son téléphone retentit « Balance ton quoi » d'Angèle. Arrêt cardiaque. Incrédule, elle regarde le nom de Nicolas s'afficher. Elle le fuit depuis un an. Qu'est-ce qu'il lui veut ? Elle laisse sonner. Décrocher ou pas ? Non. Si son appel n'est pas une erreur ou un canular, il laissera un message. Le téléphone se tait. Le silence s'installe, encombrant. Et soudain, la notification attendue de la messagerie. Le cœur de Suzanne saute dans sa poitrine. D'une main qu'elle ne voudrait pas fébrile, elle appuie sur le bouton pour écouter ce qu'il a à lui dire. Il a parlé pendant trois minutes. Le fait est suffisamment notable pour être relevé. En 2023, un jeune qui dialogue avec une boîte vocale aussi longtemps, ça relève de l'exploit.

Elle écoute jusqu'au bout et se retrouve avec un dilemme improbable et imprévu. Nicolas lui propose un rencard. Ce soir. Elle qui en cherchait désespérément un, le voilà qui lui tombe tout cuit sur un plateau. Mais cela reste quand même Nicolas. Le mec qui l'a chambrée toute l'année et l'a traitée de pucelle devant tous ses potes ! Le mec qu'elle snobe avec application depuis tout ce temps. Malgré tout, elle ne peut s'empêcher d'être attirée par lui. Étrange phénomène qu'elle ne s'explique pas. Y aller ou ne pas y aller ? Elle se donne une heure pour décider.

15

Andrea s'engouffre dans le métro et son visage dénote avec celui des autres occupants. Malgré elle, elle ne peut s'empêcher de sourire. Elle tente de se mordre la joue. Rien n'y fait. Une joie incontrôlable la submerge. Un homme se méprend sur ses intentions et, avant de descendre à sa station, lui glisse dans la main un bout de papier déchiré sur lequel il a noté à la hâte son numéro de téléphone. Andrea a envie d'exploser de rire. La vie est une drôle de cantinière et vous sert tantôt de tristes assiettes, tantôt des plateaux d'argent. Et ce lundi, c'est plateau d'argent !

Elle s'est présentée ce matin à la production. Un entretien beaucoup plus informel que la première fois, où elle a pu se montrer sous un meilleur jour. Être elle-même ! Les producteurs de l'émission ont été séduits par ses arguments. Oui, elle serait suffisamment forte pour s'exposer à des caméras et se livrer sans retenue sur ses ressentis de daronne. Oui, elle est prête à jouer le jeu, à jouer tous les jeux ! Elle a réussi à les convaincre que derrière ses airs réservés se cache une femme pleine d'audace et d'excentricité… « Il faut se méfier de l'eau qui dort ! » a-t-elle assuré d'un ton malicieux.

Malgré tout, il semblait subsister un dernier blocage. Andrea l'a senti et a mis les pieds dans le plat.

— Dites-moi ce qui vous gêne ! N'hésitez pas ! Vous savez que je ne suis pas en sucre ?

La repartie a plu à Yann D. qui a alors osé aborder le problème de sa coiffure.

— Les cheveux tirés vous donnent un air sévère et rendent votre visage quelconque, si vous me le permettez.

Andrea a ravalé sa salive tandis que sa fierté encaissait la critique.

— Nous nous demandions, Laurent et moi, si vous accepteriez de les lâcher et de les laisser au naturel en gardant cet incroyable volume bouclé ?

Andrea n'en est pas revenue. C'était donc là que son recrutement coinçait ? Si sa participation ne dépendait que de laisser sa chevelure indomptée, le problème serait vite résolu. Elle a donné son accord sans hésitation.

— Vous êtes engagée ! Félicitations !

Andrea a éclaté de rire bruyamment comme certaines starlettes de téléréalité. Forcer le trait lui avait paru adéquat. N'était-ce pas ainsi qu'elle devrait se comporter dorénavant ? Les deux hommes ont eu l'air surpris mais n'ont pas relevé. Puis elle a reçu pour consigne de passer voir leur assistante pour caler les détails. La prod' se chargerait de se mettre en contact avec son employeur pour négocier ce congé de six semaines. La recherche et la mise en place d'un intérimaire seraient aux frais de la chaîne. L'assistante a aussi prévu différents rendez-vous avec les habilleuses pour lui constituer un trousseau spécial « show télé ».

— Je ne peux pas venir avec mes affaires ? a naïvement demandé Andrea, ce qui a amusé la jeune assistante.

— On va vous trouver une garde-robe plus adaptée à la télé, vous comprenez ?

Confuse, Andrea n'a plus ouvert la bouche et a noté la suite des consignes en silence. Le rendez-vous était pris avec l'équipe de maquillage pour réaliser des essais afin que son visage accroche la lumière face caméra.

En bref, tout s'était déroulé comme dans un rêve. Elle n'arrive toujours pas à y croire. C'est tellement extraordinaire ! *Peut-être reverrai-je, comment s'appelle-t-il déjà, ah oui, Gabriel !* Cette idée lui est agréable. Quelque chose en elle lui dit qu'il n'est pas étranger à sa sélection… Elle aimerait pouvoir le remercier. Elle espère aussi retrouver la jolie Karen et son petit chien Frisbee.

Andrea ne se souvient pas avoir connu un tel niveau d'excitation depuis des années. Dans la rame du métro, elle flotte sur un nuage lorsque, soudain, son sourire euphorique se fige. La question qui lui vient à l'esprit lui donne la chair de poule : comment va-t-elle annoncer ça à sa famille ? Et surtout, comment vont-ils réagir ? Quoi qu'il advienne, rien ne pourra la dissuader de participer à l'émission. Néanmoins, elle souhaite réfléchir à la manière de présenter les choses pour que cette nouvelle ne fasse pas l'effet d'une bombe. Il s'agit de mettre son public dans de bonnes dispositions. *Si je leur préparais leur dîner préféré ? Ce serait déjà un premier bon point…* suppose-t-elle.

Elle s'arrête chez quelques commerçants à la sortie du métro. Sa fille raffole des billes de melon en cette fin d'été, et son mari a un faible pour les salades composées. Elle passe ensuite à la boucherie, car ses ouailles ne résistent pas non plus à quelques merguez braisées. En dessert, elle leur servira des fraises de saison avec de la glace à la vanille, sans oublier la chantilly, suprême gourmandise ! Malgré ses bras déjà chargés de paquets, elle parvient tout de même à prendre un bouquet de fleurs au passage. La déco est primordiale dans un plan séduction.

Quand elle rentre, elle ne croise que sa fille, qui a l'air préoccupé.

— Ça va, Suzanne ? demande-t-elle pour la forme.

— Oui, oui… Impossible de retrouver mon chouchou à paillettes, ment la jeune fille, qui se torture l'esprit pour savoir si elle doit accepter ou non de sortir ce soir avec Nicolas – un rencard à haut risque.

Andrea soupire. Les préoccupations des ados la dépassent. Toutefois, aujourd'hui, elle se doit d'être particulièrement adorable pour faire passer la pilule de son « aventure télévisuelle ».

— Ne t'inquiète pas. Si tu l'as perdu, on en achètera un autre.

La jeune fille esquisse un sourire, touchée par la gentillesse et la considération inattendue de sa mère.

— Tu veux que je t'aide à dresser la table ?

Suzanne aussi a intérêt à mettre sa mère dans de bonnes dispositions pour être autorisée à sortir.

— Oui, volontiers ! s'exclame Andrea d'une voix pleine d'entrain.

La fille et la mère redoublent d'une amabilité forcée et donnent l'impression de jouer dans une série datée, façon *Petite Maison dans la prairie*. Les voilà entre filles, à préparer un joli repas, à dresser une table aux couleurs estivales sur laquelle trône le bouquet où se mêlent les délicats pois de senteur, les célosies, les œillets dentelés et autres dahlias colorés. Lorsque Marc pousse la porte, il a une exclamation de surprise.

— Ça sent drôlement bon ici ! Qu'est-ce qui se passe ? J'ai oublié un anniversaire ?

— Non, rien de tout ça ! J'avais juste envie de vous faire plaisir… répond innocemment Andrea.

— C'est réussi !

— On va pouvoir passer à table… Tu appelles ton frère ?

Le dîner commence dans une ambiance légère. Les couverts s'agitent pour se resservir tant les plats ont du succès. Suzanne, par réflexe, a mis un fond de télé.

— Tu pourrais éteindre, pour une fois qu'on est ensemble !

— Oh, s'il te plaît, papa ! C'est mon émission de téléréalité préférée et, là, c'est un épisode crucial.

Marc râle. Bastien se range du côté de son père.

— Encore ces conneries !

Andrea s'étouffe dans sa serviette. Elle sait qu'il est temps de saisir la balle au bond.

— Tu sais, ce n'est pas si con que ça, la téléréalité…

Marc éclate de rire.

— Alors toi, tu es de bonne humeur aujourd'hui !

Quand agir ? se demande-t-elle en se tordant les mains sous la table. Tout à coup, son cœur s'arrête : un spot publicitaire annonce le prochain passage à l'antenne de la Darons Academy.

— C'est quoi, ce truc ? s'exclame Suzanne, interloquée.

Marc ricane.

— Ils ne savent plus quoi inventer ! Voilà qu'ils veulent mettre des parents dans un bocal à poisson rouge pour les observer vivre.

Andrea est gênée mais c'est le moment ou jamais.

— Moi, je trouve ça vachement intéressant comme concept… très inattendu, très percutant !

Trois têtes ahuries se tournent vers elle. Un ange passe. Les couverts restent suspendus.

— C'est bizarre de t'entendre dire ça, soulève Marc. D'habitude, tu es la première à casser du sucre sur ce genre d'émission.

— C'est vrai, reconnaît-elle. Mais il y a quelque chose de différent cette fois-ci…

— Ah oui ? Quoi ? questionne Suzanne du tac au tac.

Andrea les regarde avec une lueur embrasée.

— Je vais y participer.

16

Suzanne marche d'un pas rapide à travers les rues de son quartier. Elle est encore sous le choc de l'annonce de sa mère. Quelle histoire de fou ! Elle n'a jamais été dotée d'un grand vocabulaire, mais si elle l'avait été, elle aurait probablement décrété être soufflée, estomaquée, retournée, ébahie, stupéfiée, et sans doute une bonne dizaine d'autres adjectifs à la queue leu leu. Sa mère ? Prise dans une émission de téléréalité ? C'est le monde à l'envers ! Elle essaye de s'imaginer sa daronne derrière des projecteurs, à l'aise devant des caméras, se pavanant dans un château luxueux aménagé par la prod'... Impossible ! On ne parle pas de la même personne ! Sa maman à elle n'a rien de particulier, *c'est juste une maman*, songe Suzanne, presque outrée qu'on lui ôte soudain l'objet maternel familier et qu'on en déforme l'image. Elle ne voit aucun indice chez Andrea qui laisse présager un quelconque talent télégénique. *Ça doit être une vaste blague ! Maman a dû vouloir me jouer un tour pour me charrier !* Lorsqu'elle rentrera, Andrea lui lancera sûrement un facétieux « Je t'ai bien eue ». Ça vaudrait pour toutes les fois où Suzanne a manigancé des blagues qui ne faisaient rire qu'elle.

Quand même, ça avait l'air vrai. Pourquoi sa mère aurait continué la dispute avec son père si sa participation à l'émission était un mensonge ? À moins que son père ne soit lui aussi de mèche ? Le scénario paraît assez improbable à

Suzanne. Son père avait été aussi chamboulé qu'elle par la déclaration. Sa réaction tout en points d'exclamation en était la preuve. « Toi ?! Participer à une émission de téléréalité ?! C'est une caméra cachée ou quoi ? Qu'est-ce que c'est que cette histoire abracadabrante ? »

Les reproches avaient ensuite rapidement fusé : « Pourquoi tu ne m'en as pas parlé ? Comment ça, tu as postulé au mois de juin ? Tu as gardé ça pour toi tout ce temps ? Je me demande pourquoi on dit encore qu'on est une famille ! Et tu comptes nous laisser nous débrouiller pendant six semaines ? Et mon boulot ? Je ne peux quand même pas tout gérer tout seul ! Bon, d'accord, Bastien sera déjà reparti à Bordeaux, mais ta fille, elle, sera bel et bien là et ce n'est pas une sinécure de s'occuper d'elle, comme tu sais... ! Sans parler du fait que tu vas nous exposer, avec tes conneries. Dieu sait ce que tu vas raconter à l'écran... Tu sais que c'est grave ? »

Suzanne avait profité du chaos ambiant pour filer à l'anglaise, et aucun de ses deux parents n'avait songé à l'arrêter, trop occupés à régler leurs comptes. Son frère s'était carapaté dans sa chambre sans attendre. Elle avait juste griffonné sur un Post-it qu'elle rentrerait vers minuit. En partant, elle avait entendu les cris de l'engueulade deux étages en dessous. La honte vis-à-vis des voisins !

Elle se félicite à présent d'avoir accepté le rencard avec Nicolas. Ça va lui changer les idées. Après tout, que sa mère fasse ce qu'elle veut. Chacun doit avancer dans sa vie ! Nicolas lui a donné rendez-vous dans un bar branché. Juste avant de rentrer, un léger trac monte en elle. Elle tord le rétroviseur d'une voiture pour se regarder et ajuster son maquillage. Elle sort de son microscopique sac commandé en ligne et en solde un tube de rouge à lèvres qu'elle applique en couche épaisse. Sa mère lui a toujours dit de mordre dans un mouchoir pour enlever l'excédent. Mais au diable les conseils de sa daronne ! Elle trouve que sa bouche immense et grenat lui donne un air de Lolita irrésistible. Elle a enfilé une robe tee-shirt très courte, qui moule ses formes à la perfection. Elle a un petit rictus de satisfaction en même temps que lui vient une envie irrésistible de passer une soirée déjantée comme elle les aime.

Quand elle pousse la porte du bar, plusieurs hommes se retournent pour la scruter des pieds à la tête. Impossible de se couvrir : dans sa hâte de quitter la maison, elle a oublié de prendre une veste. Qu'importe ! C'est le moment d'assumer ! Nicolas n'est pas encore là. Elle décide de l'attendre au comptoir, se hisse sur un tabouret haut et croise les jambes pour les mettre en valeur d'une manière provocante. Le barman lui demande ce qu'elle veut boire. Un spritz, répond-elle d'une voix effrontée. L'homme ne cache pas sa suspicion.

— On ne sert pas d'alcool aux mineurs.

Suzanne joue la grande offusquée. Comment ose-t-il penser qu'elle n'est pas majeure ?

— Vous allez voir, je vais vous montrer ma carte d'identité ! rétorque-t-elle en fouillant frénétiquement dans son sac à la recherche de la pièce qu'elle n'a pas.

Nicolas arrive à ce moment-là et, d'un coup d'œil, comprend la situation. Visiblement, le barman et lui se connaissent bien. C'est peut-être son QG ? Nicolas glisse un billet dans la main de l'homme avec un clin d'œil convenu.

— Allez, Kév, joue pas le relou. C'est la fin de l'été ! Sers-nous donc deux spritz légers, c'est pas méchant !

Le barman grogne, mais il décide de fermer les yeux. Le père de Nicolas est un très bon client. Et le billet aide aussi.

— Installez-vous, je vous prépare ça, lâche-t-il à contrecœur.

Nicolas et Suzanne prennent une table à l'écart. Suzanne observe le décor et s'extasie.

— Oh, incroyable, regarde ! Ils ont collé au plafond une cuisine à l'envers, une table, des chaises, tout le mobilier !

— Je savais que le lieu te plairait.

Les verres arrivent. Kév a mis des pailles et trois tonnes de glaçons. Il veut se donner bonne conscience vis-à-vis de la jeune fille, se dit que l'alcool est très dilué, songe qu'après tout ce ne sont pas ses affaires, que les parents n'ont qu'à surveiller leur gamine de plus près, que lui n'aura pas le problème avec la sienne, s'il en a une un jour… Il retourne à ses occupations et ne prête plus attention aux deux jeunes.

Nicolas bouffe Suzanne des yeux. Troublée, elle se jette sur le cocktail et en avale de longues rasades. Immédiatement, une chaleur l'envahit et son cerveau se ramollit. Ils échangent des banalités. Se racontent leurs vacances d'été. Un récit ponctué de petits gloussements et des mots du jargon générationnel approuvés. *Mortel. Du lourd. Posé. Chill.* Ils commandent un deuxième spritz, puis un troisième. Kevin a lâché son rôle de surveillant général.

Plus tard dans la soirée, Nicolas va mettre une pièce dans le jukebox. Puis, il s'approche de Suzanne et lui tend la main cérémonieusement pour l'inviter à danser. À ce stade, elle trouve tout merveilleux ! Elle se lève en se cognant contre la table. Elle aura sûrement un bleu demain, mais elle s'en fout. Pour l'instant, elle ne sent même pas la douleur. Elle se pend au cou de Nicolas et commence à chalouper son corps contre le sien. Quelques personnes les rejoignent sur la piste et l'ambiance devient plus électrique. Les mains de Nicolas se font plus aventureuses et Suzanne ne s'en défend pas. Il soulève ses longs cheveux bouclés et mord son cou avec passion. Des frissons comme elle n'en avait jamais connu la parcourent. Elle rit à gorge déployée. N'y tenant plus, il l'embrasse à pleine bouche sans se soucier des autres. Il est si empressé qu'il titube.

— Tu viens ? On se casse d'ici ?

Suzanne n'a plus vraiment sa tête, grisée par l'ambiance et par les sensations que lui procurent les baisers de Nicolas. Une fois dans la rue, ils piquent fou rire sur fou rire. Il l'entraîne par la main et, par moments, l'aide à ne pas tomber. Elle n'est plus très sûre de son centre de gravité.

— On va où ?

Il pose un doigt sur sa bouche, tout sourire et plein de désir.

— Chut ! Tu verras…

— OK. J'adore les surprises !

Ils arrivent devant un immeuble haussmannien. Devoir chuchoter accentue leur excitation. Le sentiment de transgression est à son paroxysme. Suzanne jubile. Ils grimpent les escaliers à toute allure. Puis la jeune fille, essoufflée, s'arrête.

— Y a combien d'étages comme ça ? Tu as loué la tour Eiffel ou quoi ?

Il rit.

— Allez, courage, on y est bientôt ! Tu vas adorer…

Ils arrivent au dernier étage, celui des chambres de bonnes. Nicolas joue le jeune homme poli quand il croise une dame enturbannée qui revient de la douche commune. Il sort une clé et entre au numéro neuf.

— Viens !

Suzanne s'approche de la fenêtre et sourit lorsqu'elle aperçoit justement au loin un petit bout de tour Eiffel qui brille.

— Ah ben la voilà, la tour Eiffel ! C'est beau.

Nicolas enlace ses épaules. Suzanne prend soudain conscience de la situation. La voilà seule dans une chambre avec ce garçon qu'elle connaît à peine. La réalité la dégrise plus sûrement qu'une cellule. Nicolas a dû sentir son hésitation et se met à l'embrasser sur la bouche, sur les yeux, dans le cou. Comme s'il voulait l'empêcher de réfléchir. Quand il glisse ses mains sous sa robe pour venir pétrir ses seins, elle tente une protestation.

— Attends ! gémit-elle. C'est peut-être un peu trop tôt, non ?

Elle devine son air narquois dans le noir.

— Il n'est jamais trop tôt pour se donner du plaisir !

Il continue l'exploration de son corps, ce qui la laisse chancelante. Elle n'arrive plus à penser et se retrouve écartelée entre l'envie de se laisser aller et celle de le repousser. *Et si c'était l'occasion de perdre ma virginité et de revenir ex aequo avec Nola ?* se dit-elle dans un coin de tête. Alors, elle cesse de lutter.

Il la déshabille aussi vite qu'une poupée et, en moins de temps qu'il ne faut pour le dire, elle se retrouve nue face à lui.

— Tu es magnifique !

Elle résiste à la tentation de cacher son entrejambe et ses seins avec ses mains. Dire qu'au début de l'année dernière, c'est ce même Nicolas qui la harcelait en la traitant de pucelle ! Elle avait mis tant d'ardeur à prétendre que le sexe n'avait pas de secret pour elle. Elle avait joué l'affranchie. Maintenant, il la dévore de partout comme s'il avait affaire à une femme experte. Elle est choquée de sa manière de sucer sa poitrine, d'aspirer son nombril, mais le pire est ce moment où il a la prétention d'écarter ses cuisses pour venir manger son sexe, comme elle a vu faire dans les films pornos.

— Attends ! Arrête !

Il se fige sans comprendre.

— Quoi ?

Vite, trouver une excuse, n'importe quoi !

— J'ai trop envie de toi ! invente-t-elle aussitôt.

Il éclate de rire.

— Qu'à cela ne tienne, belle dame !

Il enlève son pantalon d'un geste lent et mesuré pour qu'elle savoure l'apparition de son pénis. Elle déglutit. La vue de ce membre dressé l'effraie au plus haut point. Il lui semble gigantesque ! *Jamais ça ne rentrera…* Il l'a allongée sur le lit et se tient debout devant elle. Il caresse son phallus pour le rendre encore plus dur, puis déroule sur son membre érigé un préservatif apparu comme par magie. Elle frémit. Heureusement qu'ils sont plongés dans le noir et qu'il ne peut pas voir son expression dégoûtée. Elle n'a pas le temps de dire quoi que ce soit : il se jette sur elle pour la recouvrir, et plaque sa bouche sur la sienne pour museler toute parole.

17

Deux semaines plus tard, Andrea s'active dans sa chambre pour finir d'empaqueter ses affaires : deux grosses valises remplies des vêtements choisis par la prod'. Quel étrange contraste, ces derniers jours, entre l'euphorie des préparatifs de l'émission et l'ambiance glaciale à la maison. Marc tirait une tête de dix pieds de long et Suzanne, elle aussi, était encore plus renfrognée qu'à l'ordinaire. Sa fille avait essayé de lui parler une ou deux fois, mais Andrea avait craint les reproches en cascade et s'était défilée en prétextant des rendez-vous avec la prod'. Suzanne s'était énervée en lui crachant au visage qu'elle n'était jamais disponible pour elle et qu'elle l'abandonnait sans vergogne. Autant de mauvaise foi et d'injustice ulcérait Andrea. Elle en avait par-dessus la tête de subir des disputes, des remontrances, et elle ne voulait laisser personne saper son plaisir de participer à une telle aventure ! Elle souffrait du désaveu de ses proches, d'autant que sa joie se teintait d'un trac qui grandissait de jour en jour. Elle aurait tant eu besoin de soutien ! Pourquoi est-ce que personne dans cette famille ne semblait la comprendre ? Seul son fils, au téléphone depuis Bordeaux, s'était montré vaguement encourageant.

« Si c'est ce que tu veux, maman, vas-y ! Fais juste gaffe de pas me foutre la honte devant mes potes », n'avait-il pu s'empêcher d'ajouter.

C'est amusant, cette façon de toujours tout ramener à lui.

Heureusement, les séances de shopping avec une styliste lui avaient beaucoup remonté le moral. Quoi de plus amusant qu'un relooking intégral ? Elles avaient sillonné la capitale pour visiter les plus belles boutiques et lui trouver un grand nombre de tenues toutes plus incroyables les unes que les autres. « Les participants d'une émission de téléréalité doivent faire briller les yeux », lui avait répété Natacha, la directrice de casting, lorsqu'elle l'avait croisée. Des robes excentriques, des pantalons à la coupe incroyable, des chemisiers affriolants, des accessoires divers et variés, des ceintures aux boucles improbables, des bijoux d'oreilles et de cheveux… Sans oublier une dizaine de paires de chaussures : du plat, du *casual*, du *sportswear*, du talon aiguille. Andrea n'avait jamais connu de sensation aussi grisante. Oui, il fallait l'avouer, au bout d'un moment elle s'était crue dans la peau de Julia Roberts dans *Pretty Woman*, et avait eu l'impression de vivre un rêve éveillé. Cela étant, elle savait qu'il ne fallait pas qu'elle s'attache à ce trousseau merveilleux. La styliste avait été claire : elle devrait tout rendre à la fin de l'émission. Les enseignes prêtaient les vêtements pour certaines occasions dans le monde du luxe, du show-biz et de la télé. Une sorte de *deal* tacite. L'idée de se séparer de ces splendeurs était d'ores et déjà un crève-cœur pour Andrea. Néanmoins, elle s'était promis d'en profiter à chaque instant.

Quand elle allait aux rendez-vous donnés par la prod', que ce soit pour le relooking, les essais maquillage et coiffure ou les leçons de *média training*, elle irradiait. Être au contact de gens valorisants, aux petits soins avec elle, la nourrissait profondément et permettait la résurgence de son caractère joyeux, tapi depuis des années. À l'inverse, dès qu'elle rentrait chez elle, c'était le ventre serré. Depuis leur violente dispute, son mari lui battait froid, ce qui était peut-être encore pire que les mots.

Le silence emmuré est probablement ce qui heurte le plus Andrea. Elle se débat avec des sentiments contradictoires, entre une forme de culpabilité dont elle n'arrive pas à se débarrasser et une colère trop longtemps rentrée, qui commence à remonter à la surface. Elle en veut terriblement à Marc de ne pas la soutenir dans ce projet qui lui tient à cœur. N'a-t-elle pas quitté sa région natale, ses parents, ses amis, afin de le suivre à Paris pour qu'il puisse prendre son nouveau poste ? N'a-t-elle pas sacrifié sa carrière d'infirmière puéricultrice pour pouvoir s'occuper des enfants et lui donner l'opportunité de se consacrer à sa carrière ? N'a-t-elle pas le droit, enfin, de penser un peu à elle ? Ni son mari ni sa fille n'ont l'habitude de s'occuper des choses, puisque Andrea prend tout en main dans la maison. Une servitude banalisée. Ni l'un ni l'autre ne se rend compte de l'ampleur des tâches qu'elle accomplit. C'est sans doute cela, le pire : que ça semble normal, comme un dû.

Andrea perçoit la vie de famille comme un piège qui se referme : lorsque vous vous en apercevez, il est déjà trop tard. Tout le monde a pris ses aises et se repose sur vous pour accomplir le travail. La veille, Marc avait fini par lâcher sur un ton acerbe :

— Vas-y, à ton émission, qu'est-ce que tu veux que je te dise…

Elle l'avait regardé sans trop savoir quoi répondre. Il avait l'air d'attendre ses remerciements. Devait-elle se jeter à ses pieds pour le remercier de sa magnanimité ? Fallait-il qu'elle oublie l'attitude détestable de son mari ces derniers jours et qu'elle se montre reconnaissante ? « Qu'est-ce que tu veux que je te dise… » Ce bout de phrase l'avait achevée.

Tout ce qu'il donne d'une main, il le reprend de l'autre. Il donne sa *permission* de participer au jeu, et de l'autre côté, fait lourdement sentir sa désapprobation. C'est trop injuste ! En réalité, Andrea bouillonne de rage. Mais elle sait aussi que, si elle veut profiter de l'expérience à fond et sans état d'âme, elle doit partir l'esprit tranquille et être sûre que son mari soit dans les meilleures dispositions possibles pour s'occuper de leur fille et de la maison. Alors elle s'était cousu la bouche et n'avait rien dit. Elle s'était couchée à 2 heures du matin pour, jusqu'à la dernière minute, laisser un peu partout des Post-it d'instructions.

Elle avait constitué un vrai parcours fléché pour les aider à trouver les pastilles vaisselle, le mode d'emploi pour faire tourner la machine à laver le linge, le numéro du médecin traitant, au cas où, le placard à médicaments, l'antispasmodique et le Doliprane en cas de règles douloureuses pour Suzanne, l'emplacement du Gaviscon contre les remontées acides de son mari. De l'amour en barre que ni Marc ni Suzanne ne voient plus.

Sa fille… elle l'avait trouvée encore plus bizarre que d'habitude ces deux dernières semaines. D'ordinaire, elle était agaçante, mais aussi pleine d'une énergie rebelle et joyeuse. Là, elle était taciturne, enfermée dans sa bulle. C'est à peine si elles échangeaient trois mots dans une journée. Andrea avait finalement tenté de briser la glace.

— Tu m'en veux pour l'émission, c'est ça ?

Sa fille l'avait regardée d'un œil morne, en haussant les épaules.

— Non. Je m'en fous. Je suis contente pour toi, même.

— Tu as l'air, en effet ! avait rétorqué Andrea, un brin sarcastique devant la mine déconfite de sa fille. Suzanne, je te connais comme si je t'avais faite ! Dis-moi ce qui te chagrine !

— J'ai voulu te parler il y a deux semaines et tu étais tout le temps occupée. Maintenant, c'est trop tard. Laisse tomber, maman. J'ai plus envie…

Si Suzanne l'appelait « maman », c'est qu'elle devait vraiment avoir quelque chose sur le cœur. Peut-être la rentrée scolaire ? Le retour à la vie sur terre après des vacances d'été trop longues ? Une embrouille avec sa meilleure amie ? Un garçon qui ne veut pas d'elle ? Andrea soupire. Est-elle censée trouver une solution ? Investiguer coûte que coûte ou lâcher prise en misant plutôt sur le fait qu'il s'agit sans doute d'une broutille ? Les motifs de contrariété d'un ado sont si vastes ! Autant chercher une aiguille dans une botte de foin. Les jeunes vont rarement bien deux jours de suite ; un trouble cyclothymique harassant. Andrea se sent lasse. Le *daronnage* lui pèse. Il faut sans arrêt surveiller sa fille comme le lait sur le feu. Ne serait-il pas temps d'arrêter cette couvade et de lui faire confiance pour régler ses petits problèmes par elle-même ? Se décharger un peu... Quel doux rêve ! Andrea se trouve des excuses pour se donner bonne conscience, s'imagine que l'attitude renfermée de Suzanne est une manière inconsciente de lui faire payer sa parenthèse enchantée à la télévision. Oui, ce doit être cela. Auquel cas, mieux vaut ne pas trop y prêter attention.

Marc et Suzanne se tiennent immobiles sur le trottoir, le visage fermé et le corps raide, comme un anti-comité d'accueil. Le taxi vient d'arriver et a mis ses warnings pour patienter.

— Tu seras joignable quand même ? demande Marc avec une intonation inquiète.

— Non, rétorque Andrea en tentant de rester aussi ferme que possible. On n'a pas droit au portable à l'intérieur du château puisque, l'idée, c'est une déconnexion totale. Seulement en cas d'urgence, tu peux contacter Natacha, la responsable de casting, qui me transmettra le message. Je t'ai laissé son numéro sur la table du salon.

— Et qui j'appelle si j'ai des questions *ordinaires*, alors ?

Il appuie de façon désagréable sur le mot *ordinaires*. *Ma parole ! On se demande qui est l'ado ici*, pense Andrea, partagée entre l'ironie et l'empathie.

— Tu as le numéro de ma sœur. Tu l'appelles quand tu veux et c'est valable pour toi aussi, Suzanne, d'accord ? Bon, il est temps que j'y aille… Vous savez où me trouver ! dit-elle en dessinant dans les airs le carré d'un écran de télé.

Le trait d'humour tombe à plat. Elle note qu'aucun des deux ne lui adresse une parole encourageante pour l'incroyable défi qui l'attend. Tout ce qui les intéresse, c'est de savoir si leur petite routine ne va pas être trop bousculée en son absence… Andrea est blessée de leur manque d'intérêt pour son aventure. Ne voient-ils pas l'importance que cela revêt à ses yeux ?

Elle n'a pas le temps pour les atermoiements. Son mari l'embrasse sur le front et sa fille esquive son baiser. Elle s'engouffre dans le taxi et laisse le chauffeur s'arc-bouter pour placer les imposantes valises dans le coffre. Elle adresse un petit signe de la main à sa famille, qui devient de plus en plus petite à mesure que la voiture s'éloigne.

18

Ils ont quitté l'autoroute depuis quelques minutes et un paysage de campagne défile à présent. Andrea a entrouvert les vitres de la voiture et elle est saisie par le parfum de l'herbe coupée, le fumet de foin et d'écorce. Si elle n'était pas si tendue, elle trouverait sans doute cela très agréable. Seulement voilà : il ne s'agit pas d'un banal départ en vacances !

Le séjour n'aura rien de confidentiel. Ses moindres faits et gestes, elle le sait, seront épiés par des centaines de milliers de téléspectateurs. À cette pensée, l'estomac d'Andrea se noue de nouveau. *Je vais devoir apprendre à cohabiter avec mon trac,* conclut-elle avec résignation.

— On arrive dans combien de temps, monsieur ?

— Dans moins de vingt minutes, madame, annonce le chauffeur engoncé dans la rigueur de son corps de métier.

À l'évidence, l'homme n'a aucune envie d'engager une discussion personnelle. Dommage. Cela aurait pu lui permettre d'oublier un instant son stress en papotant avec quelqu'un.

Ils quittent la route départementale et empruntent une allée cahoteuse. Les platanes laissent place aux hêtres, aux frênes et aux châtaigniers. L'Audi noire roule à vingt à l'heure. Le temps est radieux. Andrea hume les essences résineuses qui flottent dans l'air. Le soleil a dû chauffer les pins sylvestres alentour.

— On approche, informe le chauffeur, placide.

Le cœur d'Andrea s'emballe tandis qu'à travers les feuillages elle aperçoit la silhouette du château de la Pleine Lune. Est-ce que la prod' a choisi exprès ce lieu au nom à dormir debout ? Cela laisse-t-il présager leur intention de les embarquer dans des situations extraordinaires ? Elle ne sait vraiment pas à quoi s'attendre. Toutefois, la touche ésotérique du nom de ce domaine donne le ton. Il plane comme un air de conte de fées… C'est un rêve de petite fille de séjourner dans un château *pour de vrai*. Et en même temps, elle ne parvient pas à chasser l'inquiétude qui l'assaille à l'idée de ce qui pourrait s'y passer. La pleine lune n'est-elle pas à elle seule symbole de transformations spectaculaires ? Va-t-elle réussir à rester la même, ou sera-t-elle changée à jamais par cette expérience ?

Arrivés à la grille, il faut montrer patte blanche. Deux vigiles filtrent les entrées. Elle présente sa convocation.

— Très bien, valide l'un des deux. Vous êtes attendue au hall principal. Il vous suffit de longer l'allée et de gravir les marches du perron. Natacha, que vous devez déjà connaître, vous y accueillera.

Le chauffeur s'engouffre dans l'allée centrale. Le gravier crisse sous les roues. Alors, le château apparaît dans toute sa splendeur. Sa façade d'une blancheur immaculée éblouit les yeux et se dessine d'autant mieux avec le contraste de ses toitures gris ardoise. Des arbres majestueux l'encadrent de leurs bras feuillus, comme une œuvre bordée d'une marie-louise.

— Éblouissant ! murmure Andrea, sincèrement impressionnée.

— Comment ? demande le chauffeur en lui jetant un regard indifférent dans le rétroviseur.

— Non, rien.

Inutile de confier à cet homme ses émotions. Il ne comprendrait pas son enthousiasme adolescent. Les bosquets fleuris qui entourent l'escalier central sont un ravissement. Et quelle effervescence ! *On dirait une ville dans la ville !* s'étonne Andrea. Des caravanes et des tentes ont été installées sur le terrain environnant, comme si elles tenaient un siège autour du château. Partout, des gens s'affairent, et Andrea comprend qu'il s'agit là des équipes techniques chargées de la production de l'émission. Être témoin de l'envers du décor est une sensation nouvelle et grisante pour elle. Terrifiante aussi ! Elle n'imaginait pas un tel déploiement de moyens ! *Il faut donc tant de monde pour réaliser un tournage ?*

Elle n'a pas le temps de prolonger ses observations. Le chauffeur lui ouvre la porte et sort ses lourds bagages du coffre. Il lui propose avec une amabilité mécanique de les monter sur le perron. Lorsqu'elle gravit l'escalier, elle a, l'espace d'un instant, un vague aperçu de ce que peuvent ressentir les acteurs lors de la montée des marches à Cannes. Natacha l'accueille à bras ouverts, comme si elle était sa plus grande amie. Andrea essaye d'adopter le même ton. Mimétisme forcé. Pour l'instant, pas très naturel.

— Chère Andrea ! Bienvenue à toi ! Le château te plaît ?

Natacha ne lui laisse pas le temps de répondre et l'embarque dans son tourbillon. Elle la saisit sous le bras, lui fait redescendre les escaliers et l'entraîne dans une allée parallèle.

— Et mes bagages ?

— Ne t'inquiète pas pour ça, une personne de l'équipe va s'en occuper. Tu retrouveras tes affaires tout à l'heure. Allez, viens ! Je n'ai que peu de temps pour t'expliquer comment tout va se dérouler.

— Où est-ce qu'on va ?

— À la roulotte maquillage, ma belle ! Plusieurs candidats y sont déjà.

— Ah… Parfait.

Avoir l'air de tout trouver normal, se répète Andrea pour consigne. Quand elle pénètre dans l'espace de mise en beauté, l'équipe de professionnels lève les yeux et adresse un bonjour convivial à la nouvelle venue. Il y a trois postes équipés, avec des miroirs dignes des loges de grands spectacles, et mille palettes de couleurs, pinceaux, houppettes, fonds de teint et camaïeux de rouges à lèvres…

Le rêve ! Un tel équipement ferait pâlir d'envie sa fille, si elle était là. Andrea constate qu'elle pense encore à Suzanne au lieu de penser à elle. Elle a tellement l'habitude de se mettre au second plan. Être toujours là pour sa famille est devenu au fil du temps une seconde nature. Au garde-à-vous, prête à intervenir pour aider, guider, conseiller, consoler. Elle a pris le pli de faire passer le plaisir de ses proches avant le sien. Et voilà qu'aujourd'hui cette émission lui donne le droit de profiter, de prendre soin d'elle, et peut-être même de s'amuser. Un sentiment d'irréalité la gagne…

— Je te présente Coco, dit la directrice de casting. C'est elle qui va s'occuper de toi. Je repasse te voir dès que tu es prête. À tout à l'heure !

Trois autres personnes sont en train d'être préparées et lui adressent un signe de tête amical. Probablement eux aussi des candidats. L'un d'eux, un homme d'une quarantaine d'années, un châtain clair aux fossettes rieuses, lui cède la place sans oser dire un mot.

— Vous êtes prêt pour aller voir l'habilleuse, lui dit Coco.

L'homme a l'air un peu perdu.

— Première caravane sur votre gauche en sortant d'ici, ajoute la maquilleuse d'une voix blasée.

Il envoie un baiser à la femme en train d'être maquillée au poste du fond. Sûrement sa compagne. Elle n'est pas vraiment jolie, mais il se dégage d'elle quelque chose d'éminemment sympathique. Pas comme la femme à sa droite. Visage fermé, impénétrable. De toute façon, l'heure n'est pas encore aux présentations.

Andrea s'assoit face à l'impressionnant miroir et Coco installe des mouchoirs blancs autour de son cou pour protéger ses vêtements. Commence alors la danse des cotons soyeux pour préparer sa peau, le massage avec des crèmes à la texture magnifiée par les doigts agiles de Coco. Un délice ! Puis elle crée un teint parfait, estompe cernes et ridules, sculpte les volumes du visage avec une ribambelle de poudres miraculeuses. Enfin, Coco joue avec les ombres à paupières et les mascaras volumateurs pour donner du caractère au regard d'Andrea, qui, lorsqu'elle s'approche du miroir, ne se reconnaît pas. Ou plutôt, si. Elle a l'impression de retrouver une jeune fille qu'elle a connue vingt ans auparavant.

— Ça vous plaît ?

— Un peu que ça me plaît !

— Tant mieux, sourit Coco. Vous allez pouvoir passer à la coiffure, alors. Juste à côté ! Il y a une autre personne qui attend pour prendre votre place.

Andrea se tourne vers la porte et se trouble à la vue du nouvel entrant. L'homme du casting ! Lui aussi marque un temps d'arrêt en l'apercevant. Elle se dit que, à coup sûr, il ne se souviendra pas d'elle.

— Vous ici ! s'exclame-t-il sur un ton joyeux. Ça alors ! Vous avez réussi ! Je suis content.

— Moi aussi, je suis contente de vous voir ! Au début, c'est compliqué de ne connaître personne. Non pas que je vous connaisse vraiment, mais quand même un peu…

Andrea n'aime pas ne pas trouver ses mots. L'homme n'a pas l'air de le remarquer.

— Je m'appelle Gabriel, vous vous souvenez ?

Elle n'ose pas dire qu'elle ne s'en souvient que trop bien. Le moment qu'ils avaient partagé lors du casting l'avait… marquée.

— Et moi Andrea.

— Oui ! Je n'avais pas oublié, répond-il du tac au tac avec un air complice.

Il continue de fixer Andrea lorsque Coco le rappelle à l'ordre.

— Je vous attends !

— Désolé !

Gabriel est poussé vers la maquilleuse, et Andrea, vers le coiffeur. Le vacarme du séchoir rend impossible toute poursuite de conversation. Alors, Gabriel tente d'exprimer par quelques signes qu'ils auront l'occasion de faire plus ample connaissance un peu plus tard. Tandis que les équipes de mise en beauté s'affairent autour d'eux, ils continuent d'échanger par miroirs interposés des regards de connivence.

C'est important d'avoir des alliés à l'intérieur du château, suppose-t-elle, ravie de ces premiers instants pleins de bonnes ondes. Cet homme lui a porté chance au casting. Elle espère qu'il en sera de même tout au long des six semaines. À cette pensée, la porte de la caravane s'ouvre sur une jeune femme aux cheveux noirs, au carré plongeant et aux yeux verts surréalistes. Un look branché et élégant. Une assurance affichée. La fille dont on ne veut pas comme meilleure amie, à moins d'aimer vivre dans l'ombre. On a l'impression qu'elle est ici comme chez elle. Elle se dirige droit sur Gabriel, se penche et l'embrasse dans le cou, se redresse et éclate de rire. Elle croise le regard soufflé d'Andrea, lui tend sa jolie main manucurée.

— Bonjour. Je m'appelle Cindy. Je suis la femme de Gabriel.

Andrea est assaillie par une impression désagréable. Serait-ce de la déception ? Elle se fait la morale intérieurement. *Je te rappelle que toi aussi tu es mariée ! Reprends-toi !* Elle se secoue et tend à son tour la main à la jeune femme.

— Et moi, c'est Andrea. La femme de Marc, mais il ne participe pas à l'émission !

Triangle de regards. Celui de Gabriel a changé. Pétillant et ouvert un instant plus tôt, le voilà fermé et indéchiffrable. Andrea est un peu offusquée. Ah, les hommes ! Ils flirtent tant qu'ils peuvent dès que leur femme a le dos tourné, et quand elle réapparaît, ils font comme s'ils ne vous connaissaient pas ! Piquée sans trop savoir pourquoi, Andrea se focalise sur son reflet dans le miroir, en évitant soigneusement Gabriel. Il serait peut-être, finalement, plus recommandable de se tenir à distance de cet homme-là.

19

L'heure fatidique du lancement approche à grands pas. L'effervescence est à son comble. La directrice de casting a réuni les participants dans la tente principale afin de donner un ultime brief. Pour l'heure, tout le monde se regarde en chiens de faïence.

Natacha lance un tour de table et invite chacun à se présenter. Andrea se concentre : elle met un point d'honneur à retenir tout de suite tous les prénoms, quitte à utiliser un subterfuge mnémotechnique. Inutile pour Gabriel. Cindy, sa femme, raconte qu'ils sont pacsés et parents d'un enfant de douze ans. Pour une daronne, elle n'a pas la tête de l'emploi ; en revanche, elle a une vraie tête de candidate de téléréalité ! Et le prénom qui va avec. Un total look show-biz. Cindy, ça pourrait aussi être le nom d'une tornade. Andrea avait lu dans un article que, jusqu'aux années 1970, les catastrophes naturelles étaient associées à des noms féminins, au prétexte que les humeurs des femmes étaient aussi imprévisibles que les ouragans. Depuis, et c'est heureux, les centres de météorologie alternent prénoms féminins et masculins pour casser ce vilain préjugé.

Andrea jauge Cindy pour évaluer le risque de tempérament volcanique et en distingue des signes avant-coureurs.

Ils sont un groupe de dix. Quatre hommes et six femmes. Quel bonheur de retrouver Karen, son amie de casting ! Son petit chien, Frisbee, lui fait la fête en remuant la queue comme un essuie-glace frénétique. Elles se serrent dans les bras en guise de retrouvailles, excitées de partager cette aventure. Karen, la trentaine flatteuse, célibataire sans enfant, ressemble à une petite poupée avec sa taille menue, ses cheveux blonds qui retombent en grosses boucles sur ses épaules et ses yeux clairs immenses aux cils alourdis de mascara noir. Andrea remarque à présent les taches de rousseur sur ses joues roses de blush. Karen est délicieuse. Un bonbon. Et quelle présence réconfortante dans ce climat encore très froid au sein du groupe ! Tant pis pour ceux que ces effusions indisposent.

Andrea poursuit son observation. Elle a identifié un autre couple : Sandrine et Laurent. Dix ans d'écart. Elle, trente-cinq ans. Lui, quarante-cinq et deux enfants d'un premier mariage. Ils étaient dans la caravane tout à l'heure. Elle reconnaît l'homme aux fossettes rieuses. Jean, baskets, tee-shirt moulant sur buste musclé… Jamais on ne lui donnerait son âge ! Il affiche une adulescence assumée. Depuis qu'il est arrivé, il ne cesse de piquer des fous rires nerveux sous le regard désapprobateur de sa compagne. Elle le surnomme « Lolo ». Facile à mémoriser : le « lolo », c'est du lait, une bonne association d'idées pour se souvenir du prénom de quelqu'un accro au jeunisme. Il paraît clair que sa femme a déjà un troisième enfant à la maison ! Andrea décide d'associer le prénom de Sandrine à l'image d'une clémentine. D'abord parce que ça rime. Et puis parce que quelque chose dans son visage rappelle le fruit : rond, à la teinte orangée, un éclat énergique ! Sandrine a du peps, des yeux pétillants, et l'on pressent chez elle une générosité du cœur qui va de pair avec la générosité de ses formes. Des deux, elle paraît être celle qui veut donner l'image d'un adulte digne de ce nom. Cela se devine à la fermeté de son intonation, claire et posée, à sa manière de se tenir droite. Une fermeté toute relative cependant, car la gentillesse et la bienveillance transpirent de sa personne.

Andrea continue à balayer le groupe des yeux pour tester sa mémoire des noms. Debout près du poteau se tient un autre couple, la quarantaine avancée, assez BCBG, deux ados de quatorze et dix-sept ans. Un look classique chic de parents modèles ! La femme s'appelle Myriam. Une belle brune, à peine marquée par le temps, le brushing lisse, les lèvres rouges à la commissure triste, et l'œil perçant. « Dame Myriam ! » la baptise Andrea en ajoutant à la prononciation l'emphase d'un accent circonflexe. Quant à son mari, Francis, un grand brun aux cheveux frisés courts et au visage buriné, la carrure large de l'homme mature qui a forci, elle le surnomme « franc suisse », tant il donne, à l'instar de cette monnaie, une impression de force et de stabilité... Un couple exemplaire ? Vu de l'extérieur, cela y ressemble. *Qu'est-ce qui les a motivés à participer à l'émission ?* se demande Andrea.

Vient ensuite Roland, quinquagénaire, marié, trois enfants de neuf, treize et seize ans, venu seul. Costume, cravate, un léger embonpoint et une calvitie naissante. Des petites lunettes rondes cerclées qui renforcent l'air sérieux. Quel genre de papa est-il ? Comme ça, il a l'air sévère... Elle imagine Roland râlant sur ses enfants, affirmant son rôle de bon père qui sait recadrer. Puis elle croise son regard doux et pétillant et se dit qu'il faut se méfier des premières impressions. Roland-râlant pourrait bien être Roland-fondant, tendre comme un moelleux au chocolat.

La dernière du groupe, c'est cette femme sans âge à l'abord austère aperçue un peu plus tôt, au maquillage. Marie-Jo. Mère célibataire de quatre enfants. Un rôle pas jojo qui mérite une médaille aux J.O. des parents ! Marie-Jojo ou Marie J.O...

Ça y est ! Je crois que j'ai retenu tous les prénoms ! se réjouit Andrea. C'est important pour marquer des points d'entrée de jeu. Les techniciens équipent les participants de micros pendant que Natacha leur donne les ultimes recommandations.

— On va vous envoyer un par un dans le château et vous serez filmés depuis le perron. On vous a donné votre ordre de passage tout à l'heure. Rendez-vous directement dans le grand salon gris, qui est la pièce de réception principale. Soyez naturels ! Vous recevrez les consignes au fur et à mesure. N'oubliez pas qu'une importante équipe veille sur vous. Le mot d'ordre, c'est « profitez » ! Ce que nous voulons montrer aux téléspectateurs, c'est une joyeuse bande de darons qui prennent enfin des vacances de leurs enfants. Alors pensez à vous et surtout pas aux caméras.

— Et si, pour une raison ou pour une autre, on n'assure pas ? demande Andrea, gagnée par le stress.

Natacha lui sourit et se veut rassurante.

— Ayez confiance en nous ! On gère de l'autre côté. Balbutier, ce n'est pas grave. N'oubliez pas qu'on peut focaliser sur différentes conversations à tout moment. Donc si on voit que vous pataugez dans la semoule, pas de panique, on zoomera sur un autre membre du groupe.

— Combien de temps va durer le tournage ? questionne Roland, pragmatique.

— Pas plus d'une heure trente. N'oubliez pas qu'on tourne dans les conditions du direct : surtout, ne vous arrêtez pas ! Même si quelques coupes peuvent être envisagées, l'idée est d'avoir un minimum de montage.

— Et si on a envie de faire pipi ? intervient Karen du bout des lèvres.

— Aucun souci ! Les toilettes sont évidemment des lieux non filmés. La prod' vous demande juste de ne pas vous endormir dedans et de réintégrer rapidement le plateau.

Rire général.

— Donc ça veut dire qu'on ne va travailler qu'une heure trente par jour ! s'exclame joyeusement Lolo.

— Presque ! Vous aurez bien sûr le loisir de profiter du château et de ses activités. Mais nous garderons aussi un peu de temps pour préparer ensemble les séquences. Vous ne devriez pas vous ennuyer.

— Trop bien ! renchérit Lolo. J'ai toujours su qu'il fallait que je change de job.

Dame Myriam le regarde du coin de l'œil, d'un air de dire « nous n'avons pas les mêmes valeurs ». *Autant de personnalités différentes, ça promet !* songe Andrea. Et elle ? Comment les autres la perçoivent-ils ? Quelle image renvoie-t-elle ? Le gagnant de l'émission recevra une grosse somme d'argent. Elle n'est pas venue pour ça, mais malgré tout, il faut avouer qu'une telle cagnotte pourrait lui permettre de prendre des décisions importantes pour son avenir. Peut-être reprendre des études ? Envisager une reconversion ? Elle y songe depuis longtemps. Ce sont les téléspectateurs qui voteront pour leur personnalité préférée du château. Comme si elle avait lu dans ses pensées, Natacha ajoute :

— Et si vous vous demandez comment obtenir la plus grosse cote de popularité, je n'ai qu'un conseil à vous donner...

Le groupe est suspendu à ses lèvres.

— Soyez vous-même !

Ils applaudissent. Natacha reçoit un signal dans son oreillette.

— On me dit que tout est en place. Andrea, tu es la première à te lancer ! Ne t'inquiète pas, tu ne resteras pas longtemps seule, mais c'est toi qui ouvres le bal.

Andrea s'approche de la sortie de la tente, Natacha à ses côtés. Lorsqu'elle passe devant Gabriel, il lui murmure un « bonne chance ». Elle a les jambes en coton. Elle se dit qu'elle va sûrement vomir ou s'évanouir. Elle se demande encore pourquoi elle a accepté de participer à cette folie. *Mes enfants et mon mari verront ces images !* pense-t-elle avec des sueurs glacées. *Il ne faut pas que j'y pense.*

— Trente secondes.

Andrea a l'impression d'être dans un petit avion à trois mille mètres au-dessus du sol, sur le point de sauter en parachute. Son cœur va s'arracher de sa poitrine.

Natacha lance le décompte des cinq dernières secondes avec les doigts, puis la pousse fermement au dehors, sous les projecteurs. Sans trop savoir comment lui vient la force d'affronter cet instant, Andrea s'avance le long de l'allée et gravit les escaliers le plus majestueusement possible. Elle ne pense qu'à une chose : ne pas trébucher avec ses talons hauts. Elle pousse l'immense porte du château, accompagnée par une musique classique grandiose. Elle se souvient des consignes. Le salon gris juste à sa droite. Lorsqu'elle y parvient, elle retient un cri. Elle ne s'attendait pas à une telle surprise…

20

Une heure et demie plus tard, elle n'en revient pas que l'émission soit passée si vite. Elle s'en est sortie beaucoup mieux que ce qu'elle aurait pu croire ! François T. et Yann D. font irruption dans le salon gris pour féliciter les participants.

Natacha, également enchantée de ce lancement réussi, passe d'un candidat à l'autre en distribuant les coupes de champagne pour les congratuler. Elle se saisit d'un couteau qu'elle fait tinter contre les parois de son verre. Le silence tombe sur le plateau.

— Encore bravo à tous pour cet excellent travail ! L'émission était riche, vivante. Profitez du buffet, maintenant. Demain, réveil 9 heures ! Nous vous donnerons la suite du programme des réjouissances.

Pendant la soirée, les premières affinités se dessinent au sein du groupe. Roland se rapproche du couple Francis et Myriam, avec qui il partage un certain traditionalisme. Des darons classiques pure souche ! Les couples Gabriel-Cindy et Sandrine-Lolo, proches en âge, discutent à bâtons rompus de leurs soucis d'autorité parentale et d'enfants rois... Andrea et Karen ne se quittent plus, d'autant qu'elles occupent la même chambre. Elles essayent d'intégrer Marie-Jo à leurs conversations, mais elle n'est pas d'un abord facile. Elle a de beaux yeux bleus, une silhouette élancée ; mais, malgré les efforts de la prod' pour la mettre en valeur, ils n'ont pas réussi à gommer la lassitude qui se dégage de son être, comme une odeur tenace sur le tissu d'un canapé qui a vécu. *Je sais ce qui ne va pas !* s'exclame Andrea intérieurement. *Elle ne sourit jamais !* Il paraît évident que Marie-Jo a oublié ce que s'amuser ou penser à elle signifie.

Le petit groupe se disperse un peu avant minuit et chacun regagne sa chambre. Karen et elle se jettent sur leur lit avec un soupir de soulagement. Frisbee élit ses quartiers sur la couette aux pieds d'Andrea.

— Quel ingrat ! Je crois qu'il t'a adoptée !

Andrea se redresse pour le caresser, et la petite boule de poils remue la queue d'allégresse. Ce bref moment de tendresse l'apaise. Après une telle montée d'adrénaline, l'excitation mettra du temps à se dissiper.

— Alors, tes premières impressions ? lui demande sa camarade.

— Je crois que j'ai un trop-plein d'émotions ! Pas toi ?

— Tu m'étonnes ! J'en ai le tournis.

— Je trouve que ça s'est plutôt bien passé.

Karen affiche une expression plus mitigée.

— Parle pour toi, ma chérie !

Andrea sourit devant cette familiarité affectueuse si vite gagnée. Elle encourage son amie à se confier tout en empilant les oreillers pour s'adosser confortablement au mur.

— J'ai senti que certains ne comprenaient pas le pourquoi de ma présence dans la Darons Academy. Tu aurais vu comment Myriam me regardait quand j'ai dit que je n'avais pas d'enfants !

— Tu te fais des idées, non ?

— Je ne crois pas. Mais ce n'est pas grave, j'ai l'habitude ! Et puis, j'ai mis tellement de temps à trouver qui j'étais que ça m'est égal. Maintenant, j'assume mes choix sans attendre désespérément l'approbation des autres ni laisser peser sur moi le poids des conventions sociales.

— Et tu n'as jamais voulu avoir d'enfants ? se hasarde Andrea d'une voix douce.

— C'est une longue histoire... Je te la raconterai peut-être un autre jour !

Andrea sent qu'il ne faut pas insister.

— Tu ne sais pas ce que Myriam a sorti à son mari, à propos de moi ? « Laisse, mon chéri, ça doit être une de ces femmes militantes écolos qui ne veulent pas d'enfant au nom de la surpopulation. » En gros, elle me traitait de Gink !

— C'est quoi, une « Gink » ?

— Ça veut dire *Green Inclination, No Kids*. Ce sont les femmes qui renoncent à la maternité pour ne pas peser sur la planète. Tu sais qu'en 2050, on sera 9,7 milliards d'humains ? Il y en a même qui disent que mettre un enfant au monde relève de l'égoïsme et représente un coût monstrueux en CO_2 : 58 tonnes par an et par bébé !

— Incroyable... Et c'est ce que tu penses ?

— Non, ce qui m'énerve, c'est d'avoir l'impression de devoir sans arrêt me justifier ! Décider d'être *childfree* – sans enfants – est encore mal compris et mal accepté par la société. C'est comme ça. Il faut continuer de faire évoluer les mentalités. Ça prendra du temps.

Karen chasse ses pensées comme elle aurait chassé des mouches avec ses mains, et son visage redevient souriant et espiègle.

— Dis donc, au fait, tu le connaissais d'avant, Gabriel, non ?

Surprise, elle rosit légèrement.

— Non, pas vraiment. Enfin si, juste un petit peu. On s'était croisés au moment des auditions.

— Ah oui ? Tiens, tiens...

La voix de Karen se charge de sous-entendus. Andrea se défend.

— En tout cas, je trouve que vous vous regardez beaucoup !

Pour couper court à l'interrogatoire, elle s'empare d'un oreiller et le jette sur Karen, qui riposte aussitôt. Les deux femmes commencent une bataille d'oreillers mémorable. *J'ai l'impression d'avoir quinze ans à nouveau,* se dit-elle, amusée. *C'est si bon de se laisser aller !*

Soudain, la porte de la chambre s'ouvre brusquement sur Dame Myriam, l'air mécontent.

— Vous faites un de ces boucans ! Moins fort s'il vous plaît ! Il y en a qui essayent de dormir !

Les deux femmes s'excusent, faussement contrites et pas du tout désolées, lorsque tout à coup, Frisbee, porté par l'excitation ambiante, s'échappe par la porte entrebâillée. Il a dû flairer quelque chose qui lui plaît. Karen et Andrea se précipitent pour le rattraper, plantant là leur rabat-joie de service.

Frisbee a dévalé le grand escalier gothique en bois massif sculpté qui relie le rez-de-chaussée aux chambres à l'étage. Celui-ci est surplombé d'un plafond à caisson, qui offre un véritable voyage dans le temps. Les deux femmes à ses trousses, la boule de poils file tout droit vers le salon gris. Elles le somment de s'arrêter, mais il ne l'entend pas de cette oreille ! Quand il a une idée dans la caboche, il ne l'a pas aux pattes. Elles le découvrent un instant plus tard en train de lécher les doigts de Roland, qui partage avec lui un peu de son en-cas. L'homme se raidit, pris en flagrant délit de gourmandise.

— J'ai... J'ai toujours des fringales nocturnes, s'excuse-t-il.

Roland a fait une véritable razzia dans le frigo mis à disposition par la prod'. Du jambon à l'os, des terrines et autres victuailles délicieuses ont été sorties. Karen récupère son chien dans les bras et le gronde. Elle ne veut pas qu'on la prenne pour une maîtresse trop permissive.

— Tu as raison de ne pas tout lui laisser passer ! Les animaux, c'est comme avec les enfants, si tu les cadres pas, ils deviennent ingérables. Je sais de quoi je parle : j'en ai trois. Pas des chiens… Des enfants ! s'esclaffe-t-il.

C'est intriguant, chez Roland, cette dualité entre son visage de daron sérieux et celui d'homme détendu et drôle. Andrea aurait voulu en apprendre plus sur son expérience de vie, mais l'heure est mal choisie. Karen souhaite bonne nuit et s'éclipse. Andrea marche sur ses pas lorsque, à travers la baie vitrée du salon, elle aperçoit Cindy en grande conversation avec Francis. Elle fume une cigarette avec mille grâces, et joue avec ses cheveux noirs qu'elle enroule autour de son doigt dans une sensualité innocente. Visiblement, elle est dans une danse de séduction. Francis ressemble à un jeune homme qui flirte pour la première fois. À côté d'elle, tellement à l'aise, il a l'air gauche, mais pour le moins ravi. En voilà deux qui se rapprochent vite ! Elle a une pensée pour Gabriel. Quelle réaction aurait-il s'il savait que sa femme passait du temps avec un autre homme marié du château ? Elle est ennuyée car, spontanément, elle a de l'affection pour lui.

Elle rejoint Karen et choisit de ne pas lui dire un mot de la scène dont elle a été témoin. Après tout, cela ne les regarde pas. Les deux amies éteignent la lumière. La couette remontée jusque sous son menton, Andrea tente de se laisser gagner par le sommeil. Un tourbillon de sensations et d'émotions tournoie dans son esprit. Aujourd'hui, elle a réussi à mettre des prénoms sur des visages. Pour la suite, elle a hâte de savoir ce qui se cache derrière chacun des personnages du château. Elle trépigne d'impatience à l'idée de ce « bas les masques » qui promet d'être palpitant. Elle met encore un grand moment avant de sombrer, emportée par des rêves agités.

21

Gabriel se réveille un peu las après la petite nuit qu'il vient de passer. Cindy l'avait réveillé en regagnant la chambre, ce qui avait eu le don de l'agacer. Ils avaient commencé à se disputer en chuchotant dans le noir.

— T'étais où, bon sang ? La soirée s'est terminée il y a plus d'une heure.

— Du calme, coco, je n'ai pas de comptes à te rendre. Je te signale qu'on n'est pas mariés et que tout ça n'est qu'une vaste mascarade !

— Ça m'est égal ce que tu fais et avec qui, mais je tiens à notre crédibilité dans cette maison. Le rôle n'est déjà pas facile à tenir…

— C'est la prod' qui m'a demandé de me rapprocher du mari de Myriam.

— Non, je ne te crois pas.

— Regarde !

Cindy avait sorti d'une poche intérieure de sa veste un papier d'ordre de mission confirmant ses dires. Gabriel n'avait pas su quoi répondre, sauf qu'il trouvait bizarre de n'avoir pas été informé.

— Et c'est quoi, leur objectif ?

— Corser les épisodes, évidemment.

— Je vois. Si c'est leur souhait… Et moi, je fais quoi ?

— Rien pour le moment. Tu n'es pas censé être au courant.

— Ah, d'accord. Donc je dois jouer le benêt de service ?

— C'est un peu ça ! avait rigolé Cindy.

Gabriel ne s'était pas offusqué davantage. Il savait qu'entre les mains de la prod', ils n'étaient que de gentilles marionnettes. Il était prêt à jouer le jeu. Il en allait de son avenir professionnel. Consciencieux, il avait questionné sa partenaire.

— Est-ce que tu as révisé tes notes pour la journée de demain ? Notre mariage, la naissance de notre fils et les grandes étapes de notre vie commune ?

— Bien sûr que j'ai tout revu, tu me prends pour qui ? Je prends à cœur ma mission.

— Parfait. Il ne faut pas que l'on commette le moindre impair…

— Ne sois pas si nerveux ! On est aussi là pour s'amuser.

— Pas moi.

Sa collègue n'avait pas insisté et lui avait marmonné un vague « bonne nuit », avant de lui tourner le dos en veillant à se tenir le plus à distance possible dans le grand lit double.

Ce matin, se réveiller aux côtés de Cindy n'enchante pas particulièrement Gabriel. Il a l'impression de n'avoir aucun atome crochu avec elle. Il la trouve superficielle et pas empathique pour un sou. Elle est belle mais le sait un peu trop, ce qui lui ôte une grande partie de son charme.

Il descend à la cuisine en abandonnant Cindy à ses préparatifs sans fin. Il retrouve une bonne partie des participants, affairés autour de l'îlot central pour se préparer un petit déjeuner. L'ambiance est conviviale. Roland cuisine des œufs brouillés et Sandrine et Karen sont en grande conversation, ce qui ne les empêche pas de mordre à pleines dents dans leurs toasts aux confitures improbables. Framboise violette et fraise coquelicot.

Où est Andrea ? Gabriel, un café à la main, décide d'aller voir dans le jardin. La température est douce et agréable en ce mois de septembre, et la journée promet d'être radieuse. Il l'aperçoit, toute seule, allongée sur l'un des transats de la piscine, une tasse fumante posée sur la table à ses côtés.

— Salut.

— Salut.

— Je peux me joindre à toi ?

— Oui, je t'en prie. Je voulais profiter de ce petit rayon de soleil matinal. Ce n'est pas tous les jours que j'ai un moment paisible comme ça pour le petit déjeuner !

— J'imagine ! Quel âge ont tes enfants ?

Gabriel feint d'ignorer ce type de détails, alors qu'il connaît par cœur la vie de chaque participant grâce aux fiches très fournies délivrées par la prod'. Il n'est pas à l'aise de se savoir agent double. Peu importe. L'essentiel, c'est qu'il soit sincère avec elle en cet instant, et qu'il ait un vrai plaisir à l'écouter raconter. La lumière rayonne autour de ses cheveux caramel, dans lesquels elle a simplement attaché un ruban. Leur texture soyeuse paraît irrésistible. Cela doit être doux de plonger ses doigts dans une telle chevelure ! Il se souvient du casting et de la façon dont elle tirait si peu partie de sa beauté naturelle, et il se félicite du travail de la relookeuse. Il n'avait pas encore remarqué la couleur ambrée de ses yeux aux éclats moirés. Il pense à la manière dont sa femme fictive s'est maquillé la bouche d'un rouge criard dès le matin et regarde celle d'Andrea, simplement ourlée par un gloss beige rosé. Élégant, et très attirant aussi.

Il se secoue pour chasser les pensées inappropriées qui lui viennent et s'exhorte à revenir dans son rôle de comédien. Elle raconte son fils déjà grand, parti étudier en province. Il perçoit le pincement au cœur, et comprend à demi-mot que le jeune homme ne donne pas souvent de nouvelles.

— Quant à ma fille, c'est un sacré phénomène !

Gabriel n'est pas dupe de l'éclat de rire d'Andrea.

— Pas facile, les ados…

— Non, mais j'imagine qu'il faut en passer par là !

Ils se sourient.

— Et sinon, qu'est-ce que tu fais de beau dans la vie ?

Elle explique dans les grandes lignes son activité de codirectrice de crèche, son regret d'avoir dû abandonner son premier métier d'infirmière puéricultrice auprès de grands prématurés, ses deux enfants, son mari… Elle est surprise de voir les yeux foncés de Gabriel briller d'intérêt. C'est incroyable ! Il l'écoute vraiment, pas par politesse ! Quelle sensation agréable ! Cependant, elle ne veut pas accaparer la parole et elle a aussi très envie d'en savoir plus sur lui.

— Et toi ? Tu bosses dans quoi ?

Gabriel se racle la gorge. C'est le moment d'être convaincant.

— Je suis mixologue, répond-il avec un sourire malicieux.

Andrea écarquille les yeux, intriguée.

— C'est le nom qu'on donne aux barmans qui créent des cocktails derrière les zincs !

— Oh, génial ! Ça doit être très excitant, comme univers.

— Oui, ça l'est. Même si je t'avoue que ma véritable passion, c'est le monde du spectacle. Je suis intermittent.

— Mais alors, tu es un artiste ! s'exclame-t-elle avec un enthousiasme sincère.

— J'essaye, en tout cas.

— Et tu es marié depuis longtemps avec Cindy ?

Tout à coup, Gabriel n'est plus aussi à l'aise.

— Quatorze ans. On a un fils de douze ans qui s'appelle Victor.

— C'est joli, Victor.

— Merci. C'est un garçon formidable ! Par contre, il déteste l'école. Cela crée beaucoup de tensions au sein de notre couple… Cindy est très à cheval sur les études alors que pour moi, le plus important, c'est que mon fils trouve sa voie. Il a une passion pour la cuisine. Il crée des plats étonnants, pleins d'inventivité, et il parle déjà d'arrêter l'école après la troisième pour se lancer dans un CAP cuisine.

Gabriel est touché par le regard plein de compréhension d'Andrea, et plus encore par la totale authenticité qui transperce de son être. *Une belle personne*, songe-t-il avec un brin de culpabilité d'être en train de lui raconter des histoires, en partie du moins... Mentir aux autres membres du groupe, il s'en moque, si cela peut lui permettre d'assurer sa mission. En revanche, lui mentir, à elle, va être très compliqué.

— Tu sais ce qu'ils ont prévu pour nous aujourd'hui ?

— On le saura bientôt, je pense !

Karen s'approche d'eux et le petit chien glapit aux pieds d'Andrea.

— Je peux venir ? dit-elle avec un grand sourire chaleureux.

— Bien sûr !

Il aperçoit Natacha qui agite le bras depuis le perron. Il s'excuse auprès des filles et la rejoint. Elle lui glisse discrètement un petit mot dans la main.

« Pour le tournage de cet après-midi, c'est vous qui allez animer le jeu-surprise après la *pool party*. Rendez-vous à la salle blanche pour être briefé sur vos autres objectifs secrets ! Ce message ne s'autodétruira pas tout seul ! Brûlez-le dans les bois. »

La salle blanche a été aménagée à l'intérieur d'une grotte au fond du domaine. C'est une pièce hermétique et insonorisée – une planque parfaite pour établir un QG clandestin – qui permet à la prod' de tenir des réunions avec ses infiltrés, à l'abri de tout soupçon.

Gabriel salue Andrea de loin avant de s'éloigner d'un pas rapide. Elle le suit des yeux, ce qui n'échappe pas à

Karen. Malicieuse, elle ne peut s'empêcher de taquiner son amie.

— Oh ! Je vois que le béguin se porte comme un charme, ce matin.

— Arrête ! se défend Andrea, gênée. On discute, c'est tout ! Il est cool, et puis surtout très à l'écoute.

— *Très* cool, *très* à l'écoute, insiste-t-elle en appuyant sur les mots. C'est clair.

— Il n'y a rien de *clair* !

— Allez, avoue qu'il te plaît.

— Même pas. Et de toute façon, je te rappelle que je suis mariée. Et lui aussi !

— D'accord, d'accord… Te fâche pas ! Moi, je dis ça, je dis rien.

Après le petit déjeuner, Andrea a envie d'aller marcher seule dans le parc du château. Elle pense à sa fille, qui doit être pile à l'heure de la récréation. Elle se demande comment se passe l'école. Elle s'en veut de ne pas être là pour elle. *Mamma culpa*, encore et toujours…

Elle se baisse çà et là pour ramasser les feuilles aux couleurs mordorées. Comment s'en sortent-ils sans elle ? Peut-être si bien qu'à son retour, ils n'auront plus besoin d'elle ? Andrea nage en plein fantasme, elle le sait. Malgré tout, elle en tremble. Manque-t-elle seulement un peu à sa fille ? Soudain, elle a une envie folle de la serrer dans ses bras et de la faire râler en l'étouffant de baisers ! Est-ce que Suzanne regardera l'émission ? Elle avait montré si peu d'intérêt, les semaines passées !

Un voile de tristesse obscurcit le visage d'Andrea, qui décide de rentrer pour se reposer dans sa chambre. Elle a de quoi composer un joli petit bouquet avec les végétaux qu'elle a ramassés. Cette perspective la réconforte un peu. Après tout, elle est là pour prendre de la distance. Elle devrait cesser de penser aux siens, au moins cinq minutes ! Il ne faut pas qu'elle passe à côté de son aventure parce qu'elle se fait des « nœuds au cordon ». Cette expression imagée lui est venue alors qu'elle pensait au lien difficile entre elle et sa fille depuis qu'elle a commencé sa crise d'adolescence. Ce n'est surtout pas le moment de couper le cordon, car l'adolescent a encore plus besoin de son parent pour traverser sa crise. En revanche, dénouer les nœuds relationnels est un enjeu crucial. Andrea tente de calmer sa culpabilité passagère : *Tu n'abandonnes pas ta fille, tu t'éloignes pour mieux revenir. Et cette merveilleuse parenthèse au château, tu y as droit, tu la mérites. Alors profite !* Oui, c'est ce qu'elle désire profondément. Si seulement elle pouvait être un peu moins anxieuse…

Natacha a donné le programme. Concernant le tournage du jour, ils vont d'abord filmer une *pool party*, une fête déjantée au bord de la piscine. Puis, il y aura un jeu collectif qui restera secret jusqu'au dernier moment… Andrea est fébrile. L'idée de passer à la télévision lui donne encore la chair de poule. En même temps, elle est grisée d'être pour la première fois de sa vie sur le devant de la scène. Ce mélange d'émotions crée un cocktail détonnant à l'intérieur d'elle-même.

Il est 11 heures. Elle a rendez-vous avec la costumière pour choisir un maillot de bain. Elle appréhende et n'a aucune envie de montrer son corps au reste du groupe. À coup sûr, elle choisira un maillot une-pièce. Bien qu'ayant des formes harmonieuses, placées là où il faut, elle n'assume pas le petit bourrelet disgracieux de son ventre, vestige malheureux de ses deux grossesses, et qui ne partira jamais.

Elle entre dans la tente et est de nouveau éblouie par la collection de vêtements présentés sur les portants. Elle expose ses attentes pour un maillot qui couvre suffisamment le ventre, et la costumière lui présente un modèle ravissant, très échancré au niveau des hanches, permettant de pallier l'inconvénient du classique une-pièce trop couvrant.

— Nous l'avons dans trois couleurs. Laquelle choisissez-vous ?

Au moment de se décider, elle se surprend à se demander quel coloris plairait le plus à Gabriel.

22

Marc attend avec une impatience fébrile la première émission de la Darons Academy, diffusée en début de soirée. C'est une impression étrange de s'imaginer qu'il va regarder des événements déjà vécus par sa femme la veille ! Durant les prochaines semaines, il va vivre la réalité d'Andrea en différé.

Suzanne rejoint son père dans le canapé. Il est nerveux, lui dit de se taire alors qu'elle n'a pas dit un mot. Bonjour l'ambiance électrique ! Pire qu'une séance de tirs au but pour un championnat du monde… Elle s'agace intérieurement. C'est la première fois depuis des décennies qu'il montre un tel intérêt pour sa femme ! Soyons francs, d'ordinaire, il la calcule à peine. Est-ce que la télévision a un pouvoir miraculeux pour qu'il la regarde de nouveau ? Malgré l'affection qu'elle porte à son père, elle n'arrive pas à totalement le respecter. Il n'intervient presque jamais dans son éducation et lui laisse presque tout passer. En général, il se range de son côté quand sa mère en a après elle. « Arrête d'être sur son dos, tu vas la braquer », répond-il souvent en jugeant sans lever le petit doigt. Il est avantageux d'avoir un allié surpermissif. Pourtant, Suzanne se dit que, si elle a des enfants plus tard, elle ne prendrait pas son père pour modèle. Il n'a aucune autorité. Sa mère est la seule à oser la confronter, à l'obliger à se remettre en question. C'est souvent contrariant, horripilant, révoltant, mais aussi étrangement sécurisant. Quelqu'un se soucie vraiment qu'elle ne déraille pas trop, qu'elle ne quitte pas le droit chemin. Quand elle pense à sa mère, Suzanne s'imagine parfois les chiens de berger des hautes montagnes qui, par tous les temps, doivent veiller à ce que les brebis ne s'égarent pas.

Égarée… C'est la sensation qu'elle a depuis la soirée passée avec Nicolas. Comme si elle n'était plus tout à fait la même. Un étrange mal-être s'est insinué à l'intérieur de son corps, une mauvaise graine qui aurait germé et gagné du terrain. Elle ne comprend pas ce qui lui arrive. Tout ce qu'elle sait, c'est qu'une partie d'elle-même s'est défraîchie et a perdu son innocence au cours de cette nuit-là. Devant son père, elle met un masque auquel elle accroche un sourire feint. Il ne doit pas savoir. De toute façon, il est tellement loin de ses problématiques intimes qu'il y a peu de chances qu'il lui pose la moindre question. Sa mère, elle, la scrute toujours avec un regard laser pénétrant. D'ordinaire, elle aurait deviné son malaise. Mais l'émission avait tout chamboulé et Andrea avait été absente, voire fuyante dans les jours précédant le tournage, accaparée par les préparatifs, fébrile et heureuse. Suzanne lui en voulait d'avoir été si égoïste, et elle avait décidé de rester murée dans sa colère. Depuis, elle se sent bien seule avec ce gros poids sur le cœur et personne à qui en parler. Si seulement sa mère était là ! Mais elle n'est pas ici. Elle va apparaître d'un instant à l'autre, à l'intérieur de ce petit écran qui, à lui seul, a la capacité de vous propulser star du jour au lendemain : la télévision.

Suzanne a besoin de se pincer pour y croire ! Ça y est, c'est le générique ! Son père et elle retiennent leur souffle. Dès les premières images, ils poussent un cri à l'unisson en bondissant du canapé.

— Oh mon Dieu ! Ne me dis pas que c'est elle qui passe en premier ?

La voix de son père est devenue suraiguë sous l'effet de la surprise. Les yeux lui sortent des orbites ! Si elle n'avait pas été dans une si sombre humeur, elle en aurait ri. Sa mère s'avance le long de l'allée du château. D'où lui vient une telle élégance ? À la maison, Andrea porte souvent des vêtements confortables, la plupart du temps un jean et un tee-shirt plus pratique que joli. Suzanne remarque pour la première fois la jolie silhouette en huit de sa mère. Ce soir, la beauté de ses courbes est particulièrement mise en valeur dans cette robe fourreau qui lui va à ravir. Son père éructe :

— Non mais tu as vu cette coiffure ! On dirait une foldingue tout droit sortie d'une comédie musicale des sixties !

Suzanne fait mine d'être d'accord, mais trouve son père de très mauvaise foi. N'est-ce pas un peu mesquin, ce petit coup bas adressé en l'absence de l'intéressée ? Très hypocrite également, car cela se voit comme le nez au milieu du visage que Marc trouve sa femme à tomber par terre dans cette tenue… Ne serait-ce pas là une pointe de jalousie de voir Andrea si resplendissante hors de son giron ?

Elle quitte l'ombre et entre dans la lumière des projecteurs. Son visage n'a jamais été aussi beau ! Suzanne ressent un serrement au plexus. Est-ce sa faute si sa mère a peu à peu perdu sa flamme, ces dernières années ? La vie de famille est-elle un éteignoir ?

— Ça y est ! Elle entre dans le château. Regarde-moi ce luxe ! Incroyable ! Ah, ils ont du pognon à la télé.

Suzanne ne prête plus attention à son père. Elle garde les yeux rivés sur sa daronne, qui brille d'un éclat inconnu. Elle a l'air un peu nerveuse, mais pas tant que ça. D'où lui viennent ces ressources insoupçonnées ? Au fond, connaît-elle vraiment la femme qui se cache derrière sa mère ? Ce questionnement suscite un léger malaise en elle.

Lorsqu'Andrea entre dans le salon gris, elle pousse un cri de surprise et les téléspectateurs découvrent en même temps qu'elle une réjouissante mise en scène : un buffet a été dressé au centre de la pièce, entouré de candélabres qui ajoutent une atmosphère féerique. Dans un coin, une fontaine de chocolat, de la taille d'un humain, attend qu'on vienne plonger dans ses cascades brunes des brochettes de fruits frais. Une pyramide de coupes de champagne remplies à ras bord s'offre aux convives. Sa mère regarde tout sans toucher à rien. Ce détail insignifiant redonne de l'oxygène à Suzanne : on ne lui a pas complètement changé sa maman ! Andrea est trop réservée et polie pour se jeter sur le buffet comme une goinfre malotrue.

L'attention d'Andrea se trouve alors détournée vers la surprenante scène installée dans le fond de la salle, devant l'immense miroir d'époque qui couvre l'entièreté du mur. Là se tiennent dix statues de bronze stupéfiantes de réalisme. Certaines ont une perruque, d'autres, un chapeau haut de forme ou une casquette gavroche… Ce sont des personnages d'un autre temps. Elle s'approche encore plus près pour observer leurs détails et la minutie de leur confection. Elle meurt d'envie de les toucher quand, tout à coup, un bruit la fait se retourner. Voilà que le plafond s'ouvre et que sort d'une trappe une boule plasma traversée d'éclairs électriques, dont la couleur change et passe tour à tour du bleu au rouge, au jaune et au violet. Elle porte sa main à sa poitrine, comme pour en calmer les battements anarchiques. Une voix modifiée par un effet d'autotune sort de la boule.

— Bonsoir, Andrea ! Bienvenue au château ! Tu es la première… Ce n'est pas trop intimidant ?

— Euh, si, vraiment intimidant !

— Ah ah ah ! Ne t'inquiète pas, Andrea ! Tes petits camarades de jeu vont arriver dans un court instant. Au fait, je m'appelle Sony, et c'est moi qui serai votre nounou pendant tout votre séjour.

Le mot *nounou* arrache un rire à Andrea. C'était l'effet escompté.

— Mais nous ne sommes plus des enfants, Sony !

— Qui sait, vous êtes peut-être là pour retrouver une part de vous-même que vous pensiez avoir perdue.

Andrea s'approche de la boule et commence à jouer avec les faisceaux électriques en promenant ses doigts sur la surface de verre. Sony réagit.

— Arrête, tu me chatouilles !

Elle recule d'un pas, le sourire aux lèvres. Elle a l'air de s'amuser follement et paraît avoir presque oublié la présence des caméras.

— Comme tu es la première, ma chère Andrea, tu as le droit de choisir ta statue préférée. Sitôt que tu l'auras touchée, elle ne sera rien qu'à toi. Je reviendrai tout à l'heure pour accueillir les autres.

La boule remonte dans la trappe du plafond, qui se referme. Les propos de Sony sont un peu énigmatiques, mais Andrea semble désireuse de se prêter au jeu.

— Et toi, tu choisirais laquelle ? demande Marc à Suzanne depuis son coin de canapé dans lequel il s'est confortablement installé.

— Je ne sais pas, papa. Peut-être la jeune fille à l'ombrelle.

Suzanne voit sa mère s'approcher d'une autre statue. L'homme en redingote avec un chapeau haut de forme. Au moment même où son doigt touche le vêtement, les yeux fixes s'animent et se braquent sur Andrea. Elle sursaute. La statue humaine lui sourit et se met en mouvement sans qu'aucun son ne sorte de sa bouche. En quelques pas de danse, elle se dirige vers le buffet et se met à disposition de sa maîtresse pour la servir. Andrea bat des mains comme une enfant, captivée par ce jouet grandeur nature dont elle n'aurait jamais osé rêver. Elle ordonne à sa statue de lui servir une coupe de champagne. Celle-ci s'exécute avec des gestes mécaniques puis se fige de nouveau.

— C'est chanmé, ce truc ! s'exclame Suzanne, un peu envieuse du moment magique que vit sa mère.

Les autres candidats la suivent de près. Cindy et Gabriel, très à l'aise, donnent l'impression d'avoir été toute leur vie face caméra et investissent l'espace avec un naturel désarmant. Lolo, en voulant piquer un petit four en douce au buffet, renverse une coupe de champagne sous le regard embarrassé de sa compagne, Sandrine.

— Quel guignol ! réagit Marc dans son canapé.

— Moi, je le trouve sympa, marmonne Suzanne, touchée par ses airs de grand adolescent.

Quand Marie-Jo entre dans la pièce, elle ne sait pas trop quoi faire de son corps et se balance d'un pied sur l'autre. Les yeux des autres concurrents balayent d'un œil vaguement désolé les traits marqués de son visage et son corps tout mince, comme séché par les maternités. L'arrivée de Karen et Frisbee dissipe le malaise. Le tandem met l'ambiance. Le petit chien, pour jouer, se met à pourchasser les statues vivantes. La prod' fait envoyer d'urgence une friandise canine pour le canaliser. Roland crée ensuite la surprise en invitant sa statue – la jeune fille à l'ombrelle – à danser un rock.

— Alors lui, il a trop pris la confiance, pour un daron *old school* ! s'esclaffe Marc.

— Ou alors les apparences sont trompeuses et c'est juste un gars hyper sympa.

— Il a surtout réfléchi à comment se mettre le public dans la poche !

— Papa, sois pas si dur, ça vient à peine de commencer.

Ne manque plus que Dame Myriam et Francis-franc-suisse. Ils pénètrent dans le salon gris à la manière d'un couple royal et, d'office, tiennent la dragée haute au reste de l'assemblée. Aisance, aura, élégance… Triple A pour un sceau d'excellence parentale revendiquée. Menton fier et œil conquérant, Myriam affiche une confiance inébranlable en leur éligibilité au titre de darons parfaits.

— Eux, ils ont des bonnes têtes de vainqueurs ! Ta mère a du souci à se faire.

— Le seul souci qu'elle a à se faire pour l'instant, c'est de kiffer, ronchonne Suzanne, jalouse de tant de luxe.

Une fois les candidats tous réunis dans la pièce, Sony la Boule leur souhaite la bienvenue, puis lance son petit discours d'intégration en vantant les vertus inédites de l'émission : le concept unique de la Darons Academy place en effet les candidats en pionniers d'une nouvelle forme de téléréalité, une téléréalité capable de rassembler les générations. C'est un peu grandiloquent, mais suffisamment éloquent pour galvaniser l'assemblée. Les yeux brillent, l'ambiance s'électrise. Sony en profite pour exposer le règlement intérieur du château.

— Que je vous demande de respecter à la lettre ! dit la voix, à la fois stricte et drôle.

Elle énonce :

— Interdiction de ne pas vous la couler douce !

Interdiction de culpabiliser d'être là !

Interdiction de ne pas laisser traîner vos affaires sales !

Et surtout, interdiction de vieux-conner.

— Ça veut dire quoi, *vieux-conner*, Sony ? demande Roland.

— *Vieux-conner*, globalement, c'est vous montrer rabat-joie, critiquer les choix et la manière de vivre de la jeune génération, ruminer que c'était mieux avant. Et ici, au château, c'est râler sur les activités en disant que ce n'est plus de votre âge, vouloir vous coucher avec les poules, être maniaque de l'organisation, vouloir tout contrôler et ne pas oser improviser.

Suzanne sourit en douce. Plutôt marrant, leur « règlement monde à l'envers » ! Ils vont s'amuser comme des ados, les darons. Est-ce que c'est vraiment comme ça qu'ils sont, eux, les jeunes ? Jusque-là, se reposer sur sa mère pour la laisser gérer à sa place lui paraissait normal. Mal à l'aise, Suzanne se lève pour aller chercher un verre de jus de fruit dans le frigo.

Elle revient sur le canapé, mais a du mal à se concentrer sur le reste de l'émission. Elle est rattrapée par ses pensées qui broient du noir. Son père ne remarque rien. Elle aussi, elle sait figer ses expressions pour devenir impénétrable comme une statue. Elle regarde sans regarder, dédoublée d'elle-même, là sans être là. Sous ses yeux, sa mère vit une soirée d'exception. La rancœur revient, sournoise. Elle lui en veut d'avoir l'air si radieuse pendant que son cœur à elle se fendille de toute part… N'est-ce pas ridicule, à son âge, d'être ainsi pomponnée comme une jeunette, de se pavaner à la télé, et de vivre sa meilleure vie pendant que sa fille est au trente-sixième dessous, démolie ?

La veille, elle avait vu Nola et lui avait raconté ce qui s'était passé avec Nicolas. Mais Nola n'avait pas eu la réaction escomptée. Glapi. Oui, sa meilleure amie avait *glapi* de joie en apprenant qu'elle avait à son tour perdu sa virginité. Tout ce qu'elle voyait, c'est que sa copine rejoignait le clan des « filles cool » du lycée. Depuis la rentrée, Suzanne rasait les murs dans l'angoisse de croiser Nicolas, qui n'avait plus jamais donné de nouvelles depuis leur fameuse nuit. Cela avait validé une sorte de rupture avec effet immédiat.

L'émission touche à sa fin. Un minispot explique le principe de vote pour élire le candidat le plus authentique dans sa posture envers la parentalité. Un numéro de téléphone spécial et surtaxé apparaît. La trombine détourée des membres du château aussi. L'habillage graphique donne à rêver, avec son lot d'effets lumineux.

« Pour quels darons avez-vous le plus de sympathie et d'affinités ? Votez dès à présent ! », déclame la voix off avec cette intonation à l'enjouement forcé, caractéristique des émissions de téléréalité.

« Parents actifs et branchés, mais parfois vite débordés. Dur dur de tout concilier ! Pour Cindy et Gabriel, vos DARONS ZÉBULONS, tapez 1

« Parents bien sous tous rapports, ils paraissent exemplaires, mais gare au revers de bâton avec la pression de perfection… Pour Myriam et Francis, vos DARONS TROPCARRÉS, tapez 2

« Lui est le papa copain, complice et permissif, ce qui agace sa nouvelle compagne Sandrine, qui voudrait bien le convaincre que cadrer n'est pas brimer ! Pour Laurent dit "Lolo", votre DARON MAXIFLEX, tapez 3

« Maman multifonction, aussi bien là pour les câlins que pour les serrages de vis, prête à faire de son mieux pour ses enfants, même quand sa coupe est pleine… Pour Andrea, votre DARONNE ÉQUILIBRISTE, tapez 4

« Maman solo, elle a tout sacrifié à ses enfants et force l'admiration. Mais est-ce un cadeau à leur faire que de s'oublier en chemin ? Pour Marie-Jo, votre DARONNE ALL-INCLUSIVE, tapez 5

« Père tradi, pour lui, hors de question de trop montrer ses émotions s'il veut incarner l'autorité pour ses enfants. Pourtant, entre pudeur et devoir, il a du mal à cacher son cœur en or. Pour Roland, votre DARON RÉTROCHIC, tapez 6

« Elle n'a pas d'enfant, mais elle *daronne* quand même son chien adoré ! Elle est la digne représentante du mouvement SGPTM+, pour Karen, votre DARONNE AUTREMENT, tapez 7 »

— SGPTM+ ? Qu'est-ce que c'est que ce truc ?! s'esclaffe Marc. Ils ne savent plus quoi inventer.

Intriguée, Suzanne cherche sur internet et trouve la réponse sur le site de la Darons Academy.

— C'est le sigle pour désigner ceux qui ne rentrent pas dans les cases de la parentalité classique. Les non-darons et les darons-autrement : les SEnVol (sans enfants volontaires), les Ginks (*Green Inclination, No Kids*, pas d'enfants par engagement écologique), les Paranges (hommes et femmes ayant perdu un enfant), les tuteurs et…

— C'est pas encore fini, la liste ? s'agace Marc.

— Ben non, ils ajoutent aussi les maîtres en tous genres, qui élèvent par exemple des animaux domestiques et mammifères intelligents. Bref, tous ceux qui éduquent et prennent soin. Attends, ils ont aussi mis un « + » pour les autres catégories de personnes qui ont une problématique spécifique par rapport à la parentalité : les couples homosexuels, et même, tiens-toi bien, les tocophobes, les femmes qui ont une peur pathologique de la grossesse, mais qui aimeraient vraiment avoir des enfants.

— Le grand n'importe quoi ! s'énerve Marc en éteignant rageusement la télé.

Suzanne ne relève pas. De son point de vue, elle trouve ce nouveau concept plutôt cool. Mais inutile de mettre de l'huile sur le feu. Son père et elle dînent rapidement puis Suzanne retourne s'enfermer dans sa chambre.

Elle reste allongée sur son lit, les yeux collés au plafond, tourmentée par les souvenirs de cette nuit avec Nicolas, qui s'incrustent en elle comme un trauma.

23

Quelques heures plus tôt, au château…

Ça tourne. Ils le savent, ils le sentent autour d'eux, même si les équipes techniques rivalisent d'efforts pour rester discrètes. Les dix participants sont en peignoir, et papotent pour se donner une contenance, frileux de se jeter à l'eau. La prod' a pourtant sorti le grand jeu : à la surface de l'eau turquoise et chauffée, une flotte de bouées plus excentriques les unes que les autres attendent l'assaut des candidats. Soudain, une trappe s'ouvre dans l'herbe et une autre version de Sony – la boule plasma aux rayons électriques fascinants – commence à parler à la maisonnée.

— C'est le moment ou jamais de retrouver votre âme d'enfant ! Alors lâchez-vous et profitez des effets de la *pool-fool therapy* ! *To play the fool*, en anglais, ça veut dire « faire l'imbécile », mais c'est surtout un moyen de retrouver la gaîté, le plaisir, de ne pas prendre la vie trop au sérieux… Humour et autodérision, les deux mamelles du bonheur !

— Ça voudrait dire que le bonheur est une femme ? s'interroge Roland, en pleine minute philosophique.

— On a passé l'âge de ces conneries ! s'exclame Francis, raide de résistance.

— Ça m'embête pour mon brushing, souffle sa femme, Myriam.

Cindy s'inquiète aussi pour le sien.

— Je ne comprends pas le propos, intervient Marie-Jo, la maman solo. À nos âges, on n'a plus envie de faire n'importe quoi.

Une insupportable sirène retentit tandis que Sony se met à tournoyer comme un gyrophare fou.

— Attention, attention… Vous êtes tous en train de *vieux-conner* ! Ceci est une infraction sévère au règlement intérieur de la Darons Academy ! Veuillez immédiatement corriger vos propos sous peine de pénalité !

— C'est quoi, la pénalité ? s'informe Myriam.

— Un avertissement. Au bout de trois avertissements, vous devrez quitter le château, j'en ai peur.

Les candidats, comme par enchantement, retrouvent une motivation immédiate et ouvrent grand les écoutilles pour écouter les consignes de Sony sur le but du jeu.

— Votre défi du jour, c'est justement de réveiller cette part de vous qui a oublié comment s'amuser. C'est difficile, je sais. D'autant que nous allons corser le jeu : je vous propose une compétition de bombes à la grimace !

— Qu'est-ce que c'est que ce truc ? s'inquiète Marie-Jo, tellement emmaillotée dans son rôle sacrificiel de mère courage dévouée à ses quatre enfants qu'elle a oublié le chemin de l'amusement spontané.

— Le principe est simple : il s'agit de réaliser la plus belle bombe en plongeant dans la piscine et, durant le saut, de réaliser la grimace la plus rigolote !

Les membres du groupe se sont figés. Les anges passent. Les mouches volent. Et eux prennent racine sur le gazon. Gabriel est conscient qu'il va falloir qu'il se dévoue pour briser la glace. Il s'avance de deux pas en direction de la piscine pour ajouter de la théâtralité à son intervention, puis, d'un geste long et mesuré, laisse glisser son peignoir au sol. Tous les regards convergent vers son corps, et l'étudient des pieds à la tête : les épaules musclées, le torse galbé, sans oublier le short de bain aux lignes élégantes. Les femmes sifflent et applaudissent, les hommes tirent la gueule. En quelques secondes, l'atmosphère s'est réchauffée ! Gabriel prend alors son élan et effectue un saut en hauteur, combiné avec une grimace de singe. Au dernier moment, il recroqueville son corps en forme de boule et atterrit dans l'eau avec fracas. La bombe est plus que réussie : il a copieusement arrosé tout le monde ! Son audace a donné le signal de départ. Andrea s'avance et saute en hurlant comme Tarzan, avant de retomber de tout son poids sur la surface de l'eau, qui gicle à grands remous. Quand sa tête ressort à la surface, elle balaye ses cheveux vers l'arrière et constate qu'elle a atterri non loin de Gabriel. Il lui offre un sourire plein de fierté et s'approche d'elle en traînant avec lui une bouée flamant rose.

— Votre monture est avancée !

Andrea éclate de rire devant cette créature qu'elle va devoir chevaucher. Encore faut-il qu'elle arrive à grimper dessus ! L'accessoire gonflable se joue d'elle : elle réalise plusieurs tentatives infructueuses et ressemble maintenant davantage à un merlu échoué qu'à une sirène. Gabriel l'emmène près du bord pour qu'ils aient pied, puis il attrape le corps d'Andrea pour essayer de le propulser sur la bouée. Il songe à sa réunion secrète avec la prod', qui lui a donné pour instruction de se rapprocher d'Andrea et d'être particulièrement prévenant avec elle. La mission était non équivoque : carte blanche pour la séduire. Le voilà pris dans un double jeu où il risque de s'enliser. Il sait que tout ça est une supercherie. Et Andrea est la dernière personne qu'il voudrait blesser... En attendant, il n'arrive toujours pas à la hisser sur cette bouée glissante comme un toboggan enduit de graisse de phoque. L'exercice est de plus en plus difficile, car les autres participants se jettent à l'eau à leur tour en créant des remous. Roland s'est précipité sur la bouée pizza tandis que Lolo a choisi le cornet de glace et chahute avec Sandrine, qu'il éclabousse joyeusement. Marie-Jo se contente de rester accrochée au dauphin. Andrea parvient enfin à monter sur le flamant rose.

— Ça va ? Tu es bien installée ? lui demande Gabriel, amusé.

Elle prend beaucoup trop de plaisir dans cette activité inattendue et s'en inquiète : cette complicité avec Gabriel… Elle ne devrait pas se l'autoriser. Ils ne sont libres ni l'un ni l'autre. Est-ce la soif de l'interdit qui rend l'attrait encore plus irrésistible ? Des décennies à être d'une sagesse irréprochable… Oui, Andrea sent un vent de révolte grandir en elle. L'envie de dépasser les bornes. De transgresser. D'autant que sentir les mains chaudes de Gabriel sur sa peau mouillée l'a troublée plus qu'elle ne voudrait l'avouer. L'attirance pour lui a été quasi immédiate. Comme une évidence. Elle n'a jamais connu cela, même avec son mari, à leurs débuts. Ils s'étaient plu, évidemment, mais ce n'était pas le même appel du cœur.

Cindy s'approche d'eux, perchée sur une banane géante. Elle s'est emparée d'une frite gonflable et lance une bataille avec son mari, qui essaye de parer ses coups. Andrea gêne au milieu, alors Cindy agrippe la tête du flamant rose et, d'un mouvement violent, le fait basculer. Andrea se retrouve sous l'eau et perd le sens de l'orientation, dans ce bouillon agité de vagues et de petites bulles d'un oxygène qui commence à lui manquer. Elle sent une main ferme lui saisir le bras pour la remonter à la surface. Elle a bu la tasse et se bat contre le rideau de cheveux qu'elle a devant les yeux. Elle essaye de désengorger ses poumons en toussant d'une manière tout à fait inélégante. Apparemment, l'eau lui sort aussi des narines. Gabriel l'entoure de ses bras et tente de la réconforter. Il se dispute avec Cindy, lui reproche son geste inconsidéré. La jeune femme hausse les épaules et sort une réplique cinglante que, heureusement, Andrea n'entend pas.

— J'avais bien dit que ce jeu n'est pas pour les quadras !

Gabriel lui lance un regard noir tandis qu'il sort de l'eau accompagné d'Andrea. Il l'aide à enfiler son peignoir et commande un thé à l'une des statues vivantes pour la réchauffer. Elle sursaute quand un énième Sony sort d'une trappe dans le gazon pour annoncer la suite des festivités.

— Oyez, oyez ! Rendez-vous dans cinq minutes dans la grande bibliothèque pour notre prochain jeu surprise. Ne traînez pas !

Gabriel prend Cindy à part avant qu'elle ne s'éclipse.

— À quoi tu joues ?

Elle lui offre un sourire narquois.

— À rien. Je joue juste mon rôle de femme possessive. C'est pas toi, hier, qui me faisais une leçon de morale sur notre « crédibilité » ?

Il se mord la lèvre pour ne rien répondre et se hâte de rejoindre la grande bibliothèque pour préparer le jeu suivant, dont il a la charge. Il est bientôt rejoint par le reste du groupe. Les cheveux sont encore mouillés, les habits, enfilés à la hâte, parfois à l'envers. Gabriel sait que c'est exactement ce qu'attend la prod' : des images qui défrisent le convenu. Ils guettent les dérapages, les embrouilles, les intrigues… Tout ce qui peut permettre à l'émission de prendre, comme une mayonnaise épicée, et de gagner des points d'audience.

Il prend la parole.

— Mes amis, Sony m'a chargé d'animer, aujourd'hui. Il en fallait un, il a fallu que ça tombe sur moi ! tente-t-il en guise de trait d'humour.

Ça passe. Personne ne peut se douter qu'il s'agit pour lui d'une sorte de casting. La prod' le met à l'épreuve pour savoir s'il est capable de prendre la direction d'un jeu télévisé. C'est le moment ou jamais de montrer ce qu'il sait faire.

24

Gabriel a enfilé son déguisement en moins de temps qu'il n'en faut pour le dire. Le voilà en *barrister* : avocat à l'anglo-saxonne avec perruque blanche et robe noire. Théâtral ! Le groupe rassemblé dans la bibliothèque le dévisage et attend qu'il explique le concept.

— Mes chers amis, nous allons jouer à... « Ma langue dans ta poche » !

Frémissements dans l'assemblée. Quelles vont être les règles ? Andrea se sent nerveuse. Elle sait que les choses sérieuses commencent. Dans cette deuxième partie de journée, la prod' attend certainement qu'ils se mouillent pour de vrai, au sens figuré maintenant ! Elle jette un coup d'œil aux autres membres de l'équipe et constate qu'ils n'en mènent pas plus large. Seul Gabriel est comme un poisson dans l'eau, détendu. Son sourire creuse les adorables fossettes de ses joues. *Quelle aisance !* s'extasie-t-elle. Il a raison de vouloir se lancer dans les arts du spectacle en parallèle de son métier de barman. L'animation, il a ça dans la peau. Elle est captivée par sa voix et hypnotisée par ses lèvres qui s'agitent.

— « Ma langue dans ta poche » a un nom évocateur, puisque son objectif est d'amener chacun de nous à commettre un maximum d'indiscrétions. En gros, le jeu va pousser tout le monde à la confidence. Est-on obligé de se livrer ? Non, on n'est jamais obligé de rien. Toutefois, vous vous doutez que se défiler ne peut pas être sans conséquence. Un peu comme dans « Action ou Vérité ». Avec quelques variantes plus croustillantes…

L'intonation espiègle inquiète Andrea sur la teneur des variantes. Les darons s'agitent sur le grand canapé. Beaucoup d'excitation et de nervosité ! Gabriel montre sur la table à côté de lui un jeu de cartes cinq fois plus grand que la normale. Certainement un *deck* conçu sur mesure par la prod'.

— Chacun à votre tour, vous allez venir piocher une carte *Question au Daron*. Vous avez le choix d'y répondre avec sincérité ou bien d'esquiver. Dans le deuxième cas, vous serez alors soumis à un gage que vous découvrirez en piochant une carte *Daron en Action*.

Il semble avoir encore quelque chose à ajouter et ménage ses effets comme un vrai professionnel.

— Et si jamais vous ne voulez pas non plus vous soumettre au gage qui vous est donné, alors vous serez condamnés à… ça !

Il soulève un voile étendu sur un plateau et révèle des sortes de bouchées culinaires présentées sous forme de sucettes. De mystérieuses boules enrobées d'un nappage multicolore, piquées sur un long bâtonnet.

— Il vous faudra manger l'une de ces sucettes mystères à l'aveugle, sans connaître leur goût. Je ne vous cache pas que c'est prendre là un risque énorme, car certaines sont délicieuses, et d'autres sont si abjectes qu'elles pourraient hanter votre palais jusqu'à la fin des temps !

Brouhaha troublé dans l'assistance.

— Voyons voir qui commence…

La prod' a installé un écran géant dans la pièce. La tête de chaque participant s'affiche dans une case de couleur particulière. Gabriel appuie sur le bouton virtuel et l'algorithme se lance pour décider du premier candidat. La lumière s'allume alternativement d'un visage à l'autre, et le hasard s'arrête sur la case jaune de Myriam.

— On l'applaudit pour l'encourager ! Viens piocher une carte !

Elle s'approche à reculons, rouspète de passer en premier, minaude pour choisir une carte. Enfin, elle tire et lit la question à haute voix.

— Que pensez-vous de votre rôle de parent ?

Elle semble plongée dans des affres de réflexion.

— Alors Myriam, la vérité ou le gage ? demande Gabriel, un brin impatient.

Il sait combien le tempo est important dans un jeu télévisé. Il ne faut pas qu'il y ait trop de longueurs ! S'il veut faire ses preuves comme futur animateur, il doit montrer qu'il sait gérer.

— Myriam ? relance-t-il pour la pousser à se décider.

Elle se tortille encore.

— La vérité ! finit-elle par dire. Je n'ai aucune raison de garder ma langue de daronne dans ma poche. Être parent, c'est un rôle for-mi-dable ! Vraiment très épanouissant ! Chaque jour de ma vie, je bénis le ciel d'avoir eu des enfants et...

Une intense sirène retentit et la fait sursauter. Sony la Boule jaillit du sol et répète de sa voix robotique : « Soupçon de langue de bois. Réponse invalidée ! »

Gabriel se tourne vers elle avec une tête faussement effondrée. Effet comique réussi.

— Je suis désolé, Myriam, mais Sony n'accepte pas ta réponse ! Veux-tu revenir sur ta déclaration pour dire la vérité et rien que la vérité, ou préfères-tu piocher une carte *Daron en Action* ? s'amuse-t-il.

Myriam serre les lèvres. Drapée dans son rôle de mère parfaite, elle refuse de reconnaître publiquement les inévitables difficultés du métier de parent. Elle souhaite encore moins se discréditer en participant à un gage grotesque.

— Non, je préfère manger un de ces machins.

— Qu'à cela ne tienne ! Fais-toi plaisir, ironise Gabriel, en animateur presque content que quelqu'un subisse la punition espérée pour maintenir l'intérêt et la drôlerie du jeu.

Elles sont toutes les mêmes, à part la couleur du nappage, et rien ne laisse présager de leur goût. Elle en porte une à sa bouche. La caméra de la prod' réalise un gros plan tandis que son visage se décompose en une grimace d'un suprême dégoût. Elle recrache un machi-macha et provoque l'hilarité générale.

— Aïe, aïe, aïe ! Pas de chance ! Tu es tombée sur la boulette au *surströmming* !

— Qu'est-ce que c'est que ce truc ?

— C'est un délicieux hareng fermenté pendant plusieurs mois… au moins.

Le visage de Dame Myriam se décompose avec des mimiques de dégoût et des jérémiades. Éclate alors un rire truculent, si guttural et intense qu'il surprend tout le monde. Les regards se tournent vers… Marie-Jo ! Hilare, prise d'un fou rire incontrôlable, son visage est transformé par mille fossettes, et les yeux brillants de larmes. Elle est méconnaissable ! Le gage, le piquant du jeu ont dû réveiller une lointaine part d'insouciance. L'allégresse a effacé, l'espace d'un instant, le masque de responsabilité et de sérieux.

Extraordinaire ! se dit Gabriel, captivé par la métamorphose. *Elle est belle quand elle est en joie.* Son fou rire, ultra contagieux, gagne le groupe en un rien de temps. Seule Dame Myriam se débat avec ses doigts pleins de *surströmming*, dont l'odeur pestilentielle lui donne des haut-le-cœur. Son mari lui-même se mord la joue pour ne pas rire et, par solidarité, va lui chercher un verre d'eau.

Une fois le calme à peu près revenu, Gabriel rappelle au groupe l'importance de dire la vérité, toute la vérité et rien que la vérité. Il s'adresse ensuite à Sony pour relancer le tirage au sort du prochain candidat. Les photos clignotent de nouveau sur l'écran. La photo de Myriam s'est éteinte. Et cette fois-ci, c'est au tour de Roland, sur fond vert.

— Alors ? Prêt à délier ta langue ou bien à jouer le gage du *Daron en Action* ?

Il hésite puis opte pour *Daron en Action*. Il tire une carte avec appréhension.

— « Rejouez une scène de dispute habituelle entre vous et vos enfants. »

— Ah ! De l'impro ! Vas-y, Roland, on te regarde.

Andrea doute que Roland ose. Elle ne l'imagine pas capable d'un tel lâcher-prise. Hébétée, elle constate qu'elle se trompe. Non seulement il se met à jouer, mais en plus, il excelle.

Roland mime d'abord une porte d'entrée, qu'il ouvre virtuellement. On comprend qu'il porte une mallette. Un attaché-case. Visiblement, il rentre d'une journée de travail. Il frappe à une porte.

— *Bonsoir, Malo.*

Roland change de peau pour jouer son fils qui ne lève pas les yeux de son écran.

— Il ne vient pas t'embrasser ? souffle Gabriel, étonné.

— Non, jamais.

— Excuse-moi, continue.

Roland poursuit en faisant fi de l'interruption.

— *Tu as fait tes devoirs ?*

— *T'inquiète, je gère.*

Il mime son fils de seize ans, qui répond sans décrocher les yeux de son écran. Des yeux comme hypnotisés par les images pulsatiles envoyées par le jeu vidéo.

— *Ça pourrait être pas mal que tu ranges. Je te rappelle que les vieux bouts de pizza poussent très mal sur la moquette !*

— *Très drôle, mais là, j'peux pas, chui en partie...*

Roland mime la manette qui s'agite avec hystérie.

— Je te préviens, si tu n'arrêtes pas à trois, je débranche le wifi ! Un, deux...

Roland imite le gamin qui lève enfin des yeux implorants vers son père et prophétise une crise d'apoplexie.

— Si tu fais ça, je meurs !

— Ça ne m'impressionne pas ! Un, deux, tr...

— Si tu fais ça, je m'ouvre les veines !

— Le chantage affectif ne marche pas non plus, bien tenté. Un, deux, tr...

— Une dernière partie et je jure que je m'arrête !

— Tu jures ?

— Je jure.

— Sur la tête de ta mère ?

— Sur la tête de ma mère !

Daronner, c'est parfois transiger. Et Roland mime la poignée de main qui scelle l'accord entre le père et le fils.

Le groupe applaudit sa performance inattendue. Roland s'est vraiment laissé aller ! *C'est fou les a priori qu'on peut avoir sur les gens*, se dit Andrea, impressionnée. *Je n'aurais pas cru qu'il puisse avoir autant d'autodérision et d'humour !*

— Être daron, ça rend humble, ajoute Roland tout en regagnant sa place. Pendant tant d'années, j'ai été intransigeant sur les devoirs, psychorigide sur les horaires, tout le temps sur le dos de mon fils pour qu'il performe à l'école. Et je me suis rendu compte que j'étais en train de casser notre lien. Je suis toujours exigeant, mais j'ai mis de l'eau dans mon vin !

— Les jeux vidéo, c'est une calamité ! intervient Myriam non sans une pointe de jugement.

— Et à la fois, c'est une soupape ! répond Roland. J'ai mis beaucoup de temps à accepter que mon fils serait différent de moi : pas scolaire, il ne sera jamais un intellectuel. Et après ? J'ai compris qu'il trouverait sa propre voie, en étant lui-même...

— Mais est-ce que ce n'est pas un peu une démission ?

L'intervention de Cindy met le feu aux poudres dans la conversation et le débat s'anime. Gabriel se doute que la prod' lui a demandé de trouver le moyen de créer du divertissement. Il calme les esprits, puis Sony désigne un autre candidat qui devra s'avancer pour jouer.

— J'appelle à la barre… Andrea ! s'écrie Gabriel.

Elle n'a aucune envie de se donner en spectacle, alors elle choisit spontanément : *Question au Daron*.

— Tu l'auras voulu ! dit-il en lui tendant le gigantesque paquet de cartes.

Ils échangent un regard complice. Celui de Gabriel se veut rassurant, pour atténuer son stress. Les doigts d'Andrea hésitent. Elle appelle secrètement la chance pour ne pas tomber trop mal…

— « Avez-vous déjà eu envie de jeter l'éponge en tant que parent ? »

Elle déglutit. Elle sait que l'émission est enregistrée dans les conditions du direct, donc tout ce qu'elle dira maintenant sera vu et entendu par ses enfants et son mari. Néanmoins, si elle a accepté de participer à cette émission, ce n'est pas pour être consensuelle. Elle en a assez des non-dits. Elle étouffe dans le rôle qu'elle joue sans broncher depuis des années, sans jamais obtenir la reconnaissance escomptée. Alors, elle se jette à l'eau.

— Oui… Oui, ça m'est arrivé, de nombreuses fois.

Silence de plomb dans la pièce. La révélation d'Andrea tombe comme un pavé dans la mare.

— Il m'est même arrivé de prendre la voiture, de partir sans rien dire, de rouler sans savoir si je reviendrais. Je pense que, quelque part, cela a évité à la cocotte-minute d'exploser ! Chaque fois, je suis revenue sans que ma famille s'aperçoive que j'étais partie. Parfois, j'étais dans un tel état que, je le jure, j'aurais pu disparaître et faire en sorte qu'ils ne me retrouvent jamais.

Gabriel, ému des révélations d'Andrea, a du mal à trouver les mots pour enchaîner. Il balbutie des remerciements pour sa franchise et son partage touchant. Puis, pour détendre l'atmosphère, il lui propose de goûter une petite sucette surprise.

— Non merci, sans façon, sourit-elle faiblement en regagnant sa place.

— Ne le prends pas mal, mais il ne fallait pas faire d'enfants si tu ne les supportes pas ! intervient Myriam sans pincettes.

Andrea en reste bouche bée et ne trouve rien à lui répondre tant elle est estomaquée par sa réplique tranchante. Ces épisodes de *daronnalgie* ont été si douloureux pour elle, et quel parent n'a pas connu ces grands moments de solitude et de détresse ? Elle n'en revient pas que Myriam ose la juger. Mais celle-ci ne s'arrête pas là.

— Regarde ton amie Karen : elle au moins, elle assume ses choix ! Elle a décidé de ne pas avoir d'enfants parce qu'elle savait qu'elle ne saurait pas s'en occuper. Moi, je pense qu'il faudrait mettre en place un permis de procréer, c'est vrai quoi !

Un gros malaise plane dans la pièce. Tout le monde s'est statufié et guette les conséquences de ces propos explosifs. Même son mari lui jette un regard choqué. Finalement, Karen se lève dignement et toise Myriam.

— Qu'est-ce qui te dit que c'était un choix de ne pas avoir d'enfants ?

Gabriel entend dans son oreillette les réactions des producteurs. « C'est très bon, ça ! Gros plan sur Karen ! Mettez de l'huile sur le feu, Gabriel ! »

Il sait que, mettre de l'huile sur le feu, c'est pousser Karen à trahir son secret, et cette idée lui déplaît souverainement…

— Karen, c'était bien ton choix de ne pas avoir d'enfants ? insiste-t-il à contrecœur.

Gabriel la voit se décomposer sous ses yeux. Il déteste le rôle qu'il est en train de jouer.

— Non.

— Tu es stérile alors ! lâche encore Myriam, inconsciente de son manque de tact absolu.

Le reste du groupe s'insurge.

— Un peu de délicatesse, tout de même ! s'exclame Roland, révélant les bons côtés de son éducation *old school*.

— Ce n'est pas grave, répond Karen, dont le visage devient pourtant exsangue. Non, je ne suis pas stérile.

Elle prend une profonde inspiration pour se donner du courage.

— Je suis une parange…

— Une quoi ? demande Myriam d'une voix suraiguë.

Incapable d'en dire plus, Karen quitte la pièce, prête à fondre en larmes. Andrea se lève et se précipite pour la réconforter, suivie de près par Frisbee, aboyant comme un furieux, en réaction aux ondes de détresse qu'il a ressenties.

— Espèce d'idiote ! lâche-t-elle à l'intention de Myriam.

— On a quand même le droit de poser des questions, non ? se défend-elle.

Marie-Jo sort alors de son silence. Elle connaît parfaitement tout ce qui touche à la maternité.

— Une parange, c'est le nom qu'on donne à une maman qui a accouché d'un enfant qui n'a pas survécu…

Dans l'oreillette, Gabriel entend l'ordre de trouver une manière de boucler cet épisode tumultueux et de finir sur une note plus joyeuse. Maudite prod' ! Ils sèment le chaos, et ils voudraient d'un claquement de doigts revenir à une ambiance cotillons-ukulélé.

— Je crois qu'on va demander à Sony de nous envoyer nos statues humaines préférées pour nous servir à boire : on a besoin d'un bon remontant après toutes ces émotions ! Allez ! On avance l'heure de l'apéro et on vous quitte en musique ! À vous les studios !

Dans l'oreillette, il reçoit les félicitations de la prod' et rend l'antenne. Tout ça lui a donné la nausée ! Il est secoué par les révélations de Karen, choqué par l'attitude de Myriam… Mais en vérité, c'est à Andrea qu'il pense. Il ne supporte pas de la savoir malheureuse dans sa vie de famille. Il ne comprend pas pourquoi son mari et ses enfants n'ont pas mieux pris soin d'elle… Il aimerait pouvoir la rejoindre immédiatement pour savoir comment elle va. Malgré tout, il est tenu de rester dans son rôle et ne doit pas montrer ses considérations envers Andrea. Alors il se force à rester aux côtés de Cindy. Elle surjoue le couple et n'hésite pas à en faire des tonnes. Elle s'amuse à lui passer la main autour du cou ou de la taille, l'embrasse à tout bout de champ, l'appelle par des petits noms ridicules. Combien de temps arrivera-t-il à supporter tout cela ?

25

Suzanne se réveille en sursaut. Le cauchemar est revenu. Le corps lourd de Nicolas pesant sur elle… La douleur perçante dans son corps. L'horreur de cet homme écartant ses cuisses pour la chevaucher. Son incapacité à hurler et à le repousser, comme bâillonnée par une stupide fierté : la peur d'avouer qu'elle n'avait jamais fait l'amour et que, finalement, elle ne se sentait pas prête, surtout pas comme ça, sur un coup de tête, avec ce garçon qu'elle n'aimait pas. Elle avait serré les dents jusqu'au râle final. Il l'avait prise sans égards, sans se soucier d'elle un instant, concentré sur son seul plaisir. Lorsque, enfin, il avait roulé sur le côté, elle avait senti tous ses membres trembler. Elle avait couru aux toilettes et s'était précipitée pour plonger ses doigts dans son intimité, piteuse manière de vérifier les dégâts. Ils étaient ressortis teintés de rouge. Quand elle était revenue dans la pièce, Nicolas était allongé sur le côté, accoudé, et l'attendait avec un étrange sourire. Sa main s'amusait à caresser la tache écarlate sur le drap blanc.

— Tu vois, je ne m'étais pas trompé quand je disais que tu étais pucelle.

Elle avait eu envie de le frapper, s'était contentée de le traiter de gros con. Il avait essayé de la retenir.

— Le prends pas mal ! C'était pas méchant ! Reviens !

Elle s'était enfuie par les escaliers et avait attendu d'être dans la rue pour éclater en sanglots. Elle avait à peine eu le temps de se rhabiller. La fermeture éclair de sa robe bâillait encore. Et elle allait devoir traverser la ville toute seule à cette heure tardive, se mettant possiblement en danger ! Elle s'était traitée de tous les noms, furieuse d'elle-même, et avait rasé les murs et priant pour qu'il ne lui arrive rien. Le trajet de retour lui avait paru durer une éternité. Elle voyait une menace à chaque coin de rue et les ombres qui dansaient dans la nuit semblaient prêtes à la poursuivre. Elle avait fini par rentrer saine et sauve. Mais bouleversée. Elle aurait tant eu besoin de réconfort !

Dans les jours qui avaient suivi, Suzanne avait voulu se confier à sa mère. À la place, elle s'était montrée odieuse.

Ce comportement était une manière inconsciente de la faire payer, elle qui l'abandonnait pour vivre une expérience incroyable à la télévision, au moment même où elle aurait eu cruellement besoin de sa disponibilité. Elle ne pardonnait pas cet égoïsme, quoique loin d'être habituel.

Suzanne sait que c'est injuste, mais elle n'y peut rien. Son mal-être prend le dessus. En soi, ce n'est pas nouveau. C'est même antérieur à l'épisode de Nicolas. Pourquoi a-t-elle ressenti le besoin de mettre les nerfs de sa mère à rude épreuve durant de longues années ? *Peut-être parce qu'elle est trop sur mon dos ?* songe-t-elle en s'extirpant du lit. *Parce qu'elle passe son temps à me répéter ce que je dois faire. Range, révise tes cours, ne rentre pas trop tard !*

Suzanne ne supporte plus d'être maternée et a envie de voler de ses propres ailes. Seulement voilà… Elle doit reconnaître que ses ailes sont encore fragiles. Ce matin, elle a mal. Très mal. Impossible de raconter à sa mère l'affaire avec Nicolas. Impossible de dire tout ce qu'elle a sur le cœur. La peur, le dégoût… La violence de cette première fois, qu'elle a décidé de vivre pour de mauvaises raisons.

Devant les autres, à l'école, elle porte un masque qui sourit et qui parle. Mais à l'intérieur d'elle-même, le vide est immense. C'est comme un précipice dans lequel elle est sur le point de tomber. Elle ne peut même plus prendre Nola comme confidente, puisque sa meilleure amie semble ravie qu'elle ait perdu sa virginité, heureuse qu'elles soient désormais sur un pied d'égalité. Suzanne ne voit pas comment la détromper. Elle se sent incapable pour l'instant de lui dire la vérité. Quant à se confier à son père, jamais de la vie !

Sa mère est partie depuis une semaine, et au fil des jours, la colère de Suzanne s'est dégonflée, remplacée par un immense besoin de tendresse et de réconfort. Elle n'a plus qu'une envie : aller la trouver, qu'elle lui ouvre ses bras et la serre longuement contre sa poitrine chaude, comme quand elle était petite. Mais elle est bien loin, absente pour encore cinq semaines. En outre, elles se sont beaucoup éloignées ces derniers mois, à cause de son attitude désastreuse d'ado mal lunée. Est-ce que sa mère accepterait d'accueillir sa détresse ? Peut-être qu'elle l'engueulerait. Ou pire, qu'elle la rejetterait.

Allongée dans sa chambre, les yeux hagards dans lesquels le souvenir du cauchemar n'est pas encore dissipé, Suzanne se dit qu'elle préférerait les remontrances de sa mère à cet éloignement. Elle avait cru n'avoir plus besoin d'elle… Il faut reconnaître qu'elle s'était lourdement trompée.

La sonnerie du réveil retentit de nouveau. Suzanne a envie de matraquer l'objet et de l'envoyer valser à travers la pièce. Elle voudrait se rouler en boule sous la couette et ne plus jamais sortir de son lit. Malheureusement, le retour sur terre est inévitable. Il est temps de se rendre au bahut. Elle se prépare en mode zombie et file pour ne pas être en retard. Arrivée devant le lycée, elle observe une agitation inhabituelle. *Qu'est-ce que c'est que ce regroupement ?* se demande-t-elle.

En s'approchant, elle aperçoit une équipe de télévision en train d'interviewer des lycéens. Il y a un grand bonhomme avec une casquette qui tient une perche pour le son, un autre avec un blouson en cuir, caméra à l'épaule, et une femme en tailleur et talons rouges, micro à la main, qui pose des questions. Elle s'adresse à l'un de ses camarades de classe.

— Tu t'appelles Théo, n'est-ce pas ? Alors, est-ce que tu as regardé la nouvelle émission de téléréalité, la Darons Academy ?

— J'avoue, j'ai jeté un œil ! En vérité, je voulais pas, mais, truc de dingue, ce sont mes parents qui m'ont piqué la télécommande pour regarder le programme ! Je les ai chambrés, mais ils m'ont répondu qu'ils regardaient par *curiosité intellectuelle*. Ça m'a bien fait rigoler…

— Et qu'est-ce que tu as pensé de ces darons qui laissent leur famille plusieurs semaines pour s'offrir une parenthèse comme celle-là ?

Suzanne regarde son pote faire le coq devant la caméra et réprime un frisson d'agacement.

— Moi, si j'étais à la place de leurs enfants, je serais dégoûté ! Enfin, la moindre des choses, ç'aurait été qu'ils les emmènent pour qu'ils profitent aussi du bon plan.

— Et est-ce que tu t'es déjà demandé si, pour tes parents, le bon plan, ça pouvait être justement de prendre des vacances de toi ? s'amuse la journaliste.

L'ado rit jaune.

— Je reconnais que ça doit pas être tous les jours évident d'être parents, mais bon, c'est leur taf, non ?

— C'est peut-être là le cœur du débat, tu ne crois pas ? Jusqu'où les parents doivent-ils se sacrifier pour leurs enfants ? Est-ce qu'ils doivent aller jusqu'à s'oublier et tout leur donner, quoi qu'il advienne ? C'est ça qui te semble normal ?

Suzanne bouillonne et ne peut s'empêcher d'intervenir. Elle saute devant la caméra.

— Moi, en tout cas, ce que je peux dire, c'est que le rôle des parents c'est d'être là quand on a besoin d'eux ! Sinon, c'est pas des bons parents !

Sa véhémence surprend la journaliste, cependant intéressée par cette prise de position tranchée.

— Oh ! Merci, mademoiselle, pour cette intervention… Et vous êtes ?

Son pote de lycée répond à sa place :

— Suzanne ! D'ailleurs, sa daronne fait partie du château ! C'est Andrea, vous savez la candidate aux cheveux roux bouclés trop sexy dans la piscine avec son petit maillot de bain échancré…

Elle frappe le mec de sa classe sur son blouson et lui interdit de parler comme ça de sa mère.

— Bah quoi ? C'est pas ma faute si ta mère fricote à la télé avec le Gabriel. Ah, ça, il doit être content, ton père !

Suzanne voit rouge. Elle en veut à la terre entière, maintenant. Est-ce que sa mère se rend compte dans quelle situation elle la met ? À cette information, la journaliste saute sur l'occasion pour tenter de l'interviewer.

— Est-ce que tu aurais un moment à nous consacrer après tes cours ? demande la femme en tendant sa carte de visite.

Révoltée, elle l'envoie bouler et se met à courir dans l'enceinte du lycée. Elle interpelle un surveillant.

— S'il vous plaît, monsieur Reynard, pouvez-vous empêcher ces journalistes de nous harceler ? Ils n'ont rien à foutre ici !

— Calme-toi, Suzanne. Rentre en cours et je vais leur demander gentiment de ne pas rester dans les parages.

— Merci, monsieur Reynard.

Son pote Théo la rejoint dans les escaliers.

— Eh ! T'as mangé du lion ce matin ou quoi ? Désolé pour ta mère ! Moi, je trouve ça cool qu'elle profite un peu…

— S'il te plaît, Théo, ta gueule ! répond-elle aussi aimablement qu'une porte de prison.

Le garçon n'insiste pas. Les filles, maintenant, il ne faut pas trop les chercher, sinon elles insultent ou elles bastonnent.

Suzanne s'assoit au fond de la classe. La place du dormeur. Mais elle a les yeux grands ouverts. Le professeur s'y trompe et la croit attentive. Pourtant, dans ses pupilles, le film de son cauchemar enchaîne les séances de projection…

26

Andrea avait eu toutes les peines du monde à convaincre Karen de ne pas quitter l'aventure. À la suite de l'épisode désastreux de « Ma langue dans ta poche », et après avoir confessé être une parange, Karen s'était retrouvée submergée d'émotions. Elle revivait malgré elle le traumatisme de son enfant mort-né. Andrea l'avait tenue longtemps dans ses bras et l'avait bercée doucement jusqu'à sentir un certain apaisement. Avec Frisbee, ils avaient été de bons partenaires pour la calmer. Le petit chien n'avait pas son pareil pour sentir les états d'âme de sa maîtresse et se montrait d'une gentillesse et d'un dévouement hors norme. Inlassablement, il lui apportait son affection, venait lécher ses mains comme il l'aurait fait avec ses congénères, puis s'installait en boule contre son ventre, comme s'il connaissait l'endroit de toutes les souffrances de Karen et son syndrome du ventre vide.

— Je t'en prie ! Ne me laisse pas ! Sans toi cette aventure n'aurait plus aucun sens, avait supplié Andrea.

— Je ne sais pas si j'en aurai la force… Vous avez tous des enfants, ici, et je ne vois pas où est ma légitimité.

— Ne dis pas des choses comme ça ! Ta légitimité est aussi grande que celle des autres ! Pour moi, *daronner*, c'est prendre soin d'un autre être, l'accompagner, l'éduquer, l'aimer… Un daron, une daronne, c'est quelqu'un qui sait donner de sa personne, être là pour l'autre, un enfant, un ami… Et oui, par extension, un animal ! Comme toi avec Frisbee. Tu veilles sur lui pour qu'il ne manque de rien, qu'il soit en bonne santé et heureux. Tu l'éduques pour que son lien social avec les humains et les autres copains canins se passe bien. Alors tu vois, toi aussi, tu *daronnes* !

Des larmes avaient perlé au coin des yeux de Karen.

— Ça me touche, ce que tu dis. Mais on sait toi et moi que ce n'est pas pareil. Ce n'est pas grave… De toute façon, j'ai fait une croix sur la maternité. Après une expérience aussi traumatisante, je n'aurais pas la force de me relancer dans une telle aventure. Même si je réussissais à tomber enceinte de nouveau, toute ma vie j'aurais peur qu'il lui arrive quelque chose. Et si c'était le cas, je n'y survivrais pas.

Andrea l'avait regardée avec tendresse et n'avait pas cherché à la convaincre de quoi que ce soit. Elle respectait sa décision, et ses arguments étaient tout à fait entendables. Néanmoins, elle tenait à rassurer son amie.

— La vie réserve parfois de jolies surprises, même quand on a cessé d'y croire. Et puis, peut-être bientôt un nouvel amour ?

— J'ai du mal à faire confiance depuis qu'Augustin m'a quittée, après le drame…

— Petit à petit, tu rouvriras ton cœur. Laisse-toi un peu de temps.

— Je n'ai pas envie de souffrir encore !

Andrea avait caressé doucement ses jolis cheveux blonds, comme elle le faisait autrefois avec les cheveux de Suzanne.

— Refuser de souffrir, quelque part, c'est aussi refuser de vivre. Vivre est un risque à prendre.

Karen avait souri à travers ses larmes.

— Je ne te savais pas si philosophe.

Andrea avait ri.

— Quand on travaille à l'hôpital, on voit de drôles de choses. Alors, on finit par développer une autre vision de la vie…

Elles s'étaient serrées dans les bras longuement.

— Jamais personne ne m'a dit des mots aussi gentils. Merci, Andrea. J'ai de la chance de t'avoir rencontrée.

— J'ai de la chance, moi aussi ! Tu sais… Je n'ai pas beaucoup d'amis. Je me rends compte que, depuis mon mariage avec Marc, au fil des années, j'ai fait le vide autour de moi. Son tempérament n'a pas collé avec mon cercle amical d'autrefois. Et puis, j'ai dû le suivre en région parisienne, et je n'ai plus eu ni trop le temps ni d'occasions de rencontrer de nouvelles personnes.

— Oui, mais maintenant, on est là l'une pour l'autre.

Elles s'étaient souri, heureuses de leur complicité. Puis elles avaient décidé de rejoindre le reste du groupe.

Le lendemain, la prod' avait donné les premiers résultats des votes de popularité du public et Karen arrivait en tête ! Suivie de près par Andrea. Les autres membres du groupe les avaient félicitées, mais les mots sonnaient faux dans la bouche de Myriam, outrée que la seule qui ne soit pas un parent soit en tête du classement. Myriam s'était rapprochée de Marie-Jo, avec qui elle partageait un certain sens du devoir, et elles échangeaient sur les règles d'or pour éduquer correctement les enfants.

— Le problème, c'est qu'on leur passe tout ! Et on finit avec une génération d'enfants gâtés qui n'a plus le moindre sens de l'effort ni du sacrifice.

— Chez moi, c'est simple : il n'y a aucun écran. Ça résout le problème.

— Je t'admire, Marie-Jo ! Avec les miens, il n'y a pas eu moyen. Cela aurait provoqué un soulèvement digne des Chouans !

— Je n'ai pas trop de mérite, avait confessé Marie-Jo. Étant mère célibataire, seule avec quatre enfants, je n'ai tout simplement pas les moyens de payer des téléphones, ni des ordinateurs.

Lolo s'était greffé dans la conversation et avait mis son grain de sel.

— Tu devrais surtout penser plus à toi ! Ça te réussit, de décompresser. Tu as changé de tête depuis que tu es arrivée ici.

Marie-Jo était touchée par l'amitié que lui offrait Laurent depuis l'épisode du fou rire. Il l'avait en quelque sorte prise sous son aile, comme pour lui inspirer diverses pratiques de fun et de légèreté.

— Avec toi, je suis à bonne école, pour la détente ! avait-elle ri avec reconnaissance.

— Oui, enfin on sait que ce n'est pas la vraie vie…

— Sois pas rabat-joie, Myriam ! Pour l'heure, on profite à fond. Et ce n'est pas dit que Marie-Jo n'ait pas envie d'instituer certains changements à la sortie, hein, Marie-Jo ?

Elle avait acquiescé, un sourire heureux flottant sur ses lèvres minces. Peut-être avait-elle déjà réfléchi à des nouveautés à mettre en place au retour de ce séjour, pour se réapproprier sa vie et alléger sa lourde tâche. Se donner à ses enfants, oui, mais différemment.

Dans l'une de ses nombreuses conversations avec Lolo où elle avait raconté son dévouement quasi sacrificiel pour sa famille, il avait sorti cette réplique : « Descends de ta croix, on a besoin du bois ! » Depuis, elle n'arrête pas d'y penser. Et si Laurent avait raison ? Et s'il était temps qu'elle ait un déclic et qu'elle ose rendre son tablier de mère courage, un rôle écrasant et pas forcément bénéfique à ses enfants ? Que leur apprend-elle sur la capacité au bonheur si elle persiste à n'être que l'ombre d'elle-même ? Quel message leur envoie-t-elle si elle se montre sans arrêt écrasée par la vie, triste et éteinte ? Marie-Jo a terriblement envie de donner un autre modèle d'inspiration.

— Vous croyez qu'on se reverra à la sortie ? demande-t-elle un jour avec l'espoir sincère de garder contact avec son mentor en coolitude.

— Bien sûr ! s'écrie Laurent, décidément touché par cette femme si réservée, qui cache un cœur en or.

— Je te parrainerai dans des clubs, si tu veux, propose Myriam, un brin condescendante. J'ai un réseau très étendu.

Francis regarde la scène de loin. C'est un soulagement pour lui que sa femme se soit fait de nouveaux amis. Il a désespérément besoin d'air. Il profite de ce nouvel espace de liberté pour passer du temps avec Cindy. Son attirance pour elle crève les yeux, et Andrea en est embarrassée pour lui. Mais au moment où elle a cette pensée, en son for intérieur, elle se dit que c'est l'hôpital qui se moque de la charité, car elle-même profite de chaque occasion d'être auprès de Gabriel.

Il faut dire que, dans ce décor de conte de fées où le moindre de leurs désirs est prêt à être accordé, avec cette ambiance de vacances paradisiaques comme une longue garden-party, les esprits se relâchent, se détendent, s'évadent, rêvent… Un doux flottement, un laisser-aller oublié voire inédit, la saveur de s'appartenir, de n'avoir pas les yeux rivés sur l'heure qui tourne, pas de repas à préparer, pas de devoirs à superviser, pas de chamailleries à régler. La casquette d'adjudant-chef a disparu. Ni mari ni enfant pour venir vous solliciter toutes les deux minutes sans même se demander si vous avez besoin de calme ou si vous êtes au beau milieu de quelque chose d'important pour vous. Ici, c'est l'inverse. Ce sont les statues humaines qui sont à votre service pour exaucer vos souhaits. Ici, les concepts parentaux sont inversés : le mot *sieste* prend un tout autre sens. Il n'est plus synonyme de temps calme imposé aux petits. Dans la vraie vie, la sieste des petits signifie pour les parents une assignation à résidence, l'obligation d'attendre le réveil des chères têtes blondes pour reprendre le cours normal de leur vie. Au château, tout est différent ! Les participants expérimentent la *Sieste royale du Daron*. Une expérience de sieste unique, dans une pièce très spéciale de la maison : la chambre bleue. À l'intérieur, chacun peut choisir l'un des hamacs du Nicaragua, le pays des tisserands. Ils portent tous un nom de star : il y a le hamac Brad Pitt, le DiCaprio, le Rihanna… Les murs sont tapissés de ces stars photographiées en train de se prélasser dans l'un de ces hamacs au design fantastique. Un rêve ! Le « siesteux » – néologisme pour parler de l'heureuse personne en sieste – peut, quand bon lui semble, siroter un délicieux mocktail grâce à une paille géante directement reliée à une bonbonne réfrigérante, afin de lui éviter tout effort. C'est grisant ! Andrea se demande comment elle va pouvoir revenir à la vie normale.

Cindy étant occupée avec Francis, Gabriel en profite pour être plus souvent auprès d'Andrea. Dès qu'ils ne sont pas en tournage, ils se baladent côte à côte dans le grand parc et ont de longues discussions, douces et profondes. Andrea songe qu'elle n'a peut-être jamais connu une telle intimité avec Marc, surtout pas aussi vite. Entre elle et Gabriel, tout semble si naturel et fluide ! Chaque instant est savoureux. Par moments, il lui joue la comédie. Des rôles imaginaires. Elle ne se souvenait pas qu'elle savait rire comme ça. L'instant d'après, il improvise la cueillette d'un bouquet de fleurs sauvages qu'il lie avec un brin d'herbe haute, puis lui offre en jouant un gentleman du XIXe siècle. « Madame, veuillez accepter ces quelques fleurs en hommage à votre grande beauté. » Quel comédien ! Il est désarmant, et elle sent son béguin gagner du terrain. Elle se demande où ils en sont dans leur couple, avec Cindy. Andrea la voit flirter ouvertement avec Francis, mais n'est-elle pas en train de faire exactement la même chose ? Est-ce que ce sont les effets du tournage, du château qui les poussent à s'extravertir, à la poursuite de sensations presque oubliées ? Est-ce réel pour autant ? Un signal d'alarme retentit en elle. *Tu devrais rester sur tes gardes,* s'admoneste-t-elle. *Cela ressemble à un joli rêve ! Mais le réveil risque d'être brutal... Dans quelques semaines, tu seras de retour chez toi. Tu retrouveras Marc. La vie recommencera comme avant.*

Gabriel voit une ombre glisser dans les yeux d'Andrea et s'inquiète de ce qui la chagrine.

— Rien... J'avais seulement des petits nuages qui passaient dans ma tête.

Il s'arrête et lui fait face. Il encadre son visage de ses mains et souffle sur son front. Elle rit.

— On m'appelle « le chasseur de nuages » !

Ils sont maintenant tout proches l'un de l'autre. Andrea suspend sa respiration. Elle peut voir les paillettes cuivrées briller dans ses iris sombres. Elle interrompt le contact et recommence à marcher, comme si de rien n'était. L'idylle n'est pas au programme. C'est important qu'elle ne l'oublie pas.

27

Réunion générale dans le salon gris. L'ensemble du groupe a pris son petit déjeuner sous la tonnelle pour profiter de l'été indien. Une table gargantuesque avait été dressée, avec pléthore de fruits frais coupés, de pains aux mille variétés, de viennoiseries à peine sorties du four, et de boissons chaudes à volonté… Un paradis !

Les premières semaines dans le château ont des effets certains sur chaque membre présent, et il flotte désormais dans l'air comme une douce impression de colonie de vacances. Les visages sont détendus, et même Francis et Roland ont enfin troqué leurs chaussures de ville et leurs chemises contre des baskets et des tenues décontractées.

Sony sort inopinément du plafond pour leur parler, ce qui ne manque jamais de faire sursauter les habitants.

— Chers amis darons, je suis heureux de constater que votre séjour se déroule agréablement ! Néanmoins, je vais quand même devoir vous passer un petit savon…

Les uns et les autres se regardent sans comprendre, soudain inquiétés.

— Roland ! Tu as été vu ce matin à 7 h 30 hors du lit ! Inadmissible ! s'écrie Sony avec une voix de paternel fâché.

— Qu'est-ce qu'il y a de mal à ça ? demande-t-il avec un air d'élève pris en faute.

— Tu es ici dans la Darons Academy ! Il est temps pour toi de profiter des privilèges réservés d'habitude aux adolescents. Ainsi, la grasse matinée est de mise. Te sens-tu prêt à apprendre à traîner au lit dignement ?

Roland éclate de rire et accepte. La Boule poursuit :

— Ce qui est valable pour Roland l'est aussi pour les autres ! Nous avons découvert quelque chose de très irritant…

Le groupe est sur le qui-vive. *Quelle étrangeté de se faire engueuler par un robot*, relève Andrea, néanmoins amusée.

— Vous rangez *beaucoup trop bien* vos affaires ! Certains ont été surpris à plier leurs pantalons et leurs tee-shirts. D'autres sont même allés jusqu'à mettre *leur linge au sale*. Ceci ne doit pas se reproduire, on est d'accord ?

Le groupe s'écrie en chœur :

— Ouiii, Sony !

— Je rappelle que c'est le rôle de vos statues humaines de ramasser derrière vous. Vous vous y collez déjà tout le reste de l'année. Ici, l'idée est que vous ne leviez pas le petit doigt ! Je veux vous voir avec un poil dans la main, compris ?

— Ouiii, Sony !

La Boule paraît satisfaite et les félicite pour leur bonne volonté.

— Ce soir, je vous promets une magnifique récréation : une soirée à la belle étoile avec chamallows au feu de bois. Mais d'ici là, vous aurez, pour l'émission de tout à l'heure, un peu de devoirs à faire !

À ce moment-là, les statues humaines apparaissent et distribuent à chacun un bloc de feuilles quadrillées et de jolis stylos-plume.

— Qu'est-ce qu'ils vont encore nous demander ? s'inquiète Lolo, qui aurait volontiers continué à buller.

— Je vais vous demander d'écrire une lettre à vos parents et de coucher sur le papier tout ce que vous auriez eu envie de leur dire sans jamais oser le faire, dit Sony.

— C'est très personnel, ça ! s'offusque Roland. Dans ma famille, on n'exprime pas les choses. La pudeur l'interdit !

— Personne ne sera obligé de lire la lettre à l'antenne. Quand viendra votre tour, ce sera à vous de décider si vous dites ou non à voix haute ce que vous avez sur le cœur. Nous vous donnons simplement un espace d'expression pour mettre des mots sur vos relations familiales. Imaginez combien ce geste fort pourra inspirer les téléspectateurs ! Vous avez des questions ?

— Il faut que ça ait quelle longueur ? demande Marie-Jo, toujours très pragmatique.

— Aussi long que vous le voulez ! Simplement, vous ne pourrez pas la lire entièrement à l'antenne. Il vous faudra alors choisir un passage symbolique…

— Vivement la soirée chamallows ! s'exclame Sandrine, rigolarde.

— Tu m'étonnes ! Je peux copier sur toi ? tente Lolo, affichant son peu de motivation pour l'exercice.

Ces deux-là se sont bien trouvés ! En dehors des questions de parentalité, leurs humeurs sont toujours au diapason. Andrea envie leur complicité. Elle songe avec tristesse à ce que sa relation avec Marc est devenue. Elle se demande ce qu'il se passera à son retour et appréhende. Mais il est trop tôt pour y penser. Elle se force à revenir dans l'instant présent.

Sony souhaite bon courage au groupe et disparaît de nouveau dans le plafond. La trappe claque. Karen s'avance vers Andrea.

— Tu sais ce que tu vas écrire, toi ?

— Holà ! Ce qui me fait peur, c'est plutôt d'avoir trop à dire ! Et je ne suis pas sûre d'avoir le courage de le dire tout haut. Même si mes parents m'ont fait du tort, je ne veux pas les blesser maintenant qu'ils sont âgés.

Cindy vient s'immiscer dans la conversation.

— Joli discours ! Je te rappelle néanmoins qu'on est dans une émission de téléréalité et qu'il y a un gros prix à gagner à la fin. Tu sais comment sont les gens : plus tu balances, plus tu gagnes de l'audience !

Andrea et Karen se regardent, choquées par ces propos.

— Participer à une émission, OK. Mais ce n'est pas pour ça qu'on doit tomber dans de la *trash TV* !

— C'est vous qui voyez, les filles ! Ça laissera plus de place pour les autres…

Elle s'éloigne avec un rictus goguenard.

— Celle-là, elle m'agace depuis le début, je ne sais pas pourquoi ! s'exclame Karen.

— Moi aussi ! sourit Andrea.

Sauf qu'elle, elle sait pourquoi. L'idée que Cindy soit la femme de Gabriel l'insupporte, sans qu'il n'y ait là rien de rationnel.

— Bon, on se donne combien de temps pour écrire la lettre ? Deux heures ?

— C'est pas un peu court ?

— Plus tôt on finit, plus tôt on peut *chiller* !

— Ça y est, tu parles *jeuns*, maintenant ? s'amuse Andrea.

— Je suis bonne élève, j'écoute les conseils de Sony.

Les deux femmes vont s'installer dans un coin du parc pour être tranquilles. Elles trouvent une clairière charmante et improvisent un bureau champêtre. Elles ont emporté un grand drap de bain pour s'asseoir confortablement.

— Tu prends quel arbre ? demande Karen, espiègle.

— Celui-là, il m'inspire !

— Je crois qu'ils vont nous donner leur force pour l'inspiration.

Elles rient toutes les deux et s'adossent contre leur tronc respectif. Elles échangent encore quelques paroles puis, rapidement, le silence s'installe. Elles plongent dans leur passé et cette immersion projette des ombres sur leur visage jovial un instant auparavant. Elles laissent courir leurs mains sur le papier, qui se couvre vite de lignes aussi noires que certains mauvais souvenirs refoulés.

Andrea lève les yeux et aperçoit des larmes dans son amie.

— Ça va, Karen, tu es sûre ?

Elle se lève pour aller près d'elle et tenter de la consoler.

— Parle-moi…

— Je ne sais pas. Ce n'est pas très intéressant. Certainement très banal…

— Ne dis pas ça ! Si cela te bouleverse de la sorte, c'est que c'est vraiment important pour toi. Tu veux me la lire ?

— Un petit bout alors. Je ne crois pas que je le dirai tout à l'heure. Je vais juste brûler la lettre symboliquement. Je n'oserais jamais raconter ça à voix haute.

— Tu sais que tu peux compter sur ma totale bienveillance. Quant au contenu de la lettre, je serai une tombe, je te le promets.

Son amie s'éclaircit la voix, nerveuse de cette confession.

— Cette lettre s'adresse à mon père…

Papa,

Si je devais te représenter par une partie du corps, tu serais un nombril. Une sorte d'œil du cyclone, dévastateur, centré sur ta personne et ce que tu désires. Les moments que je garde en mémoire sont toujours teintés de déception, probablement à l'image de ta déception que je ne sois pas née garçon. Pourtant, j'ai donné tout ce que je pouvais pour être à la hauteur de tes attentes. Tu n'en avais que faire. Tu étais si peu là, trop occupé par ta vie de séducteur pour t'embarrasser de l'éducation de tes propres enfants. Pour tenter de te comprendre, je suis allée chercher en moi des trésors de compassion. J'essayais d'imaginer ce que tu avais pu souffrir dans ta jeunesse, entre un père autoritaire et une mère détachée. Peut-on pardonner à son parent de nous avoir abandonné, saboté ? Depuis, je me soigne, mais mon corps poursuit ses chantages. J'ai continué de vivre, à maintenir un semblant de lien, une relation courtoise, sans affect, décevante, mais de là à te pardonner… Parfois, tu as dit que j'étais dure et injuste. Je te vois encore prendre ton air grave et moralisateur. Effectivement, tu ne nous as pas « vraiment abandonnés » et tu as fait ce que tu as pu. On pourrait dire que tu as brillé dans le rôle du jardinier de ma vie, car mieux que personne tu as su cultiver la graine de l'humiliation. Toujours prêt à semer une petite réflexion, ou une phrase assassine et désobligeante, et dans tes yeux, dans tes paroles, j'étais une mauvaise en tout, une bonne à rien... À cause de toi, je suis partie dans la vie avec une estime et une confiance en moi à zéro. Tu m'as mise à zéro. J'en ai souffert plus que tu ne peux l'imaginer. J'ai cru faire des choix, mais ils n'étaient que le reflet de ma béance affective, des choix qui m'ont conduite à rejouer sans cesse la scène de la dévalorisation : on reproduit toujours ce que l'on connaît. Et pourtant, cette petite graine qui ne trouvait pas grâce à tes yeux a fait son chemin. J'ai bravé les intempéries, les autres jardiniers et leur perversion, j'ai mis du temps, mais je suis sortie de terre. Sur ma route, j'ai trouvé de bonnes étoiles. Elles ont balisé mon chemin de lumière, d'humanité et d'amour, elles m'ont guidée. Comme les chats, je te souhaite d'avoir plusieurs vies et de vivre les autres (allez, au moins une) sous le signe du don, du partage et de l'amour.

Ta fille qui aurait pu t'aimer.

Un silence plane entre les deux amies, puis Karen éclate en sanglots. Andrea la prend dans ses bras. Il n'y a plus de place pour les mots. Elles restent ainsi serrées l'une contre l'autre un long moment.

Karen se calme enfin.

— Je suis désolée ! s'exclame-t-elle. J'ai plombé l'ambiance.

— Pas du tout, ne t'inquiète pas. Je te remercie de ta confiance. C'est une très belle lettre, très émouvante... Et je suis heureuse que tu aies pu te confier.

— Et toi ? Tu veux me lire la tienne ?

— Je… Je n'ai pas fini… C'est difficile pour moi aussi de coucher mes émotions sur le papier.

— Oui, je comprends.

— Je finirai plus tard. Ça va être l'heure du déjeuner. On rejoint les autres ?

Tandis qu'elles marchent en direction du château en foulant l'herbe des vastes pelouses, Andrea se demande si elle aura le courage de révéler devant les autres et la France entière la face cachée de ses parents et de ce qu'elle a vécu quand elle était enfant.

28

Gabriel s'attarde dans la salle de bains encore embuée. Il s'apprête pour la soirée barbecue et chamallows au feu de bois qui devrait leur changer les idées à tous, après la séquence à forte charge émotionnelle de l'après-midi, durant le tournage du jeu « Lettre d'un ex-enfant ». Il sort d'une très longue douche où il s'est frotté énergiquement le corps, comme pour le débarrasser des ondes négatives reçues lors de l'émission du jour. La prod' avait voulu jouer à fond la carte du pathos avec ce déballage de confessions intimes... Le pari était gagné ! On aurait dit une émission de Faustine Bollaert.

La prod' avait donné une clé spéciale aux candidats pour ouvrir une pièce encore inexplorée du château : la chambre jaune, transformée pour l'occasion en salle de classe à l'ancienne. Chacun avait pris place sur un petit bureau d'époque, avec un trou pour l'encrier. Sony – enfin, l'une de ses répliques – était sorti du plafond pour animer la séance comme un maître d'école. Il avait demandé tour à tour à chacun d'eux de venir au tableau, et chaque personne avait décidé de lire tout ou partie de sa lettre à ses parents, ou de se taire à jamais. La Boule avait appelé en premier Marie-Jo. Gabriel était persuadé qu'elle ferait partie de ceux qui ne diraient rien. Il se trompait. Cette femme qu'on aurait pu croire, à son arrivée au château, d'un tempérament réservé irrécupérable, et qu'on aurait pu juger trop hâtivement inexpressive, voire fade, cette femme-là se révélait habitée d'un feu insoupçonnable. Elle avait lu son texte avec une passion qui les avait tous laissés bouche bée. Gabriel en avait encore les poils dressés sur son avant-bras et comprenait enfin d'où lui venait ce caractère peu expansif. Et comment Marie-Jo en était arrivée, pour compenser les manquements de ses propres parents, à devenir une maman qui veut tout donner à ses enfants, jusqu'à s'oublier parfois…

Mes chers parents,

À votre façon de raconter mon arrivée, je n'ai jamais vraiment su si vous étiez contents que je sois là. Je me suis construite sur ce doute. J'avais l'impression que vous ne vouliez pas être dérangés. Alors, je me suis effacée. J'ai essayé de devenir la petite fille sage que vous vouliez avoir, inconsciemment. Celle qui ne pose pas de question, qui reste à sa place, qui sourit tout le temps.

Malgré mes efforts, mon frère était plus intelligent, plus débrouillard, même s'il ne rentrait pas dans votre cadre, avec « son caractère de cochon ». Vous nous avez souvent comparé, je me suis sentie souvent moins bien que lui.

Adulte, je me sens prisonnière de cette petite fille sage, privée de liberté et d'indépendance. Je vous laisse m'envahir. Mes mots et mes émotions ne doivent pas exister. Je n'ai pas le droit à l'erreur. Ce que je suis n'est pas suffisant. Je ne suis pas assez. Papa, ne me dis pas « souris » alors que je suis malade, fatiguée ou triste. J'ai le droit de ne pas aller bien. J'ai fait tout ce que vous me demandiez et j'en suis devenue malheureuse. Parce que je ne savais pas qui j'étais. Parce que je ne connaissais ni mes besoins ni mes émotions. Parce que je n'étais que votre fille.

Aujourd'hui, je suis partie, je me suis éloignée, physiquement, et je vous sens encore trop proches de moi. Je pense comme vous le voudriez, je choisis comme vous le voudriez, je suis comme vous le voudriez.

Je sais que vous m'aimez, et c'est bien réciproque. Mais vous m'avez construite avec vos peurs. Vous vivez dans vos peurs. Tout n'est que peur. Cela m'angoisse, me terrifie. J'aimerais vous en sortir, j'ai déjà essayé, je ne peux rien faire. La seule chose où j'ai un impact est sur moi-même. Alors j'y travaille. Je ne veux pas vous abandonner et pourtant, cela est nécessaire. Je ne peux pas vous sauver, et cela me brise le cœur. Mais je peux me sauver. Cela est difficile, mais j'y mets tout mon cœur.

J'aurais aimé plus d'amour, plus de liberté et plus d'échange. Mais je sais que vous avez fait de votre mieux. Aujourd'hui, c'est à moi de prendre cette petite fille par la main et de lui apporter tout ce dont elle a besoin. Ensemble, on essaye de soigner les blessures de la vie.

Je sais que je ne suis pas à plaindre, mais nous avons tous des blessures propres à notre vécu. J'ai même de la gratitude pour tout ce que vous me permettez d'apprendre et de construire.

Je ne suis plus la petite fille modèle que vous vouliez. J'en suis désolée.

Je vous aime.

Émouvant. Mais c'est bel et bien le témoignage d'Andrea qui l'a le plus bouleversé ! Ses paroles résonnent encore dans la tête de Gabriel. C'est étrange qu'il ait eu l'impression de souffrir pour elle. Comme s'il avait voulu prendre à sa charge un peu de ses blessures d'enfant.

Papa,

Avec toi, j'ai toujours senti que j'étais l'enfant de trop. Je n'étais pas voulue. Je n'étais pas attendue. Je crois que ça t'a mis hors de toi. À cause de moi, tu devais travailler encore plus dur pour ramener de l'argent. Je te privais malgré moi encore plus de ta liberté et des moyens dont tu aurais pu disposer pour te faire plaisir. Je ne peux expliquer le soulagement que j'ai pu sentir en toi dès que j'ai parlé de quitter la maison pour voler de mes propres ailes. Tu ne prends jamais de mes nouvelles. L'oisillon n'a qu'à se débrouiller ! Je crois que tu te contentes de t'assurer par maman que je vais bien. Mais cela ne t'a jamais intéressé d'en savoir plus sur moi. Tu ne me connais pas. Jamais un coup de fil, jamais une invitation. Lorsque je suis tombée enceinte, j'ai eu le vague espoir que cela crée un rapprochement. Quand je t'ai dit « Je vais avoir un enfant », tu m'as répondu « Nous, on va avoir un chien ».

Plus les jours passent, plus Gabriel s'attache à Andrea. Cette femme le touche. Des femmes, il en a connu beaucoup. Dans les milieux artistiques, souvent de très belles plantes à la plastique plus que désirable. Andrea n'a pas ce type de beauté. Il va de soi qu'à côté d'une Cindy-poupée-Barbie, on pourrait la trouver quelconque. Pourtant, sa sensibilité résonne avec la sienne et sa personnalité le captive sans qu'il sache expliquer vraiment pourquoi. Tout à l'heure, l'intervention de Cindy dans la salle de classe avait été très applaudie par le reste du groupe. C'était une bonne comédienne. Elle avait simulé sa rage contre ses parents, avait refusé de lire sa lettre qui n'existait pas, et l'avait brûlée devant les caméras. Le public semblait avoir marché puisque, plusieurs heures après, sa cote de popularité était montée en flèche. Cindy lui avait ensuite confié s'être bizarrement fait remonter les bretelles par la prod'.

— Si tu veux mon avis, ils ne veulent pas que, toi et moi, on ait la moindre chance de gagner le pactole.

Cindy devait avoir raison. Mais il aurait aimé être dans la course pour remporter la cagnotte de l'émission. Une telle somme pourrait tellement changer sa situation vis-à-vis de son fils ! *Qu'importe. Le plus important, c'est de satisfaire la prod' et que tu arrives à les convaincre de ton potentiel d'animateur télé,* se dit Gabriel.

Mais à quel prix ? Il pense à la soirée chamallows à la belle étoile… Pourvu que Cindy ne le colle pas trop pour continuer la mascarade du petit couple ! Ce jeu commence à lui peser fortement. Il n'a qu'une envie : rester auprès d'Andrea, passer du temps avec elle, l'écouter encore raconter son histoire, la voir bouger, rire, s'émouvoir… Gabriel est le premier surpris des sentiments qui naissent en lui. Il croyait avoir oublié. Depuis huit ans qu'il est séparé de la mère de son fils, il n'a jamais eu d'histoire sérieuse. Que des femmes de passage. La vie de couple l'avait déçu et blessé. Sa compagne avait été si critique à son égard ! Jusqu'à lui reprocher d'être ce qu'il était : un artiste. Depuis, grâce à son nouveau mari banquier, elle accédait enfin à la sacro-sainte stabilité dont elle avait tant rêvé. Gabriel aurait voulu que sa femme ait plus confiance en lui et lui laisse le temps de prouver ce dont il était capable. Il avait fini par comprendre qu'à ses yeux il resterait toujours ce comédien gagne-petit dont la carrière ne décollerait jamais.

Il pousse un profond soupir. C'est du passé ! Il a envie de regarder vers l'avant. Et là, maintenant, aller de l'avant, c'est profiter à fond de cette soirée où Andrea sera présente. Il choisit une belle chemise blanche qui met en valeur son teint hâlé. Il prend un soin particulier pour se coiffer. Il propulse une brume de parfum dans l'air et traverse le nuage pour capturer les quelques fragrances nécessaires. Il se dépêche. Il est déjà un peu en retard lorsqu'il croise Sandrine dans les escaliers. Tout à l'heure, Laurent a raconté son enfance de Tanguy et a écrit une sorte de lettre d'excuses à ses parents, pour avoir si longtemps vécu à leurs crochets. Lolo, devenu père à son tour, n'a pas changé et continue de vivre comme un ado, au grand dam de sa compagne, qui s'arrache les cheveux. Lolo est un parent copain et refuse de poser un cadre rigide à ses deux préados. « Ils auront bien le temps de connaître les contraintes de la vie ! », n'hésite-t-il pas à clamer haut et fort. Cela rend Sandrine dingue.

— Alors ? Il est où, ton homme ? demande gentiment Gabriel.

— Je l'ai laissé à la garderie ! plaisante-t-elle.

Ils rigolent de bon cœur et Gabriel sait que Sandrine ne pense pas à mal. Cela se voit comme le nez au milieu du visage à quel point elle est amoureuse de lui.

— Et toi, Cindy ?

Gabriel se trouble. C'est une autre femme qu'il avait en tête.

— Oh, elle doit déjà être à la fête !

Ils s'arrêtent tous les deux à la cuisine, ainsi qu'ils en ont reçu la consigne. Il y a des plateaux de pains surprises à transporter. Sandrine s'en empare, heureuse de se rendre utile.

Elle a meilleure mine que tout à l'heure, quand elle lisait sa propre lettre... Encore une histoire compliquée. Gabriel se demande si quelqu'un a jamais pu vivre une enfance parfaitement heureuse et arriver à l'âge adulte sans blessures. Il en doute fort. Il avait admiré le courage de Sandrine d'oser dire tout haut à ses parents qu'elle voulait juste être leur fille, pas la sauveuse ou la médiatrice de leur couple. Que le triangle infernal devait cesser.

« Je peux vous écouter, vous apporter mon soutien... Mais je ne peux pas vous sauver ! » s'était écriée Sandrine en faisant résonner sa voix dans la salle de classe.

Maman, tant que tu te verras comme une victime, papa apparaîtra comme le bourreau, et moi, la sauveuse (qui porte tout le poids de vos actes manqués ou inachevés). J'aimerais retrouver ma place, être simplement votre fille et non pas jouer tous les rôles à la fois pour combler tes mauvais choix de vie, maman, et compenser ce que tu ne reçois pas, tant tu as besoin de reconnaissance. J'aimerais te dire, sans que tu te braques, ni ne le prennes mal, ni ne m'écoutes qu'à moitié, que tant que ton bonheur dépendra de l'extérieur (de moi, de mon père, du peu d'amis que tu as, des choses matérielles...), tu ne seras jamais heureuse. Cela te crée trop d'attentes, et donc de déceptions. Je sais que tu m'aimes inconditionnellement. Mais peux-tu m'aimer sans pour autant m'étouffer, me posséder, me jalouser, ME MANGER ? Sans vivre ma vie par procuration ? Si seulement tu pouvais apprendre à boire l'eau pure du verre à moitié plein que la vie t'offre, et cesser de créer des tempêtes dans le verre d'eau que tu vois à moitié vide. Et surtout... sans attendre que ce soit moi qui le remplisse pour toi !

Quelle intensité dans le témoignage de Sandrine ! Gabriel s'enquiert de son humeur.

— Libérée ! sourit-elle tandis qu'ils approchent du lieu de campement de la soirée chamallows. Cela m'a fait un bien fou d'enfin pouvoir leur dire ce que je garde sur le cœur depuis des années.

Gabriel regarde les traits lisses et les joues rondes et roses de la jeune femme. Elle a un visage de livre pour enfants, où tout est toujours bien qui finit bien. Un visage qui ne laisse pas présager une histoire familiale si compliquée... On n'imagine jamais ce qu'il se passe dans les familles, derrière les portes fermées.

Ce n'est simple pour aucun enfant de darons.

Groupés autour du grand feu de bois, les candidats accueillent leur arrivée par des acclamations enthousiastes.

— On va pouvoir lancer les hostilités ! s'écrie Roland, d'humeur festive.

Peut-être sa confession intime un peu plus tôt lui a-t-elle ouvert l'appétit. Avec sa lettre, il a donné l'impression de passer à la douane. « Rien à déclarer ! », avait-il dit. « Un père strict qui ne me passait rien, mais qui m'a aidé à pousser droit. Une mère qui ne travaillait pas. Une brave femme. Trop d'enfants pour être vraiment empathique. Mais je n'ai manqué de rien. Si, peut-être parfois. D'un câlin. D'un mot tendre... Et venant de mon père, un compliment de temps en temps n'aurait pas été de trop.

Mais n'ayant rien connu d'autre, cela ne m'a pas trop manqué. Juste un peu. J'ai reproduit le même schéma avec mes propres enfants. Mais ils ne l'acceptent pas du tout. Et je vis un procès presque quotidien sur mon manque de flexibilité et de démonstration. Mes enfants me donnent parfois l'impression d'être un monstre ! J'en souffre, même si je ne le montre pas. Je fais juste comme j'ai appris à faire. Ni plus ni moins. J'en ai assez de ce procès perpétuel... »

Depuis l'épisode de l'après-midi, Roland a eu le temps de changer d'attitude et, clairement, ce soir, il a envie de profiter.

Les statues humaines sont présentes et s'affairent pour entretenir le feu de bois. Rapidement, l'air embaume et les crépitements joyeux donnent le ton de la soirée. La prod' a jonché le sol d'énormes coussins et mis à disposition des couvertures. Gabriel aperçoit Andrea, déjà installée, en train de trinquer avec Karen. Elle porte une robe longue en mousseline blanche et a planté dans ses cheveux une fleur sauvage, trouvée sur le bord du chemin. Elle a juste tressé deux pans de chevelure pour dégager l'encadrement de son visage et laisser ses boucles folles retomber de part et d'autre de ses épaules. Elle est rayonnante ! Il meurt d'envie de la rejoindre, mais s'en empêche. À la place, il se force à discuter avec Roland, soudain intarissable sur le sujet de la féodalité, sans doute inspiré par le château et l'atmosphère alentour. Gabriel jette des regards en direction d'Andrea. Ils se captent. Elle lui fait signe de venir. Trop tentant. Il s'excuse auprès de Roland et rejoint les deux femmes.

Il s'assoit entre elles, surpris par le moelleux des coussins.

— Je ne pourrai plus jamais me relever !

Elles rient aux éclats. Il aime l'énergie festive qui circule. La soirée chamallows prend des airs de nuit mémorable...

29

Grise. Andrea sait quand elle est grise. Elle le sait, car elle ne contrôle plus très bien ses gestes. Elle le sait aussi parce qu'elle explose de rire à tout bout de champ tandis qu'elle suit le petit groupe en direction de la serre où se trouve le jacuzzi. Ses joues sont enflammées par l'excitation et par l'abus de sangria. Il est minuit passé.

Pendant deux heures, ils s'en étaient donné à cœur joie autour du feu de bois. Les confidences étaient allées bon train. Les verres se remplissaient comme par magie. Ils s'étaient même mis à danser frénétiquement. C'était Francis qui avait lancé l'idée de finir la soirée au jacuzzi. Il n'avait aucune envie que la fête se termine, d'autant qu'il s'amusait à flirter avec Cindy sans que sa femme n'y prête attention, trop occupée à refaire le monde avec sa nouvelle grande amie, Marie-Jo. Francis lui avait proposé de se joindre à eux pour leur after, mais Myriam avait décliné l'invitation. Elle souffrait d'un terrible mal de crâne et préférait aller se coucher. Elle n'avait plus l'habitude des alcools « traîtres », saturés de sucre, qui passent presque aussitôt dans le sang. Francis n'était pas surpris. Il connaissait sa femme par cœur. Pourtant, depuis quelques semaines qu'il était ici, l'esprit du château commençait à déteindre sur lui et il supportait de plus en plus mal le côté rabat-joie de Myriam. Ces dix dernières années, il s'était calqué sur son mode de vie plein de « saines habitudes », où les écarts de conduite n'étaient pas de mise. Myriam ne savait pas ce que pouvait être une *excentricité*. Elle était si... adulte ! Voilà pourquoi sa rencontre avec Cindy apparaissait tellement rafraîchissante. Il ne la regardait pas, il la mangeait des yeux ! Comme un affamé devant une boulangerie exhibant des pâtisseries fabuleuses. Il n'arrivait même pas à culpabiliser. Il s'étonnait simplement que Gabriel ne dise rien. Le couple Gabriel-Cindy battait de l'aile, cela sautait aux yeux. Comme le sien... La vie commune est une briseuse de ménage. Mais quel autre choix quand on veut élever des enfants ?

Pour l'instant, Sandrine et Lolo s'en tiraient à merveille. Eux aussi avaient décliné l'invitation au jacuzzi, pressés de se retrouver seuls. *C'est beau ! Ils sont encore amoureux*, avait songé Francis, admiratif. Karen avait abandonné le petit groupe de fêtards, car Frisbee était malade. Il avait mangé un paquet entier de chamallows qui traînait et n'arrêtait pas de vomir. Roland, quant à lui, avait vraiment trop bu, ce qui ne lui arrivait jamais – self-control de daron respectable oblige.

Le voilà qui tente de regagner le château péniblement, soutenu par Marie-Jo, venue à son secours. Elle gronde Roland sur son abus d'alcool, s'inventant une légitimité, et laissant flotter dans son sillage un parfum d'infantilisation dans l'air de la nuit. L'assouplissement de Marie-Jo mettrait encore du temps. C'est plus fort qu'elle, elle doit endosser ce rôle de gardienne du temple de l'exemplarité parentale. Chassez le naturel, il revient au galop.

Le jacuzzi est implanté au beau milieu de la serre. Le groupe des quatre s'extasie du rétroéclairage de l'eau, d'un bleu lagon envoûtant. Les plantes, toutes plus luxuriantes les unes que les autres, forment un écrin exotique enchanteur.

— On n'a pas de maillot ! s'exclame Cindy en pouffant.

— Je crois qu'au point où on en est, on peut se permettre de se baigner en sous-vêtements, rétorque Francis, de plus en plus décomplexé.

— Le dernier dans l'eau a un gage ! lance Cindy en envoyant valser sa robe à une allure impressionnante.

Francis et Cindy se retrouvent dans l'eau en moins de deux. Gabriel tente de rester dans la course, mais sa chemise, dont il n'a pas enlevé assez de boutons, reste coincée au niveau de la tête. Les deux autres redoublent d'hilarité. Il finit par l'arracher dans un cri à la Hulk et s'apprête à se jeter dans l'eau avec son joli boxer noir, lorsqu'il s'aperçoit qu'Andrea est restée sur le bas-côté, et semble hésiter à les rejoindre.

— Andrea, tu viens ?

— Non, je ne sais pas... Je crois que je vais juste regarder.

Il paraît déçu et insiste avec douceur.

— S'il te plaît ?

Comment lui dire qu'elle n'ose pas se déshabiller devant lui ? Surtout après le strip-tease de Cindy, avec son corps magnifique sans le moindre défaut, ce qui est loin d'être son cas. Et cette fois, Andrea n'a pas son maillot de bain magique pour cacher les petits plis de son ventre...

— Je t'aide ? propose Gabriel.

Elle ne peut résister à tant de bienveillance.

Il s'avance d'un pas et lève avec douceur les bras d'Andrea pour enlever sa robe par le haut. Ses yeux glissent sur ses dessous rose perle. Instinctivement, elle rentre le ventre et croise les bras pour tenter de se cacher. Il les décroise et lui adresse un sourire. Il la prend par la main pour la conduire comme une princesse jusqu'au bain bouillonnant, avec une élégance toute chevaleresque, prêt à obtenir un gage.

— Tu as perdu, mon chéri ! s'écrie Cindy. Ça t'apprendra à faire le joli cœur, se moque-t-elle.

— Qu'est-ce qu'on va lui donner comme gage ? s'amuse Francis. Je sais ! Il doit prendre cul sec un shot de tequila ! J'ai ramené la bouteille…

Cindy soupire, insatisfaite.

— C'est sympa, mais pas assez rigolo. J'ai mieux ! Gabriel, tu dois me donner à boire la tequila en bouche-à-bouche !

Gabriel la regarde avec des yeux noirs. Le cœur d'Andrea se serre. Il est difficile de les savoir ensemble.

— Alors, tu te dégonfles ? minaude-t-elle.

Il prend une grande rasade d'alcool fort, bascule la tête de Cindy vers l'arrière et laisse glisser le liquide dans la bouche de sa partenaire, en évitant autant que possible de toucher ses lèvres. Francis applaudit et Andrea l'imite en chassant le sentiment de jalousie désagréable et inapproprié qui l'étreint.

— C'est formidable, cette émission, quand même ! déclame Francis. De se retrouver comme ça, comme des vieux copains…

Andrea voit les pieds de Francis caresser les jambes de Cindy et conclut qu'il a une drôle de notion de l'amitié. Cela étant, elle ne vaut pas mieux, et les échanges de regards avec Gabriel deviennent de plus en plus équivoques et troublants. La température monte au sein du quatuor et personne n'est dupe. *Attirances croisées entre personnes mariées*, songe-t-elle, cynique, mais incapable de résister à l'intensité du moment. Ils jouent à des jeux idiots pour le plaisir de continuer les gages à la tequila. Ça tombe sur Andrea, qui doit passer la gorgée d'alcool à Francis en bouche-à-bouche. Ça n'a pas l'air de déranger Cindy, décidément très ouverte d'esprit. Andrea prend une rasade au goulot et s'approche de Francis. Elle lui attrape le visage avec ses mains, se penche de plus en plus près sous le regard captivé des deux autres et…

— Désolée, je ne peux pas ! déclare-t-elle en s'écartant brusquement. Je ne peux pas…

Son refus ramène tout le monde sur terre. Il plane comme un léger malaise. Il est temps que la soirée se termine. Vexé, Francis dit qu'il va rentrer, qu'il ne veut pas que sa femme s'inquiète. Il sort de l'eau.

— Attends, moi aussi, j'y vais. Je commence à avoir froid.

Cindy s'enroule dans une serviette et se rhabille aussi vite qu'elle s'est déshabillée.

— Le dernier arrivé au château a un gage ! s'amuse-t-elle, infatigable.

Elle sort de la serre en trombe, suivie de près par Francis, qui lui court après pour la rattraper.

— Eh ! C'est pas du jeu ! s'exclame Gabriel, debout dans le jacuzzi, en voyant s'éloigner les deux autres. C'est vrai que ça a drôlement fraîchi…

Il se replonge vite dans l'eau à 38 degrés et prend conscience qu'ils sont seuls, lui et Andrea. Andrea, fragile et désirable face à lui, qui tente de regarder ailleurs, d'ignorer le magnétisme créé par leur proximité. Elle brise le silence par une banalité.

— C'est une soirée folle, tu ne trouves pas ?

— Si.

Il ne la quitte pas des yeux et elle sent une légère panique l'envahir.

— Je… Je suis désolée pour Cindy.

— Tu ne devrais pas l'être.

— Si, quand même…

— Ne le sois pas. On ne peut pas lutter contre ce qui est en train de se passer.

Elle toussote. Il s'est encore rapproché d'elle.

— Et qu'est-ce qui est en train de se passer ?

Il s'avance doucement jusqu'à elle.

— Ça.

Il se penche jusqu'à ses lèvres et s'arrête comme s'il attendait une approbation. Sa respiration devient courte. Andrea ferme les yeux et s'abandonne à ce baiser. Chaud, doux, troublant, exquis, elle est envahie de sensations oubliées depuis longtemps. Le plus marquant, c'est cette intensité. Elle cherche en elle un souvenir similaire, mais n'en trouve pas. Elle songe à Marc et balaye aussitôt son image en même temps que son lot de culpabilité. Il l'a tellement délaissée ces dernières années ! Pourquoi faudrait-il qu'elle se sente coupable ? Elle a envie de se livrer corps et âme aux bras de Gabriel. Ils se cherchent, se découvrent, se caressent, se regardent, se dessinent, s'enlacent, se sourient, se dévorent, se bécotent, se chatouillent, se dévisagent, s'envisagent, s'espèrent, se désirent…

— Viens ! lui dit-il.

Il l'aide à sortir de l'eau et l'enveloppe dans un immense drap de bain. Il la réchauffe.

— Tu as froid ?

Elle fait non de la tête. Il y a des bougies allumées tout autour du jacuzzi. Il s'empare d'une pile de serviettes et improvise un matelas de fortune. Ils s'allongent. Les mains de Gabriel glissent sur sa peau de soie. Au moment de retirer leurs sous-vêtements mouillés, il sent la résistance d'Andrea. Il comprend et se lève pour souffler les bougies. La nuit les enveloppe, complice de leurs ébats secrets.

30

Marc tambourine à la porte de Suzanne. Il essaye d'entrer, mais elle est enfermée à clé.

— Suzanne ! Ouvre ! Qu'est-ce que tu fabriques encore là-dedans ? L'émission va commencer. Tu ne veux pas venir en regarder un bout avec moi ?

— Non ! Laisse-moi papa, s'il te plaît… J'ai juste envie d'être tranquille.

— Tu es sûre ? Moi, je crois que ça te changerait les idées !

— N'insiste pas !

Marc hausse les épaules et s'éloigne en songeant que, décidément, il ne comprend pas grand-chose aux jeunes. Comme chaque soir depuis bientôt cinq semaines, il allume la télévision pour suivre l'épisode du jour de la Darons Academy. Quand il aperçoit sa femme à l'écran, un sentiment surréaliste l'envahit encore. Il ne comprend toujours pas. Il ne reconnaît pas cette personne qu'il côtoie depuis plus de vingt ans. Qui est cette femme, belle et intrépide, drôle et séduisante, qui tient la dragée haute à tous les autres et dont le tempérament se démarque au point de faire partie des favoris des téléspectateurs ?

Ce soir, Andrea est particulièrement jolie. Pas tant par sa tenue, légère et sportive, que par son visage rayonnant. Il ne lui a jamais vu cet air, ou alors il y a très longtemps.

Une telle expression ne peut venir que d'une joie très intérieure, se dit-il… Il est jaloux. Jaloux des candidats de la maison, jaloux des producteurs et de tous ceux qui lui ont changé sa femme, sûrement parce que lui-même n'en a pas été capable. L'émission a dû être tournée un peu plus tôt dans l'après-midi. L'animation du jour est une tournante au ping-pong. Le principe est simple : les participants doivent tenter de rattraper la balle et, en même temps, évoquer en un mot une activité qu'ils détestaient faire avec leurs enfants quand ils étaient petits, sans jamais oser l'avouer. Le perdant est éliminé sauf s'il accepte le gage : raconter l'anecdote d'un souvenir « casse-bonbon » dans sa vie de daron. Karen, qui n'a pas d'enfant, a été nommée arbitre et tient Frisbee sur ses genoux comme un membre du jury à part entière. La partie est endiablée et les premières réponses, les plus faciles, fusent aussi vite que les balles. *Faire des dictées. Jouer à la bataille. Aider au coloriage.*

Puis Andrea lance :

— Aller au parc !

Myriam sèche sur le coup suivant.

— Forcément, Andrea, tu as pris l'exemple le plus évident !

— C'est vrai, ça, renchérit Roland. Quoi de plus barbant que de poireauter des heures au jardin public, pendant que les gosses s'amusent, et qu'on périt d'ennui sans même pouvoir lire ou s'occuper parce qu'on est obligé de les surveiller !

— Ça sent le vécu ! rigole l'arbitre. Désolée, Myriam, tu as perdu. Sauf si tu acceptes le gage ?

Myriam râle et soupire pour la forme. En vérité, elle est ravie d'être éliminée pour échapper à ce jeu où il faut transpirer pour courir après une balle. La partie reprend. Les raquettes chauffent. Il faut encore trouver de nouvelles idées d'activités rasoir avec les enfants.

— Les jeux de société débiles ! crie Lolo.

— Les dessins animés débiles ! réplique sa femme.

— Copieuse ! tance Lolo, qui lui tire la langue en guise de représailles.

C'est au tour de Gabriel.

— Les histoires du soir !

Puis au tour de Cindy.

— Les tutures !

Karen arrête le jeu pour lui demander des explications.

— C'est quoi, pour toi, des tutures ?

— Ben, c'est jouer avec des p'tites voitures ! Je m'ennuyais grave quand je devais jouer à ça avec mon p'tit garçon, et en plus je me prenais plein de postillons sur le visage quand il s'essayait au bruitage moteur avec sa bouche. Beurk !

Karen réfléchit et se tourne vers l'autre membre du jury.

— Qu'est-ce que tu en penses, Frisbee ? On accorde le point ?

Pour toute réponse, le chien pousse un aboiement.

— Adjugé ! La partie reprend.

Les candidats recommencent à tourner autour de la table. Roland frappe un smash. Sandrine, d'ordinaire si conciliante, sort de ses gonds.

— Ah non ! C'est pas du jeu ! Déjà que c'est hyper dur de trouver une idée tout en essayant de rattraper la balle ! Moi, je dis que les smashs doivent être interdits.

Le reste du groupe approuve et se tourne vers le jury pour demander d'adopter la mesure.

— Nouvelle règle du jeu validée. Smash interdit. Le point est remis en ballottage.

La partie reprend de plus belle, les coups s'enchaînent. C'est au tour de Marie-Jo.

— Peindre avec les doigts !

Le jury suspend de nouveau le jeu. Le groupe râle.

— Stop ! s'exclame Karen avec une moue d'incompréhension. Marie-Jo, en quoi c'est détestable de peindre avec les doigts ? C'est plutôt marrant comme activité, non ?

Marie-Jo balbutie, pétrie de culpabilité de n'avoir jamais trouvé plaisir à partager ce type de moment avec ses enfants.

— Je sais… Mais moi, j'ai horreur de ça. Mon côté maniaque, sûrement. Ça en met tellement partout à chaque fois, l'angoisse !

— OK, ça se conçoit ! Accordé.

Et la tournante reprend. Gabriel rattrape la balle, Sandrine aussi. Andrea se positionne mais, aïe aïe aïe, c'est la panne sèche.

— Euh…

Elle est à court d'idées et laisse lamentablement la balle s'écraser deux mètres plus loin, dans l'herbe. Pour ne pas être éliminée, elle doit retrouver l'un de ses souvenirs détestés de parent. Le groupe l'encourage. L'ambiance est bon enfant, propice à la confidence. Elle a une casquette de marque et une robe-short qui lui vont à merveille. Quand elle se concentre, elle a une petite moue caractéristique, qui faisait craquer Marc autrefois.

— Ça y est, je crois que j'en tiens un : écouter des albums de chansons pour enfants pendant sept heures de trajet. Un cauchemar ! J'en ai eu les oreilles qui bourdonnent des jours entiers.

Elle détaille ses impressions désagréables durant de longues minutes. Devant le poste de télévision, Marc se sent mal. Comme c'est étrange de se voir ainsi dépossédé d'un souvenir familial devant la France entière. Il s'en rappelle comme si c'était hier. Les enfants étaient encore petits et ils traversaient la France en voiture pour partir en vacances dans le Sud. Suzanne avait voulu écouter en boucle l'album des *Comptines à chanter*, un cadeau d'un ami qui depuis n'était plus un ami. « Frère Jacques », « À la claire fontaine », « Il était une bergère », « Cadet Rousselle »… Un enfer ! Marc est blessé qu'une partie de leurs souvenirs de famille soit tournée en dérision. Il se sert un verre de vin pour calmer ses nerfs.

Andrea, elle, a le droit de réintégrer la tournante. Elle sautille gaiement en direction de la table. Elle paraît si loin, tout à coup.

Au fil du temps, son regard sur elle avait changé. L'avoir à ses côtés tous les jours lui plaisait et le rassurait. Pourtant, l'omniprésence de l'autre finit par étouffer. À force d'avoir tout vu, tout connu avec sa femme, il ne la voyait plus. Sa femme, il l'avait aimée, puis il l'avait vue accoucher, nourrir ses enfants au sein, s'occuper d'eux, tôt le matin, mal coiffée, débraillée, pas lavée, tard le soir, fatiguée, les yeux gonflés de sommeil. Il en était venu à ne plus voir en elle que la mère de ses enfants. Il n'arrivait plus à la désirer. *N'est-ce pas normal ? Ce n'est pas sexué, une mère !* Il avait presque l'impression d'un inceste quand il touchait son corps… Néanmoins, ces dernières semaines, il l'avait vue changer sous ses yeux. Et si Andrea n'était plus la même femme ? Pourrait-il recommencer à la désirer ?

Il y pense de nouveau : que lui veut ce type, ce Gabriel, qui semble lui tourner autour ? Cette façon qu'il a de la regarder… Il n'a pas ressenti ce pincement de jalousie depuis une éternité. Il a envie de lui casser la gueule ! N'est-ce pas positif ? D'autant que ce connard est marié.

L'émission touche à sa fin. Le générique défile et starifie les candidats, pratique coutumière de la téléréalité. Sa femme porte le numéro quatre. Sur la photo, on dirait une icône de mode. Les gens sont appelés à voter pour élire leur candidat préféré, le plus « authentique ». Le daron le plus parfaitement imparfait. Marc se lève et s'étire. Il est 20 heures. Le journal télévisé est lancé et il se dit qu'il est temps de préparer le dîner. Il n'y connaît pas grand-chose. C'était toujours Andrea qui s'occupait de tout.

Il décide de casser des œufs et de tenter une omelette. Quelques coquillettes au beurre et une salade en sachet…

Andrea trouverait-elle qu'il se débrouille comme il faut ? Son absence a de drôles d'effets. Il n'avait pas compris à quel point sa présence était indispensable. Elle prenait en charge la maison, les enfants et tout le reste sans jamais réclamer quoi que ce soit... C'était devenu *normal*, dans le mauvais sens du terme. Comme elle ne semblait pas s'en plaindre, il avait rapidement cédé à la flemme et à l'habitude et n'avait plus proposé son aide. *Quand elle reviendra, il faudrait peut-être que les choses changent*, pense-t-il en touillant la salade, assaisonnée avec une sauce toute prête. Y a-t-il un second souffle possible ? Soucieux, il appelle Suzanne à table. Une fois, deux fois, trois fois. Pas de réponse. Il pousse un juron et va frapper à sa porte.

— Suzanne, qu'est-ce que tu fous encore enfermée dans ta chambre ? Viens, l'omelette va être froide !

— J'ai pas faim.

— Suzanne, ça suffit, ouvre ! Arrête ta comédie.

— C'est pas une comédie, je te dis que j'ai pas faim !

Ce n'est pas habituel, ce comportement. La voix de Marc se radoucit. Il lui parle à travers la porte.

— Suzanne ? Qu'est-ce qui ne va pas ? Dis-moi.

— J'ai pas envie de parler.

Il sent qu'il est inutile d'insister. Elle est bizarre depuis des jours. Il doit avouer qu'il est dépassé par la situation. Il faut absolument qu'il arrive à joindre Andrea. Comme les candidats n'ont pas le droit au portable, il est obligé de passer par la prod'. Il précise qu'il s'agit d'une urgence familiale. Moins d'une demi-heure après, Andrea l'appelle. Au loin, il entend des rires et des bruits de couverts et s'imagine qu'elle s'est juste éloignée de quelques pas d'un énième dîner somptueux dans le salon gris avec sa bande de nouveaux amis. Il a l'impression qu'elle lui échappe et a un sursaut de possessivité. Il a envie de la rappeler à l'ordre. Qu'elle reprenne son rôle en main. Il connaît le levier parfait pour ça : la culpabilisation. Avec Andrea, cela ne loupe jamais. *Mamma culpa !*

— Excuse-moi de te déranger en plein banquet, mais je dois te parler de ta fille.

— Qu'est-ce qui se passe ? soupire-t-elle, habituée aux fréquents états d'âme de Suzanne. Elle a encore fait une connerie à l'école ? Le dirlo t'a convoqué ? Dis-moi…

— Non, rien de tout ça. Elle ne mange rien depuis des jours, elle tire une drôle de tête et elle s'enferme dans sa chambre dès qu'elle rentre à la maison.

— Comment ça, elle ne mange rien ? Qu'est-ce que tu lui donnes à manger aussi ?

— Rien ! se défend Marc. Enfin si, j'ai suivi à la lettre tes instructions. Je ne comprends pas ce qui lui arrive. Il faut que tu reviennes.

Un blanc plane au bout du téléphone. L'argument a porté.

— Passe-la-moi.

— Elle refuse de parler.

— Allez !

Mais la jeune fille envoie aussi balader sa mère par l'intermédiaire de son père.

— Je n'ai rien à lui dire !

Marc revient dans le salon et tourne en rond dans la pièce.

— Je te préviens, moi, je craque ! Cette gamine est ingérable !

— Bon… Je vais voir ce que je peux faire. Je te rappelle.

— Promis ?

— Promis.

31

Andrea est dans le salon gris avec la bande. Elle vient de terminer son appel avec Marc. Elle s'éclipse pour aller voir Natacha de la prod' et la prévenir qu'elle doit absolument s'absenter pour aller voir sa fille. « Motif impérieux », comme on disait du temps du Covid. Gabriel la rattrape au bas des grands escaliers et la retient par le bras.

— Andrea ? Qu'est-ce qu'il se passe ?

— C'est Suzanne. Ça ne va pas fort…

— Je suis vraiment désolé. Qu'est-ce que tu vas faire ?

— Il faut que je rentre.

Il paraît décontenancé.

— Mais tu reviens après ?

— Je ne sais pas.

Gabriel encaisse le coup. Est-ce qu'il a peur de ne plus la revoir au château ? Andrea est touchée. Il prend ses mains dans les siennes et s'approche d'elle pour lui parler à voix basse.

— Tu sais, ce qui s'est passé cette nuit… ce n'est pas du tout… juste comme ça…

Il a un peu de mal à trouver les mots justes. Elle n'arrive qu'à lui adresser un sourire triste et tendre, comme si elle ne croyait pas un instant à un après possible.

— Ce que je veux te dire, c'est que tu comptes beaucoup pour moi, insiste-t-il.

Elle pose un doigt sur sa bouche pour qu'il se taise. Elle voudrait qu'il lise simplement dans ses yeux qu'il compte aussi beaucoup pour elle, mais qu'elle est complètement dans le brouillard.

— À très vite... dit-elle en s'enfuyant par la porte principale.

Elle est soulagée qu'il ne tente pas de la poursuivre. Pour l'instant, l'urgence, c'est sa fille. L'accueil de la prod' est mitigé. Ils entendent le problème dans une mesure « acceptable ». Et l'acceptable, pour le bon déroulement de l'émission, c'est de lui accorder vingt-quatre heures.

— Tu comprends, au-delà de ce délai, ton absence risque de perturber totalement l'équilibre du show ! D'autant que tu es l'une des personnalités les plus appréciées du château. Ce serait dommage de laisser ta place. Alors on compte sur toi pour revenir après-demain ?

— Je vais faire mon maximum... promet Andrea.

Une des personnes de l'équipe technique accepte de la déposer à Paris. Un sentiment étrange la saisit tandis qu'elle voit s'éloigner le château. Ce lieu, en l'espace de quelques semaines, a changé tant de choses dans sa vie. Elle sait qu'elle n'est plus la même. Sentiment grisant et terrifiant à la fois. Y aura-t-il un retour en arrière possible ? Le souhaite-t-elle ? Elle appréhende le face-à-face à venir avec son mari, surtout après ce qu'il s'est passé avec Gabriel. Ce qu'il lui a dit avant qu'elle parte l'a bousculée. « Tu comptes beaucoup pour moi... », « Ce n'était pas juste comme ça... » Est-ce que leur rencontre est aussi signifiante pour lui que pour elle ? Ce qu'elle ressent pour lui est assez explosif, à l'intérieur. Elle a l'impression d'un grand chambardement. Mais bon sang, cette nuit, elle s'est sentie vivante ! Elle est daronne depuis si longtemps qu'elle a oublié comment juste être une femme dans les bras d'un homme. Or, comme dit le dicton qu'elle s'est inventé, « Daronne aigrie maronne seule dans son lit » ! Une femme qui ne se sent plus femme dépérit, se dessèche du cœur. La tristesse de n'être plus désirée envahit son âme, et, insidieusement, la frustration tourne à la colère muette. Tel est le phénomène invisible qu'elle vit avec son mari.

La voiture tombe dans des ralentissements. Ils approchent de Paris. Andrea caresse la peau de son avant-bras, comme le faisait Gabriel tandis qu'ils étaient allongés dans la serre. « Mes mains sont encore douces de ta peau », lui avait-il chuchoté à l'oreille, ce matin, au petit déjeuner. Elle en avait encore la chair de poule. Quel intense bonheur ! Comment pourrait-elle regarder Marc en face ? *Tu n'es pas obligée de sortir tes quatre vérités maintenant ! Tu as une priorité : ta fille. Le reste peut attendre. Et inutile de tout faire exploser alors que tu ne sais même pas comment va évoluer ta relation avec Gabriel...* Ce dialogue intérieur ne parvient néanmoins pas à la rassurer. Le tiraillement est trop fort, et la seule pensée de devoir renoncer à Gabriel lui donne la nausée.

— La prod' m'a dit de vous déposer chez vous. Vous me redonnez votre adresse ?

— La voici.

Bientôt, les rues familières du quartier défilent sous ses yeux. Elle se retrouve au pied de son immeuble. Retour à la case départ. Elle préfère sonner plutôt qu'utiliser ses clés, pour annoncer son arrivée.

Marc vient lui ouvrir.

— Ah ! Enfin tu es là !

Elle entre et elle le laisse la serrer dans ses bras.

— Je suis content de te voir ! dit-il après avoir déposé un bref baiser sur ses lèvres. Tu n'as pas pris de bagages ?

— Je ne vais pas pouvoir rester très longtemps.

Le visage de son mari se rembrunit aussitôt.

— Ils comptent plus que nous ? demande-t-il en essayant de teinter d'humour l'intonation de sa voix.

Raté.

— Je t'en prie, ne commence pas ! Je me suis engagée, c'est tout. Mais le plus important, pour l'heure, c'est de tirer au clair ce qu'il se passe avec Suzanne.

— Vas-y, alors. Elle est dans sa chambre. Bonne chance ! J'espère que tu auras plus de succès que moi pour l'amener à parler.

Andrea s'arrête d'abord à la cuisine. Elle sait que Suzanne a un faible pour les chocolats chauds et en prépare un, surdosé en cacao. Tasse fumante à la main, elle se dirige vers la chambre comme on se dirige vers un champ de bataille. Elle s'attend à des retrouvailles difficiles. Elle frappe doucement à la porte.

— Suzanne ? C'est maman. Tu m'ouvres ?

Elle a essayé de mettre dans sa voix toute l'affection du monde. Cela sera-t-il un sésame suffisant ?

— Maman ?

Pour un peu, Andrea ne reconnaîtrait pas cette petite voix faible et fragile. Est-ce vraiment sa fille qui lui répond ? Contre toute attente, elle entend le verrou se débloquer, puis les petits pas s'éloigner de la porte et le bruit d'un corps qui se jette sur le lit. Elle tourne la poignée pour entrer. Le spectacle de sa fille, dos tourné, prostrée en position fœtale, lui retourne le cœur. Que s'est-il donc passé ? Elle sait d'instinct que, cette fois-ci, ce n'est pas de la comédie.

— Je t'ai préparé un chocolat comme tu aimes, dit-elle en le posant sur la table de chevet.

Le corps hausse les épaules en signe de total désintérêt. Andrea s'assoit sur le bord du lit et se met à caresser doucement les cheveux de Suzanne. De légers tremblements parcourent l'échine de sa fille.

— Je suis là, maintenant. Chut… Là, là… Ça va aller…

Elle murmure des paroles apaisantes comme quand Suzanne, enfant, venait de faire un cauchemar. Au bout de longues minutes, Andrea entend renifler et devine qu'elle laisse enfin couler ses larmes.

— Suzanne, s'il te plaît, parle-moi.
— Non, je ne peux pas.
— Bon, d'accord, je respecte.
— Maman…

Soudain, sa fille se retourne et lui tombe dans les bras, secouée par de gros sanglots. Elle l'accueille sans rien dire et la tient serrée très fort contre elle en la berçant. Au bout d'un long laps de temps, l'adolescente bouge enfin et se décolle de la poitrine maternelle, dévoilant son visage défait, ses yeux bouffis, les joues rouges d'une fièvre qui n'en est pas une, les cheveux en bataille, fantassins fatigués d'une lutte intérieure. Elle boit plusieurs gorgées du chocolat chaud et Andrea y voit le signe d'une première victoire.

— Tu as un peu faim, maintenant ?
— Un peu, mais pas trop…
— Tu veux que je te prépare une Floraline ? Tu aimais ça quand tu étais petite.

Suzanne acquiesce mollement.

Heureuse de cette avancée, Andrea repart en direction de la cuisine. Elle sort une casserole pour mettre le lait à chauffer, puis y verse la spécialité céréalière en remuant pendant trois minutes à feu doux. Elle réserve le contenu dans un bol à motifs bleus. C'est important pour l'appétit, que le bol soit joli. Elle ajoute un carré de fromage gourmand qu'elle écrase à l'aide d'une fourchette ainsi que quelques dés de jambon.

— Alors ? demande Marc, qui lui tourne autour pour avoir des nouvelles.

— Alors rien. Déjà, elle a *un peu* faim ! Je lui apporte ça et je reviens te voir.

Elle rejoint Suzanne et la regarde manger des petites bouchées d'animal blessé, sans un mot.

— Tu vas tâcher de passer une belle nuit maintenant, d'accord ?

Suzanne se montre réceptive et se laisse materner avec docilité, chose des plus inhabituelles. Andrea embrasse sa fille, éteint la lumière, et ferme la porte non sans ajouter une dernière parole.

— Tu viens me voir si ça ne va pas, d'accord ? Promis ?

— Maman ?

— Oui ?

— Je suis contente que tu sois revenue.

Andrea sourit. Suzanne lui en fait voir de toutes les couleurs, et pourtant, l'idée que quelque chose puisse l'atteindre et la blesser lui est insupportable. C'est peut-être ça, être mère : être prête à donner n'importe quoi pour que son enfant aille bien. Son bras, son rein, sa vie...

32

Et vas-y, ils remettent ça ! Ils ont réussi à la réveiller. Suzanne entend les bruits de dispute depuis la chambre de ses parents. Elle regarde son réveil. Minuit !

— Putain ! Ils peuvent pas s'engueuler le matin, comme tout le monde ?

Elle se lève et sort dans le couloir sur la pointe des pieds. Elle veut écouter le sujet de leur discorde ; elle se dit que c'est peut-être à cause d'elle.

— Tu me repousses alors qu'on ne s'est pas vus depuis plus de cinq semaines ? s'énerve son père.

— Arrête ! Ça fait des années que tu ne fais plus attention à moi, que je pleure tellement j'ai l'impression d'être transparente, et tout à coup, parce que je m'éclate dans cette émission, tu redécouvres que tu as une femme désirable et tu penses que ça te donne le droit de me sauter dessus ? Désolée, ça ne marche pas comme ça !

— J'ai bien compris que tu t'éclatais, en effet… Surtout avec certains de tes camarades, j'ai l'impression.

— Ah oui, voilà ! La jalousie, maintenant. La vérité, c'est que tu ne supportes pas que je puisse vivre une expérience formidable sans toi !

— Rien à voir avec la jalousie. C'est une histoire de décence !

— Décence, tu parles ! Et c'était décent, le nombre de fois où tu es parti en séminaire dans des hôtels de luxe avec tes super collègues de bureau ? Tu crois que je n'imagine pas les frasques que vous avez pu faire ?

— M'enfin, c'est pas croyable ! C'étaient des obligations pour le *travail*, ça n'a rien à voir !

— Il a bon dos, le travail…

Ils ne s'engueulent même pas à cause d'elle. Leur fille est en pleine dépression et ils ne pensent qu'au cul ! Suzanne est hors d'elle. Elle en a assez entendu et s'éclipse. Elle va dans la salle de bains et fouille dans les tiroirs à la recherche de boules Quies. Elle finit par retrouver la boîte et enfonce la paire de mousses colorées dans ses oreilles. Elle retourne se glisser dans son lit sans parvenir à trouver le sommeil.

Ce n'est pas nouveau, ce climat de tension entre ses parents. Pendant trois ans, ils n'avaient cessé de se disputer à grands cris, ce qui avait été très dur pour son frère et elle. Suzanne se demande pourquoi ils ne s'étaient pas séparés à ce moment-là. Il était assez évident que leur histoire d'amour était rentrée dans l'ère arctique. Elle est persuadée qu'ils sont restés ensemble « à cause des enfants ». Quel argument stupide ! Comme si les enfants aimaient voir leurs parents se déchirer et subir une atmosphère désastreuse, anxiogène et démoralisante. À l'époque, Suzanne avait essayé d'en parler à sa mère. Cela avait en quelque sorte porté ses fruits puisque, depuis, ses parents ne s'étaient plus disputés aussi fréquemment. Mais il y a des silences plus lourds que les cris. Les petites agaceries, les mouvements d'humeur réfrénés, l'indifférence maquillée, les soupirs, les mains qui ne se touchent plus, les yeux qui ne se cherchent plus, le visage qui ne s'allume plus quand l'autre passe le pas de la porte… L'ambiance de la maison était devenue insupportable pour elle. C'était sans doute à ce moment-là qu'elle avait commencé à moins travailler à l'école et à faire ses premières conneries.

Elle leur en veut à tous les deux de ne pas avoir eu le courage de se séparer. À quoi cela sert de continuer la mascarade ? Certes, un divorce est certainement une épreuve. Elle ne se rend d'ailleurs pas compte de ce que cela représente de trouver un autre logement et d'assumer tout, tout seul. Mais combien de parents d'élèves de sa classe ont sauté le pas ? S'ils ont réussi, alors pourquoi pas les siens ? C'est juré, plus tard, elle ne se mettra jamais en couple. Le couple est un éteignoir, un tue-l'amour. Suzanne rumine encore des pensées négatives pendant un long moment, puis finit par s'endormir, les poings crispés sur l'oreiller et les mâchoires serrées.

Le lendemain, elle dort tard et, quand elle se réveille, vers midi, elle trouve sa mère dans le salon, qui s'affaire à un peu de rangement. Elle porte une jupe longue qui met en valeur sa silhouette, et sa nouvelle coiffure laisse ses cheveux libres et transforme la physionomie de son visage. *Elle est belle, comme ça, ma daronne !* remarque-t-elle, assez fière d'avoir une maman de quarante ans passés aussi jolie.

— Tu as bien dormi ?

— Ça va… répond Suzanne, qui ne se sent pas la force de mentionner la dispute qu'elle a entendue. J'ai besoin d'un café.

— Tu bois du café, maintenant ?

La remarque échappe à Andrea, et elle se mord la langue en espérant que sa fille ne relève pas la petite *daronnade*, une boutade de daron pour taquiner sa progéniture. Elle change de sujet aussitôt.

— Le temps est radieux. Et si je t'emmenais déjeuner quelque part ? Ça te dirait, un brunch entre filles ?

C'est une proposition rare dans la bouche de sa mère. Suzanne imagine un délicieux repas dans un bistro tendance… Elle n'a pas très faim, mais la perspective de bouger enfin de la maison la tente et, qui sait, peut-être qu'un vrai plat cuisiné lui redonnerait de l'appétit.

— Pourquoi pas...

— Alors va vite t'habiller ! En attendant, je réserve.

— Chez qui ?

— Surprise !

Quinze minutes plus tard, elles sont dans la rue.

— On y va comment ?

— À pied ! Ce n'est pas loin.

— Ne me dis pas qu'on va au Zuria Bar ?

Andrea sourit et acquiesce.

— Oh ! Génial !

Le Zuria Bar est *the place to be* du quartier. *Zuria* veut dire « blanche », en basque. Le concept repose sur le thème du blanc, du sol au plafond, avec une cuisine qui met à l'honneur le Pays basque. Elles regardent la carte, qui propose de fabuleuses tartines.

— Elle a l'air bonne, celle-là ! Jambon cru, oignons, poivrons rouges, piment d'Espelette.

— Prends, ma chérie ! Moi, je suis tentée par l'omelette à la piperade.

On leur apporte quelques *pintxos*, des petits amuse-bouches traditionnels, en attendant leur plat. Suzanne a commandé un soda et s'étonne que sa mère ne lui en fasse pas remontrance. D'ordinaire, elle réprouve ce type de boissons hyper sucrées pendant les repas et ne se prive pas de le dire. Qu'est-ce que c'est bon, quand les conseils de darons s'arrêtent ! C'est ce qui la frappe le plus chez les parents en général : ils voudraient que leurs enfants se comportent à seize ans comme à quarante ! Elle aura tout le reste de sa vie pour se limiter sur le sucre ! Partout dans les conversations, dans la presse, dans les émissions de télé, on n'entend parler que de restrictions alimentaires, de régimes, de surveiller sa santé... Mais pour un jeune, c'est démoralisant ! Suzanne, chaque fois, a l'impression qu'on lui demande de perdre son insouciance avant l'heure. Or, tout ce qu'elle veut, c'est pouvoir profiter tranquillement du sentiment, sans doute éphémère, d'avoir la vie devant elle et l'éternité des plaisirs sans prendre un gramme.

Elle regarde sa mère, posée, souriante, et s'étonne qu'elle ne soit pas déjà en train de la bombarder de questions sur les raisons de son mal-être. Sa daronne a quelque chose de changé, de plus relâché. Ses traits sont détendus et un éclat inhabituel émane d'elle. Suzanne songe que cette émission lui aura réussi. Elle sait qu'elle en a fait baver à sa mère ces derniers mois, qu'elle a dû l'épuiser avec ses comportements souvent rebelles et insolents. Est-ce cela la crise d'adolescence, blesser le parent qui s'occupe le mieux de soi pour créer une nécessaire prise de distance et avoir la force de voler de ses propres ailes ? Mais ses ailes à elle sont toutes cassées après l'épisode de Nicolas, qui a été pour elle un traumatisme. Surtout avec ce qui s'est passé au lycée, et cette découverte qui l'a outragée et lui a détruit le moral… Des faits suffisamment sérieux pour qu'elle ait envie de se confier à un adulte, et en priorité à sa mère. Mais comment trouver les mots ?

Face à elle, Andrea se régale avec son omelette piperade et affiche une humeur légère. Pour une fois que Suzanne aurait envie que sa mère pose des questions, la voilà parfaitement non intrusive, respectant la volonté de silence de sa fille exprimée la veille. *C'est rageant !* pense-t-elle.

Sa tartine arrive et elle lui fait honneur. Quelque part, la présence de sa mère l'a déjà apaisée. Il est très réconfortant d'avoir sa daronne à ses côtés, comme si une maman avait le pouvoir de toujours arranger les choses. Il lui revient alors des souvenirs de son enfance. Les bisous magiques pour apaiser les bobos. Les chansons anti-monstres quand elle avait peur du noir, les mains tièdes sur son ventre quand elle avait mangé trop de bonbons, le carrosse – une vieille Fiat 500 bleu layette – qui l'emmenait et venait la chercher comme une princesse à la sortie des anniversaires ou de la danse. Oui, sa mère avait été là pour elle sans faillir, elle s'en rendait compte maintenant. Ces cinq dernières semaines d'absence avaient agi comme un révélateur. *On reconnaît le bonheur au bruit qu'il fait en partant !* Suzanne n'avait pas compris jusque-là ce qu'impliquait le rôle d'une daronne. Quand elle avait dû s'attaquer par elle-même aux tâches de la maison, cela avait été un coup dur ! Nettoyer, ranger, organiser, laver, repasser… Sans parler de la gestion relationnelle et émotionnelle avec les proches : ménager les susceptibilités, savoir écouter, recadrer, encourager, poser les limites… Quelle lourde charge ! Elle s'en veut d'avoir parfois été odieuse avec sa mère. Aujourd'hui, elle a vraiment besoin d'elle. Lui tendra-t-elle encore une fois la main alors qu'elle, sa fille, s'est montrée si décevante et insolente ? Elle a peur… Elle attend le dessert pour oser parler. Suzanne a commandé une crème brûlée, et Andrea, un café gourmand. Au moment où sa mère s'empare de la cuillère, l'adolescente pose sa main sur son avant-bras.

— Maman… il faut que je te parle.

— Maintenant ? Ici ?

— Je préférerais qu'on aille au parc. Ce serait plus intime… Tu es d'accord ?

Sa mère acquiesce sans broncher et accélère le mouvement pour terminer le repas. Elle demande l'addition. Elles sortent et marchent en direction du parc, bras dessus bras dessous. Les confidences peuvent commencer.

33

Andrea a une rage en elle qui ne la quitte pas depuis des heures. Après ce que Suzanne lui a raconté, elle n'a qu'une envie : aller trouver ce garçon et lui décoller la mâchoire ! *La violence ne résoudra rien*, songe-t-elle tandis qu'un chauffeur la ramène en direction du château. Elle ne voulait pas y retourner, elle voulait se consacrer sans attendre à cette affaire ignominieuse qui salissait l'honneur de sa fille et l'avait mise au trente-sixième dessous. Cependant, Suzanne elle-même l'avait convaincue de ne pas lâcher l'aventure à quelques jours de la fin.

— Nous n'en sommes pas à quelques jours, maman ! Une expérience comme la Darons Academy ne se présentera plus jamais. En plus, tu es hyper bien placée dans le classement. On ne sait jamais… Tu pourrais gagner !

— Je me fiche de gagner ! Ce n'est vraiment pas l'important, vu ce qu'il t'est arrivé !

— C'est important aussi pour moi de ne pas être la cause de la fin de ton aventure, tu comprends ? S'il te plaît, retournes-y et profite ! On s'occupera de mon affaire à ton retour. Et je te promets d'ici là de prendre soin de moi…

À court d'arguments, Andrea avait accepté, même si elle ne pouvait s'empêcher de ressasser ce que sa fille lui avait révélé.

Quand cette dernière lui avait confié avoir perdu sa virginité, elle était tombée de haut. Elle avait ressenti comme un coup violent porté au ventre, frappé par un boxeur poids lourds. Son bébé à elle, déflorée par un abruti, traumatisée, tout ça pour ne pas « avoir l'air à la traîne » vis-à-vis de sa meilleure amie, Nola…

— Tu comprends, quand Nola m'a dit qu'elle avait sauté le pas, je me suis sentie très mal. J'en avais trop marre d'être traitée de pucelle !

— Mais enfin, qui t'as traitée comme ça ?

— Euh… Nicolas.

— Il t'avait traitée de pucelle au bahut et tu as quand même accepté de sortir avec lui ce soir-là, et de le suivre jusqu'à chez lui ?

— Nous, les filles, on est souvent chambrées par les mecs, alors j'ai cru que c'était juste du mauvais humour pour crâner devant ses copains. Et puis il y avait cette fichue compétition avec Nola… J'avais bu, je n'avais plus les idées très claires…

Rien que d'y penser, Andrea a envie d'arracher les yeux à ce détrousseur d'hymens. Mais ce qu'elle avait appris ensuite de la bouche de Suzanne la laisse choquée, abasourdie, révoltée. Quel scandale !

La voiture du chauffeur passe la grille après le contrôle des vigiles. La voilà de retour dans ce lieu déjà chargé de moments précieux. Elle se sent émue. Elle a à peine le temps de descendre du véhicule que Natacha lui saute dessus.

— Ah ! Tu arrives à point nommé, Andrea ! On enregistre la séquence du jour dans moins d'une heure. File au maquillage, ma belle !

Puis, traversée par une petite note d'empathie, elle lui demande si sa fille va mieux.

— Oui, je te remercie, Natacha. Je crois qu'il était vraiment important que j'aille la voir.

— Tant mieux ! sourit-elle mécaniquement, avant de s'éloigner d'un pas pressé pour régler les mille détails nécessaires à l'organisation du live.

Andrea s'approche de la roulotte *make-up* quand Gabriel lui tape sur l'épaule. Elle se retourne et la joie de le revoir la submerge. Faisant fi des personnes alentour, ils se prennent dans les bras. Après tout, où est le mal ? Les amis se donnent très souvent des *hugs* ! Il s'empresse de demander des nouvelles. Andrea soupire.

— C'est pire que ce que je craignais.

— Aïe ! On se voit après le tournage pour que tu me racontes ?

Elle acquiesce.

— À la cabane Chatterley ?

Ils sourient. Ils ont baptisé ainsi la cabane abandonnée au fond du parc, en hommage au livre de D. H. Lawrence.

On la briefe rapidement. L'émission du jour portera sur les pires coups des enfants à leurs parents. Une autre pièce du château a été débloquée pour l'occasion : la chambre jaune, où une surprise les attend.

Quand les candidats entrent, ils découvrent que la pièce a été transformée en salon de beauté de luxe. Chacun s'installe dans un fauteuil de repos moelleux, tandis que Sony la Boule descend du plafond pour leur expliquer le jeu.

— Chers amis, vous avez deviné le principe : vous allez pouvoir profiter d'une séance de relaxation et d'une mise en beauté digne des plus grands salons ! Appelons ça « le repos mérité du daron ». Une séance comme celle-là, vous en avez peut-être rêvé pendant des années, sans oser vous l'offrir, soit faute de temps, soit faute de moyens, en vous disant que cet argent serait une dépense futile et qu'il pourrait être employé de manière plus utile et responsable pour l'un de vos enfants ou pour un membre de votre famille. J'espère que, par la suite, en repensant à nous, vous vous accorderez plus souvent ce type de récompenses. Pendant que nos esthéticiens professionnels s'occuperont de vous, quand vous entendrez votre prénom, vous pourrez laisser libre cours à vos souvenirs pour nous raconter les « pires trucs » que vos enfants vous ont faits quand ils étaient petits. Dans le cas de Karen, tu pourras nous raconter tes propres bêtises vis-à-vis de tes parents ! Maintenant que mon petit laïus est terminé, passons aux choses sérieuses, s'amuse-t-il. Chacun de vous, à ses pieds, a une grande boîte rectangulaire camouflée par un voile noir. À trois, vous pourrez le retirer. Un, deux… trois !

Chaque membre du groupe s'exécute, et on entend des petits cris de surprise s'élever ; des cris d'excitation joyeuse, mais aussi, pour certains, de dégoût.

— Un *fish spa* ! Quelle horreur ! s'écrie Myriam, réticente à toute forme de nouveauté excentrique.

— On ne va quand même pas mettre nos pieds là-dedans ? s'inquiète Marie-Jo.

Lolo, devenu proche de Marie-Jo, se veut rassurant.

— Tu vas voir, c'est extra ! J'ai déjà essayé une fois.

Marie-Jo lui sourit timidement. Il l'encourage à profiter de cette nouvelle expérience. Sandrine, qui voit d'un bon œil cette amitié naissante, intervient avec bonne humeur.

— Et question kiff, tu peux lui faire confiance, Marie-Jo. Lolo est un connaisseur !

Andrea est captivée par les extraordinaires garra rufa qui, au dire de la Boule, sont une espèce unique de petits poissons sans dents, qui effectuent une exfoliation naturelle des pieds grâce à leur bouche-ventouse. Indolore, cette pratique permet de se débarrasser des peaux mortes.

— C'est génial ! s'extasie-t-elle tandis qu'elle glisse ses pieds dans l'aquarium et sent les petites créatures nager et picorer ses orteils en la chatouillant agréablement.

Elle surprend le regard de Gabriel posé sur elle, et la chaleur dont il l'enveloppe vaut largement tous les bienfaits du masque qu'on est en train d'appliquer sur son visage. Quel moment extatique ! Comment a-t-elle pu se négliger à ce point ces dernières années ? Elle se fait la promesse de ne plus jamais s'oublier à ce point, ou de se faire passer au second plan.

Sony appelle un à un les candidats pour qu'ils racontent un souvenir drôle et attachant d'un des pires coups faits par leurs enfants.

— Moi, c'est quand ma fille aînée a voulu jouer au coiffeur avec la cadette et qu'elle lui a réellement coupé les cheveux tout court et n'importe comment ! commence Marie-Jo.

— Moi, je me souviens de mon fils, quand il était en moyenne section de maternelle : il avait donné une grosse frayeur à sa maîtresse en s'enfuyant de la classe. Il était sorti de l'école pour me courir après. Comment lui en vouloir quand il m'a expliqué, avec ses grands yeux pleins de larmes, que c'était parce qu'il n'avait pas eu le temps de me dire « je t'aime » !

L'anecdote de Gabriel touche Andrea. Quelle chance il a d'avoir une si belle relation avec son fils ! Plus elle le connaît, moins elle comprend ce qui peut les avoir réunis, Cindy et lui.

— L'un des miens a voulu faire cuire des pâtes sans eau ! rit Lolo quand vient son tour. Il voulait se débrouiller seul, mais avait trop d'orgueil à l'époque pour s'abaisser à ce que quelqu'un lui explique…

— C'est surtout qu'on ne peut rien leur dire ! intervient Sandrine, agacée. Tes enfants sont infernaux. Ils n'en ratent pas une. Par exemple, la dernière en date, quand ton fils secoue sa bouteille de coca et en met absolument partout dans la cuisine alors que je viens juste de passer la serpillière !

— Tu exagères ! se défend Laurent. Ce n'est pas à ce point, quand même.

— Tant que tu les défendras comme ça, on n'avancera pas.

— Pas maintenant, supplie Lolo, mal à l'aise.

Sony la Boule s'empresse d'appeler quelqu'un d'autre. Ce coup-ci, c'est à Roland de prendre la parole.

— Moi, ma fille, à quinze ans, s'est mise à porter des Dr. Martens et à avoir de mauvaises fréquentations. Le pire, c'est quand je l'ai surprise à jouer de la guitare dans la rue et à faire la manche ! confesse-t-il au reste du groupe, stupéfié et compatissant.

— La mienne, l'année dernière, avait organisé une fête clandestine chez ses grands-parents en profitant de leur absence, et bien sûr sans ma permission. Et quand les flics sont venus, elle a eu le culot d'en appeler un « frère » ! confie Andrea.

— Ah oui, quand même, s'exclame Cindy, y a du lourd !

Piquée au vif malgré elle, Andrea lui rétorque :

— Et toi ? Ton fils ? Il doit aussi avoir un petit palmarès de conneries, non ?

Cindy balbutie, cherche dans son esprit.

— Je… Je ne sais pas. Je ne me souviens pas.

Étrange qu'une mère ne parvienne à retrouver aucune anecdote sur les bêtises de son enfant ! se dit Andrea. Généralement, les parents en ont des bottins entiers. Ce sont des choses qu'on n'oublie pas… Mais elle se tait : elle ne veut pas gêner Gabriel. Le témoignage de Karen détourne l'attention.

— Moi, je me souviens qu'en cours élémentaire, j'avais raconté à la maîtresse que je n'avais pas fait mes devoirs parce que mon père était saoul et n'avait pas pu m'aider. J'étais tellement mal quand elle l'a convoqué chez le directeur ! En fait, mon esprit d'enfant avait transformé la réalité. Mon père s'écroulait simplement de fatigue dans le canapé quand il rentrait du travail, et non pas parce qu'il avait bu !

— Évidemment, on ne vient pas tous de la même catégorie socioprofessionnelle ! s'exclame Myriam.

Qu'est-ce qu'elle est puante, se révolte Andrea. Myriam poursuit :

— Je suis assez éberluée de vous entendre parler de vos enfants de la sorte. Moi, les miens ont été de vrais petits anges ! C'est à peine si je me souviens d'une bêtise... Je crois que ça vient de l'éducation. Quand on sait poser un cadre, et qu'on est derrière pour les stimuler comme il faut, tout se passe on ne peut mieux.

— Il me semble que tu oublies quand même cette fois où ta fille s'est scarifiée avec ses propres ongles pour pouvoir dire à la maîtresse que sa maman était violente avec elle...

La confession inattendue de Francis fige l'assemblée, et sa femme lui jette un regard haineux. Raide comme la justice, Myriam rétorque qu'il s'agissait là d'une broutille, d'un enfantillage.

— Et ton fils, la fois où il est revenu avec la boule à zéro en se plaignant que le coiffeur l'avait raté, et qu'on a appris plus tard que c'était en réalité lui qui avait demandé cette tonte ?

Ce coup-ci, Dame Myriam est sur le point de sortir de ses gonds.

— Tu le fais exprès ? Tu veux nous couler ? Nous ridiculiser devant la France entière ?

Gabriel essaye d'intervenir.

— Les amis, on se calme, ce n'est qu'un jeu...

Francis, qui connaît bien sa femme, s'est approché d'elle pour tenter de l'apaiser.

Elle le repousse sans ménagement. Furieuse, elle éjecte ses pieds hors de l'eau en propulsant quelques malheureux petits poissons au passage, prête à en découdre. Andrea et Karen se précipitent pour essayer de sauver les pauvres créatures agonisantes, tandis que Myriam s'empare du bol de l'esthéticienne et renverse sur la tête de son époux l'intégralité de la boue d'argile verte. Enragée, elle quitte le studio, non sans avoir jeté des insultes bien senties sur Francis.

En coulisses, la prod' est contente. L'audience va battre des records.

34

Myriam bouillonne de rage dans sa chambre qu'elle arpente de long en large. Elle est dans une colère noire. Comment a-t-elle pu ainsi sortir de ses gonds, si près du but ? Elle avait encore ses chances pour remporter la victoire et, à cause de son imbécile de mari, elle va sans doute lui échapper ! Pourquoi a-t-il été assez stupide pour révéler face caméra les comportements inappropriés de leurs enfants, ce qui leur ôte leur crédibilité auprès des téléspectateurs ? Ils s'étaient pourtant donné une ligne de conduite avant d'entrer dans le château : incarner les parents modèles. Myriam a toujours cru aux vertus de l'exemplarité. Mais depuis qu'ils sont arrivés ici, son mari semble avoir perdu tout bon sens. La faute à cette péronnelle qui lui fait tourner la tête. Elle n'est pas dupe de leur petit jeu et elle a envie de vomir à chaque fois qu'elle le voit faire le joli cœur devant cette poupée Barbie. Que son mari la contredise publiquement et qu'il flirte ouvertement avec une autre est une offense, voire une humiliation.

Myriam se revoit en train de renverser la boue verte sur la tête de Francis. Il méritait ces représailles ! Elle enfonce ses ongles dans sa paume de main pour tenter de calmer ses nerfs. Elle sait que cet incident va lui coûter cher, mais perdu pour perdu, elle compte bien entraîner quelques-uns dans sa chute… Aigrie, elle regarde par la fenêtre et aperçoit son mari et cette greluche de Cindy s'éloigner ensemble dans le parc. Elle décide de partir sur leurs traces pour les prendre en flagrant délit.

Elle dépasse les caravanes et les tentes des équipes de production et s'enfonce dans le sous-bois à la recherche des amoureux illégitimes. La végétation devient plus dense et elle enjambe les herbes hautes et les branchages avec de plus en plus de difficulté. Chaque fois qu'elle entend un bruit, elle se planque derrière un arbre. Fausse alerte. *Où ont-ils pu passer ?* s'agace Myriam au bout d'un moment, lassée de tourner en rond, sans résultat. Mais voilà qu'arrivée à une clairière au détour d'un chemin, elle remarque une petite cabane qui ne paye pas de mine, incongrue en cet endroit. *Peut-être sont-ils là*, jubile Myriam, excitée de toucher au but. Elle s'approche à pas de loup, espérant ne pas être repérée en faisant craquer les brindilles sous ses pieds. Elle arrive à la fenêtre. Les carreaux sont si vieux et sales qu'il est difficile de voir à l'intérieur. Néanmoins, l'un d'eux, situé plus en hauteur, offre une percée de visibilité. Myriam réussit à trouver un petit tabouret sur lequel elle se hisse et découvre, sur une banquette de fortune, deux corps enlacés, enchevêtrés, en train de faire l'amour comme jamais on ne lui avait fait l'amour. Son sang se glace. Elle n'arrive pas à voir les visages, à moins que cela ne soit son émoi qui trouble sa vue. Elle se frotte les yeux pour tenter de reconnaître les héros de ces amours coupables. Mon Dieu ! Ce n'est pas son mari ! Ce n'est pas cette diablesse de Cindy ! C'est... C'est Gabriel et cette sainte-nitouche d'Andrea ! Elle manque de tomber à la renverse de son perchoir de bois. Son tribunal intérieur se met en place et une flopée de sentences tourne dans sa tête. Elle s'enfuit de l'endroit, et se dit qu'après tout cette information pourrait toujours lui servir...

Elle enrage de ne pas avoir trouvé la trace de son mari et de Cindy. Alors qu'elle est sur le point d'abandonner tout espoir, elle les aperçoit soudain, planqués derrière un magnifique chêne rouvre, dont la canopée semble leur servir d'ombrelle. La jeune femme est appuyée contre le noble tronc au port harmonieux. La perfide ! Elle baisse les yeux, l'air innocent, et Francis, pivoine d'émotion, se tient tout près d'elle. La suite se déroule comme dans un mauvais film. Il s'approche lentement de ses lèvres pour l'embrasser quand Cindy regarde sa montre et repousse Francis, avant de s'éloigner à pas vifs. Myriam a des sueurs froides. Le baiser n'aura pas lieu, mais il s'en est fallu de peu. Elle a vu son mari laisser Cindy partir avec élégance, mais sitôt la belle envolée, il a affiché une déconvenue qui ne laisse aucun doute sur son béguin frustré. Elle fulmine et décide de suivre la garce. Il y a quelque chose de faux dans cette fille et elle a envie d'en avoir le cœur net.

Bizarrement, Cindy ne rentre pas au château, mais emprunte un autre chemin, inconnu jusqu'alors. À un moment, Cindy se retourne comme si elle avait entendu quelque chose. Myriam se baisse in extremis pour ne pas être vue. Elle doit redoubler de vigilance. Enfin, Cindy se retrouve devant une sorte de grotte. Elle n'est pas seule. Quelqu'un l'attend. Fichtre ! C'est Gabriel ! Qu'est-ce qu'il fabrique ici, celui-là ?

— Te voilà. Je t'attendais. C'est quoi le code, déjà ?

— Ne me dis pas que tu l'as encore oublié ! C'est 87 B 72 Z !

Gabriel s'empresse de composer le code sur un boîtier dissimulé derrière un feuillage. Une porte habilement cachée dans la roche s'ouvre sur un passage secret et se referme aussitôt sur ces deux énigmatiques personnages. Myriam est chamboulée. *Qu'est-ce qui se trame ici ?* se demande-t-elle, piquée de curiosité. Elle décide d'attendre aussi longtemps que nécessaire. Elle a pris la peine de mémoriser le code et compte explorer l'endroit sitôt ses visiteurs partis. Ils en ressortent vingt minutes plus tard, échangent quelques mots sans intérêt notoire et se séparent, sans doute pour regagner le château. C'est le moment ou jamais d'aller voir ce qui se cache derrière tout ça ! Myriam sent qu'elle tient quelque chose d'énorme. Elle s'avance jusqu'à l'entrée et compose à son tour le code de ses doigts agités. Ça s'ouvre !

Tremblante, elle pénètre à l'intérieur et découvre une salle équipée d'un ordinateur et d'un écran géant – peut-être pour des réunions clandestines ? Tout ressemble à s'y méprendre à un quartier général d'opérations militaires. Sur la table traînent des papiers et des dossiers : l'un imprimé au nom de Cindy, et l'autre à celui de Gabriel. Elle s'assoit lentement sur l'une des deux chaises et décide d'en explorer le contenu. Au fur et à mesure qu'elle avance dans sa lecture, les pièces du puzzle se remettent en place, tout s'éclaire ! Elle découvre le script de l'émission, dont les épisodes sont construits tel un véritable scénario. Il y a même un certain nombre de répliques à apprendre par cœur ! Cindy et Gabriel ont aussi leur fiche personnage détaillée. Même leurs caractéristiques psychologiques et leurs traits de personnalité ont été pensés en amont. Un vrai rôle de composition, mais sûrement un jeu d'enfant pour les comédiens professionnels qu'ils sont. Myriam manque de s'étouffer quand elle découvre leur mission secrète : pour Gabriel, séduire Andrea, et pour Cindy, séduire Francis !

Ses yeux s'écarquillent d'indignation lorsqu'elle lit certaines phrases : « Ce flirt a pour but de pimenter l'émission et de mettre à l'épreuve la stabilité des couples, dont l'amour a pu s'éroder au fil des années de parentalité. Votre objectif est de faire tomber les masques et de pousser ces personnes à révéler leur vraie nature, leur face cachée de darons. Andrea, femme cadenassée dans son mariage, va-t-elle enfin sortir de sa coquille ? Francis, étouffé dans son couple par Myriam, obnubilée par sa mission de parent parfait, va-t-il lui aussi s'autoriser à s'émanciper de cette relation qui a fini par devenir toxique ? » Myriam est rouge pivoine. Et l'ultime affront, cette petite phrase surlignée en jaune : « Nous vous dégageons de toute obligation de pousser le flirt au-delà de ce que vous aurez librement consenti. »

Elle ne peut s'empêcher de traiter la prod' d'enfants de salaud, un juron pourtant impensable dans sa bouche. Mais là, c'est trop gros ! Elle ne sait pas si elle les hait ou si elle les admire. Décidément, ils ne manquent pas d'imagination, à la télé ! Myriam a mis la main sur une bombe médiatique. Elle sourit. Elle a trouvé le glaive de sa vengeance. Elle repère la photocopieuse et reproduit toutes les pages de script qu'elle a sous les yeux, savourant par avance les effets de ces révélations fracassantes dans la presse. Elle s'est sentie si humiliée par son mari que les possibles retombées de l'explosion ne lui importent même pas. Elle s'en fout. Tous les moyens sont bons. Elle saura trouver un membre du staff à soudoyer pour divulguer l'info. L'argent peut tout acheter. Ce qui compte maintenant, c'est blesser en retour. Et tant pis pour les dommages collatéraux.

35

Le poing s'abat sur la table et provoque une fracassante secousse, si forte que le verre d'eau à proximité se renverse sur la dizaine de photocopies tirées d'un article de presse people. L'assistant se précipite pour éponger.

— Qu'est-ce que c'est que ce bordel ? crie François T., furieux. Comment ces informations ont-elles pu se retrouver dans ce torchon ?

La tension est palpable. Une fuite a éventé le secret de la prod' et l'éclabousse d'opprobre en faisant les gros titres d'un célèbre canard à scandales.

« Darons Academy : les Barons du mensonge »

Le papier dénonce une émission truquée, dont deux participants seraient des comédiens. L'article n'hésite pas à poignarder le concept de téléréalité de la Darons Academy, une émission soi-disant bien-pensante pour réconcilier les générations et mettre à l'honneur le rôle des parents, et qui finalement tourne au fiasco olé olé.

« Gabriel et Cindy, deux acteurs inconnus au bataillon, égratigne le journaliste, prêts à tout pour être sous les feux de la rampe, ont accepté un odieux contrat : s'infiltrer dans la maison, en bons candidats comme les autres, puis jouer les marionnettes pour la production et obéir aux ordres, quitte à y perdre leur âme. Car, n'est-ce pas perdre son âme que d'accepter de séduire une personne innocente sous prétexte de pimenter l'émission, sans prendre en compte le risque de dommages irréversibles dans leur vie ? Double tromperie ! Incitation à l'adultère et duperie… Décidément, la trash télé ne recule devant rien pour séduire l'audimat. À la rédaction, nous sommes donc choqués d'apprendre que Gabriel a une aventure avérée avec Andrea. Son infortuné mari, qu'elle a laissé à la maison, n'a pas de quoi se réjouir. D'autant qu'elle n'aura bientôt plus que les yeux pour pleurer quand elle apprendra que ce Gabriel, guignant probablement un poste intéressant à la télévision, s'est sans scrupules joué d'elle. Quant à l'autre actrice en herbe, Cindy, nous dirons qu'elle a la main ! Le pauvre Francis – quinqua sans doute désabusé du mariage et peu reconnaissant envers sa femme, Myriam, qui lui a donné quatre enfants – est tombé dans ses filets comme un bleu. Deux couples légitimes risquent donc de laisser des plumes dans cette affaire. Merci qui ? Merci la prod' ! Ne reste plus qu'à leur souhaiter bon courage. Nous avons hâte d'assister au dernier épisode ! Il promet d'être piquant à souhait. La production aura ainsi réussi à atteindre ses objectifs d'audience. Triste morale de fin pour une émission qui avait la prétention de véhiculer une autre image de la parentalité. »

L'article s'étend sur trois colonnes et publie aussi des photos accablantes : des ordres de mission de Gabriel et Cindy, leur demandant de séduire Andrea et Francis.

— Comment ont-ils pu avoir accès à ces données ? Je n'arrive pas à me l'expliquer… Est-ce que nos ordinateurs auraient pu être piratés ? se tourmente Yann D.

— Ou alors quelqu'un a réussi à pénétrer dans la salle secrète ? suggère Natacha.

— Impossible ! Il faut un code… intervient François T., sur les nerfs. Natacha, rassure-moi, on a bien fait signer un contrat de confidentialité à tous les intervenants dans l'émission ?

— Évidemment !

Natacha a mauvaise mine et les traits tirés. Cette histoire peut lui coûter cher.

— Je ne sais pas ce qui a pu se passer… bredouille-t-elle. Nous ne sommes pas si nombreux à connaître le rôle secret de Gabriel et Cindy. Il y a vous et moi, et l'équipe des scénaristes… Aucun intérêt pour nous de divulguer ces informations !

François T. et Yann D. acquiescent.

— C'est sûr, reprend François T.

— Je ne vois qu'une chose… enchaîne Natacha. L'un des participants a découvert d'une manière ou d'une autre la mission secrète de nos infiltrés et a décidé de se venger. La question est : qui ?

— Il me semble qu'on peut rayer d'emblée Andrea et Francis. Il faudrait être maso pour s'autodénoncer dans la presse.

— Ça me paraît clair ! rétorque Natacha. Reste donc Sandrine, Lolo, Karen, Marie-Jo, Roland…

— Et Myriam, surtout ! pointe François T. Si elle a découvert le rapprochement entre Cindy et son mari, cela lui donne un mobile tout trouvé.

Yann D. s'est mis debout et arpente la pièce, plongé dans une profonde réflexion.

— En même temps, maintenant, le mal est fait. On peut toujours s'amuser à courir après un coupable, ce n'est pas ça qui permettra de racheter notre réputation ! Nous mènerons notre enquête, mais les recours seront minces et les sanctions, ridicules. Ce n'est pas l'urgence. À moins que nous ne fassions d'une pierre deux coups…

Tout le monde est aux aguets.

— C'est-à-dire ? demande Natacha, curieuse d'entendre sa solution.

Sur le visage de Yann D., on lit comme un eurêka.

— Nous allons, pour la grande finale, préparer une confrontation qu'ils n'oublieront pas de sitôt. Et, qui sait si, dans la mêlée, le coupable ne se prendra pas les pieds dans le tapis…

36

L'ambiance est étrange pour ce dernier jour au sein du château et, comme si cela avait été fait exprès, il pleut à verse. Le tournage aura lieu pour la première fois en direct, sans différé ni possibilité de montage partiel. Le soir même, de 19 heures à 20 h 30, heure de diffusion habituelle. Andrea croise Gabriel dans le couloir de l'étage. Leurs mains se frôlent et leurs regards en disent long sur leur intimité. Les derniers jours ont été incroyables. Une véritable lune de miel. Andrea n'en revient toujours pas de cette rencontre qui l'éblouit, la charme, la fait se sentir belle et vivante de nouveau. *Si tu n'y prends pas garde, tu vas tomber amoureuse de lui !* se dit-elle. Hypocrisie ! Amoureuse, elle l'est déjà.

— Tu vas préparer tes bagages ? lui demande-t-elle en espérant qu'ils auraient un peu de temps libre à passer tous les deux.

— Oui ! Et toi ?

— Moi aussi, et à mon avis j'en ai pour plus longtemps que toi !

Il rit et la regarde avec tendresse, puis il se penche pour lui chuchoter à l'oreille :

— Si on se débrouille bien, on pourrait finir à temps pour se retrouver après le déjeuner à la cabane Chatterley… Qu'est-ce que tu en dis ?

— J'en dis que vous savez comment me débaucher, monsieur.

— Je plaide coupable !

Il se penche pour frôler ses lèvres d'un rapide baiser qu'elle repousse.

— Arrête ! On pourrait nous voir…

Ils se quittent à regret et rejoignent leur chambre pour commencer l'empaquetage. Frisbee, qui a encore échappé à la vigilance de sa maîtresse, fonce droit sur Andrea et lui tourne autour en réclamant des caresses.

— Tu vas me manquer, boule de poils !

Un instant plus tard, Karen débarque.

— Ah ! Te voilà, sac à saucisses ! Tu crois que je n'en ai pas marre de te courir après ?

La dispute est de courte durée et se transforme rapidement en séance de papouilles.

— T'es trop mère poule ! rigole Andrea. Il ne ratera pas une occasion de te faire tourner chèvre.

— C'est déjà trop tard, s'amuse Karen, consciente de sa permissivité excessive. Alors, c'est le départ ? Pas trop triste ?

Karen est la seule à savoir pour Gabriel. Andrea n'a pas pu résister à se confier, car elle était persuadée que Karen ne la jugerait pas.

— Si, triste… Même plus que ça !

Elle s'assoit sur le lit aux côtés d'Andrea et pose une main sur l'épaule de son amie.

— Il ne faut pas ! Je suis sûre que vous allez vous revoir. Il est fou de toi, ça crève les yeux.

— Je ne sais pas… Et si ce n'était qu'une aventure de vacances ? Un feu de paille ?

— Tu te biles pour rien. Crois-moi, je sais reconnaître un homme amoureux quand j'en vois un. Et si tu faisais juste un pas après l'autre ?

— Je ne te dis pas comme ça se bouscule dans ma tête. Tant qu'on est au château, c'est simple. Mais maintenant que nous devons retourner à nos vies, j'ai peur que ça se gâte… Et qu'est-ce que je vais dire à mon mari ?

Karen caresse frénétiquement Frisbee, comme pour trouver les bonnes réponses.

— Tout ça, c'est de l'anticipation anxieuse. Et si tu essayais de prendre les choses comme elles viennent et d'avoir plus confiance en la vie ? Si c'est un véritable amour que tu as rencontré, les fils se démêleront d'eux-mêmes…

— J'aimerais avoir ta sérénité !

La journée s'écoule agréablement, comme une dernière journée de vacances, le cœur partagé, tantôt joyeux, tantôt gros du départ annoncé. Les candidats se succèdent au maquillage et au stylisme. La prod' a mis à leur disposition des tenues incroyables pour la soirée.

— On va être beaux comme des astres ! s'est exclamé Roland en enfilant un somptueux costume trois pièces en jacquard noir avec col Mao, signé Mario Moyano.

L'accessoiriste lui tend un haut-de-forme et une canne pour compléter sa tenue. Leur soirée va ressembler à un bal et se tiendra dans le grand salon gris, pour profiter du faste de ses lustres en cristal ancien.

Natacha s'éclipse des préparatifs pour s'entretenir une ultime fois avec les producteurs. Elle les appelle en visioconférence.

— On est d'accord sur le déroulé ?

— Oui, tout est paré, répond Yann D.

— On commence par la cérémonie du Daron d'Or, alors ?

— Exactement ! Sony révélera le grand gagnant de l'émission, comme convenu. On a prévu l'intervention de notre huissier habituel, qui annoncera face caméra le résultat des votes des téléspectateurs, comptabilisés depuis six semaines. Le résultat est sous scellés, mais heureusement, a priori, ni Cindy ni Gabriel ne sera lauréat, après le scandale de l'opération séduction…

Finalement, c'est ce que nous voulions dès le début, non ? Le magazine people aura fait le travail à notre place. Ça ne manque pas d'ironie !

Natacha et François T. acquiescent.

— Et c'est juste après la remise du trophée que vous comptez lâcher vos révélations ? Vous avez conscience du coup de tonnerre que ça représente ? Ça risque d'être un carnage en direct ! Vous ne croyez pas qu'on devrait leur révéler la vérité avant l'émission ?

— Non ! Si on fait ça, ils risquent de ne pas vouloir participer à l'ultime épisode. On ne peut pas se le permettre.

— Vous êtes sûrs de vous ?

— …

— François ? Yann ? Une réponse ?

— Oui, on est sûrs, Natacha. On n'aurait jamais imaginé en arriver à ces extrémités, mais que dire… Ce n'était pas prévu que l'un des participants se transforme en balance pour nous planter un couteau dans le dos. Maintenant, il faut laisser les candidats s'expliquer devant le public.

— Vous n'avez pas l'impression surtout de les envoyer dans la fosse aux lions ?

— Tout de suite les grands mots ! Ces explications, de toute façon, ils auraient dû les avoir hors caméra. C'est sûr que Gabriel et Cindy risquent de tomber de haut. Comme les autres occupants du château, ils sont restés coupés du monde et n'ont pas eu droit à leur téléphone portable depuis le début de l'émission. Mais les prévenir maintenant, c'est ruiner notre effet de surprise face caméra pour la grande finale. Si on veut sauver l'émission du désastre, on n'a pas d'autre choix que de leur faire ce sale coup.

En raccrochant, Natacha soupire et se dit que, certaines fois, elle a vraiment envie de quitter le métier. À contre-cœur, elle s'entoure d'une équipe pour préparer cette salle qui va devenir la scène d'une tragicomédie.

C'est l'heure. Les caméras filment les candidats en grand apparat qui patientent dans l'entrée, au pied du majestueux escalier. Les portes du salon gris sont encore fermées pour ménager le suspense. Les discussions vont bon train et l'ambiance est joyeuse. Sony les invite finalement à entrer, et tout le monde pousse des exclamations ravies.

Lorsque les participants pénètrent dans la salle, ils sont éblouis par les jeux d'éclairage émanant à la fois des lustres éclatants et des chandeliers d'époque, dont les hautes bougies laissent onduler une flamme hypnotisante. Le décor est féerique, et le buffet, digne des plus grandes tables. Les statues vivantes sont là aussi et s'animent une à une pour venir servir une coupe de champagne à chaque convive.

Puis, un grand écran se déploie sur le mur et projette les moments culte des six dernières semaines passées au château. Sony commente les images. Rires, larmes, émotions… Le montage est réussi. Enfin, le moment est venu de révéler le grand gagnant de l'émission. Maître Bleize, huissier de justice, entre dans le salon gris et s'avance au milieu de la pièce avec la discrétion et le pas feutré de l'homme étranger aux feux de la rampe. Les candidats retiennent leur souffle. L'enjeu est énorme : 100 000 euros à la clé ! Maître Bleize décachète l'enveloppe en ménageant ses effets, puis prononce dans un souffle le nom du gagnant. « Andrea ! » Celle-ci hurle de surprise et plaque ses mains sur sa bouche pour bloquer les « Ah mon Dieu, ah mon Dieu » qui ne cessent d'en sortir. Deux statues humaines vont la chercher dans l'assemblée et la font grimper sur la petite estrade installée pour l'occasion. Des cotillons et des paillettes tombent sur sa tête tandis qu'on lui remet le trophée du Daron d'Or, beau comme un César. Il représente une silhouette humaine qui porte et protège un magnifique œuf d'or en le serrant contre son ventre, symbole de la *daronnerie* dans sa plus belle expression.

Andrea s'en saisit d'une main tremblante. En vérité, elle a le souffle coupé. Sony lui demande de dire quelques mots dans le micro sur ses premières impressions, mais elle n'est capable que de balbutier des mercis entrecoupés de larmes de bonheur. Qu'importe. Elle est aussi touchante qu'une Miss France qui vient de recevoir sa couronne et, à l'écran, son émotion crée l'engouement. Sur les réseaux sociaux, les messages se déchaînent. Le public est au rendez-vous : l'émission a le succès escompté.

Non loin de là, Natacha, imperturbable, lance son ordre aux techniciens.

— On passe à la phase deux. Lancez les coupures de journaux.

Captivés par la célébration en cours, ils ne l'entendent pas de prime abord.

— *NOW !* s'écrie Natacha avec la fermeté d'un président qui appuie sur le bouton rouge.

Dans le salon gris, une trappe s'ouvre du plafond et des dizaines de copies de l'article diffamatoire en tombent. Les candidats, pensant à une nouvelle surprise, s'en emparent joyeusement. Puis, chacun commence à lire et les visages se décomposent un à un. La musique se tait.

Roland est le premier à réagir.

— Qu'est-ce que c'est que cette histoire ? C'est une plaisanterie ou quoi ?

— Dites-nous que ce n'est pas vrai ! s'écrie Lolo en serrant fort la main de Sandrine à ses côtés.

Spontanément, tout le monde s'est tourné vers les principaux intéressés. Gabriel est livide. Sa pâleur rivalise avec le blanc de la nappe. Cindy baisse les yeux et a du mal à cacher son embarras. Andrea fixe Gabriel depuis l'autre bout de la pièce, puis s'avance lentement vers lui.

— Gabriel, regarde-moi, c'est un coup monté ? C'est une farce ? On va nous dire que c'est pour la caméra cachée ?

Il ne répond rien. Le choc l'a totalement tétanisé. Son silence achève Andrea. Les larmes lui montent aux yeux.

— Alors c'est vrai ? Tout ce qu'on a vécu, c'était du *fake* ?

— Non ! hurle-t-il. Jamais de la vie !

— Menteur !

Gabriel ne sait pas comment se justifier et il redoute qu'elle ne veuille rien entendre de ses arguments.

— Écoute-moi, Andrea ! Je te jure que ce que je ressens pour toi est tout à fait réel. Oui, c'est vrai que nous étions en mission, Cindy et moi, au départ. Nous devions juste flirter avec vous pour pimenter l'émission, rien de plus. Et puis…

— Et puis tu as bien profité de moi ! crie-t-elle, hors de contrôle.

— Non ! Je suis tombé amoureux de toi, voilà.

— Tais-toi, tais-toi ! Je ne veux plus rien entendre.

— Caméra deux. Zoom sur Andrea, ordonne Natacha en coulisses.

Elle se précipite vers la porte de sortie. Stupéfiée, elle s'aperçoit qu'elle est bloquée.

— Putain ! Ils nous ont enfermés ! On ne peut pas sortir.

Andrea commence à pleurer à chaudes larmes. Karen accourt à ses côtés pour tenter de la calmer, tandis qu'une autre scène se joue entre Myriam et son mari.

— Caméra une. Zoom sur Francis et Myriam.

— Ah ! Il est beau, l'exemple que tu donnes à tes enfants, tiens ! Que vont-ils penser de leur père qui fricote avec une jeunette, hein ?

Francis se tient droit et digne pour assurer sa défense.

— Je ne nie rien. Tout est vrai et je l'assume. Oui, Cindy m'a attiré dès le départ et j'ai eu envie d'elle, même s'il ne s'est rien passé entre nous.

— Juste parce que vous n'en avez pas eu le temps, crache Myriam, rageuse. Tu n'as pas honte ?

— Non, je n'en ai pas honte parce que j'estime que j'ai le droit d'être un homme qui a encore l'âge d'avoir des désirs. Le désir, entre nous, ça fait longtemps qu'il n'existe plus. J'ai essayé, les premières années, que la flamme vive entre nous, mais tu me repoussais chaque fois et tu n'avais d'yeux que pour les enfants.

— Ah, parce que maintenant, tu me reproches mon implication pour tenter d'être une bonne mère ?

— Mais arrête avec tes jérémiades de bonne mère ! s'écrie Francis. Tu ne leur as pas dit, à tous, comment ça a tourné chez nous, ton éducation de mère parfaite, hein ?

— Tais-toi...

Myriam est livide.

— Non, je ne me tais pas, c'est fini de me taire ! Tu leur as tellement mis la pression, à nos gosses, pour qu'ils réussissent et qu'ils soient des « enfants parfaits », que Bertrand a développé une phobie scolaire et que Constance veut maintenant qu'on l'appelle « Aubin » et s'est fait percer la langue sans même nous en parler. Alors, je crois que tu es très mal placée pour donner des leçons à quiconque !

Les yeux de Myriam se remplissent de larmes.

— C'est immonde de dire ça.

— C'est juste la vérité ! Tu as tellement voulu nous contrôler qu'on s'est tous sentis étouffés ces dernières années, moi le premier. Tu as projeté sur nous tes désirs, tes attentes pour qu'on ressemble à une famille parfaite... Mais ça n'existe pas.

— Donc vouloir le meilleur pour les miens, c'est mal ? éructe-t-elle, le visage déformé de rancœur.

— Parfois, on veut tellement bien faire qu'on finit par faire mal... Ce n'était plus ma femme, à mes côtés, mais un ersatz de supérieure hiérarchique, aux commandes d'une PME.

— Mais une famille, c'est une PME ! hurle-t-elle.

— Pas pour moi…

— Et ça te donne le droit de batifoler avec la première minette venue ?

Elle lance un regard mauvais en direction de Cindy, qui n'ose pas intervenir dans le conflit.

— C'est en effet un bon prétexte pour franchir le pas.

— Quel pas ?

— Celui de nous séparer.

Myriam devient livide.

— Tu m'ôtes les mots de la bouche.

Elle lève un poing vengeur vers Francis et sa voix chevrote.

— Je ne te pardonnerai jamais ce que tu as fait ! J'espère que tu as rempli ton album de moments joyeux, parce que tu ne risques pas d'en connaître de nouveaux avant un bout de temps : je ne vais pas te rater avec le divorce.

Les quelques bonnes âmes de la maison tentent de calmer les esprits, mais la pièce n'est plus que désolation. Gabriel enrage et parle au plafond pour obliger Sony la Boule à sortir. Il s'adresse directement à la prod'.

— Vous êtes contents, là ? J'espère que ça vous plaît d'étaler notre souffrance. Du drame, du sang, des larmes… Vous pouvez jubiler, vous allez l'avoir, votre record d'audimat !

La mine et les cheveux défaits, il commence un monologue digne d'un grand théâtre face à Sony qui, il le sait, le relie directement aux producteurs.

— Je l'aime, moi, cette femme ! crie-t-il en pointant son bras en direction d'Andrea, recroquevillée dans un coin de la pièce.

Prostrée, elle fait mine de se boucher les oreilles pour ne pas entendre le discours de Gabriel.

— Voilà, maintenant, elle ne va jamais me croire avec toutes ces conneries. Alors qu'est-ce qui s'est passé ? Vous étiez censés nous garantir la confidentialité et vous n'avez même pas été capables de nous protéger ! Parce que, pour vous, on n'est rien d'autre que des pions ; pire, des ustensiles à usage unique pour battre votre mayonnaise et que la sauce prenne dans votre téléréalité de merde ! Mais est-ce que vous lui avez dit, au moins, à Andrea, pourquoi je faisais ça, hein ?

Il s'approche d'elle en titubant. Celle-ci a un mouvement de recul. Il se met à genoux devant elle.

— Je t'en supplie, Andrea, il faut que tu m'écoutes ! Si j'ai accepté cette mission, c'est pour mon fils. Parce que je suis père, pour de vrai ! Il s'appelle vraiment Victor, il a douze ans. Il est formidable, tu verras… Sa mère l'a emmené loin de moi, en Norvège. Elle fait tout pour m'éloigner de lui, pour lui donner une mauvaise image de moi, parce que je ne gagne pas assez ma vie comme comédien, tu comprends ? Cette émission, c'était une chance unique de m'en sortir, pour enfin avoir les moyens de m'occuper de mon fils…

— Tais-toi, tais-toi ! Je ne veux pas les connaître, tes raisons. Tu me dégoûtes !

Une sirène retentit. Sony la Boule prend la parole.

— Au nom des producteurs et de toute l'équipe, je vous adresse mes excuses pour ces scènes bouleversantes. Nos amis téléspectateurs ont déjà eu vent de l'affaire il y a quelques jours et, après un sondage express sur les réseaux sociaux, ils étaient très nombreux à désirer cette explication ce soir, à l'antenne. Ils souhaitent aussi savoir par qui l'information a fuité. En effet, il y a une taupe parmi vous qui est allée trouver la presse en secret. Il reste une demi-heure de direct pour tenter de percer à jour la vérité.

Un climat délétère s'abat sur le groupe. Myriam met rapidement fin au suspense.

— Ne cherchez pas, c'est moi qui suis allée voir la presse, dit-elle avec un calme troublant. J'assume totalement.

Les candidats en restent sans voix. Un ange passe avant que le chaos ne se déchaîne pour de bon. La prod' reprend l'antenne. Sony, planté dans un décor réalisé en animation 3D, s'adresse au public en maître de cérémonie solennel.

« Merci, chers amis téléspectateurs, d'avoir assisté à la saison 1 de la Darons Academy, qui s'achève comme un feu d'artifice, tout en éclats. Ce soir, nous sommes passés par toutes les couleurs des émotions, nous avons eu du rire, des larmes, des grandes joies et des petits drames, comme le théâtre de la vie. Et c'est ce que nous voulions montrer à travers la Darons Academy : la vie des darons telle qu'elle est. Merci à nos candidats, fabuleux, d'avoir prouvé qu'avant d'être parents, on reste des êtres de passions, de chair et de sang. Et que derrière chaque daron ou daronne, il y a un adulte qui a besoin de vibrer, d'aimer, de s'accomplir pour lui-même…

» Amis darons, déculpabilisez d'être de simples humains. Vous avez fait, vous faites et vous ferez des erreurs, même avec la meilleure volonté du monde – peut-être même *surtout* avec la meilleure volonté du monde ! Inspirez-vous d'Éric Berne, le célèbre psychiatre. À travers ses ouvrages, il véhiculait l'idée que lorsque vos enfants sont dans la peine ou les difficultés, il ne faut pas vous en attribuer toute la faute. Et quand, au contraire, vos enfants sont dans la réussite, vous ne pouvez vous en attribuer tout le mérite. Chers darons, vous pouvez souffler : tout ne repose pas sur vos épaules ! Et chers enfants de darons, puisse ce programme vous avoir aidé à porter un autre regard sur vos parents. Ce n'est pas un métier facile et il n'existe pas de cursus d'apprentissage en *daronnerie*. En clôturant cette saison, nous avons donc une certitude : il n'y a pas de parents parfaits ! Et nous sommes fiers de vous avoir présenté une belle brochette de darons parfaitement imparfaits. Merci de nous avoir suivis, *ciao*, bonsoir ! »

Le générique est envoyé avec sa musique devenue hit du moment. Bilan de l'audience : 1,9 million. En coulisses, Yann D. et François T. sabrent le champagne.

37

La voiture a quitté le château depuis environ une demi-heure et Andrea, assise à l'arrière, seule, se tient silencieuse, emmurée dans ses pensées agitées. Elle a mis ses lunettes noires et regarde le paysage défiler sans y prêter attention. Elle veut cacher ses yeux, ses yeux bouffis de désolation par les pleurs de la nuit qui ne s'étaient pas taris.

L'épisode du salon gris avait été un véritable désastre. La découverte de la trahison de Gabriel l'avait dévastée. Elle aurait voulu pouvoir fuir tout de suite et en veut furieusement à la prod' de les avoir enfermés le temps du direct, pour que les téléspectateurs ne perdent pas une miette de leur séisme émotionnel. C'était encore un trop beau cadeau que de montrer à Gabriel à quel point elle était affectée, ce qui n'aurait pas été le cas si elle ne tenait pas à lui. La chute est à la hauteur des sentiments qu'elle lui porte. Elle a la gueule de bois sans avoir bu. Nauséeuse, elle n'avait rien pu avaler au petit déjeuner. Dire au revoir à sa camarade de chambre n'avait pas arrangé les choses. Elle a une vraie affection pour Karen et espère qu'elle pourra la revoir en dehors de l'émission. Mais elle se méfie des belles promesses de fin de colonie de vacances.

Elles s'étaient prises dans les bras et Andrea avait pleuré de nouveau.

— Ne pleure pas, ma belle ! On va rester en contact, je te promets !

Frisbee aussi avait la prunelle triste. Les chiens n'ont pas leur pareil pour capter les atmosphères. Il tournait autour d'Andrea et de sa valise et reniflait les deux comme pour s'imprégner de leur signature olfactive et ne jamais les oublier.

Ce soir-là, Myriam avait refusé de partager sa chambre avec son époux. Marie-Jo l'avait acceptée dans la sienne. Bien qu'elle n'approuve pas ses débordements ni son geste stupide de vengeance dans la presse, elle n'avait pas voulu lui tourner le dos. Solidarité féminine ? Oui. Et compassion également : Marie-Jo ne se souvenait que trop bien de la trahison de son propre conjoint, qui l'avait laissée en plan avec leurs quatre enfants pour convoler avec une jeune femme.

Andrea n'était pas la seule ce matin-là à porter des lunettes noires pour le dernier petit déjeuner. Gabriel aussi affichait un visage creusé et blafard, tout comme Francis, effondré par les révélations de la veille et par la réaction violente de sa femme. Néanmoins, une part de lui était presque soulagée de mettre fin à la mascarade du « couple parfait ». Certes, Myriam ne déméritait pas avec les enfants, mais pouvait-elle en vouloir aussi durement à son mari de ce flirt avec Cindy, alors même qu'elle se refusait à lui depuis presque deux ans ? Le cœur de Myriam s'était éteint, comme si elle avait transmis toute son affection à ses enfants et qu'il ne restait plus rien pour son mari. Francis n'en pouvait plus de voir sa vie sentimentale et sexuelle sèche comme un désert de Gobi. Il craignait la séparation. Cela impliquait un changement de vie radical. Pourtant, il préférait cela plutôt que continuer dans le mensonge.

Il avait eu un échange avec Andrea.

— Et comment crois-tu que ton mari va se comporter à ton retour ?

— Je ne sais pas… Je crois que ça va créer une crise sans précédent…

— Tu vas tenir le coup ?

Andrea avait haussé les épaules, encore trop abattue pour songer à l'étape suivante.

Sandrine et Lolo repartaient plus soudés que jamais. L'expérience au sein du groupe avait été riche pour eux d'enseignements et de réflexions. Lolo avait promis à tout le monde qu'il allait devenir un papa plus mature, prêt à mieux poser du cadre ; une parole qui avait eu l'approbation spéciale de Marie-Jo, grande experte de l'éducation « bordée ». Ces deux-là s'étaient trouvés. Marie-Jo devait s'inspirer de Laurent pour devenir plus joyeuse et détendue, et Lolo, lui, pouvait observer les méthodes de Marie-Jo et en prendre de la graine. Roland, quant à lui, avait eu des nouvelles de ses enfants, qui avaient été épatés par sa présence au sein de la Darons Academy et qui commençaient à changer d'avis sur leur père. *Au moins, certains auront des retrouvailles réjouissantes*, s'était dit Andrea.

Cette fois-ci, la vie au château s'éloigne pour de bon. Andrea est assommée d'émotions. Jusqu'au bout, elle n'avait pas voulu parler à Gabriel. Pourtant, elle ne cesse de penser à lui. Elle ne savait pas qu'on pouvait détester et aimer en même temps.

Tout ça n'aura bientôt plus beaucoup d'importance, songe-t-elle, tandis qu'elle reconnaît les ruelles de son quartier. *Je serai bientôt à la maison.* Bien sûr, il faudra gérer la crise, mais elle saura y faire pour que le courroux de Marc s'apaise. Oui, c'est de ça dont elle a envie. De calme. De retrouver sa routine… Elle tente de s'en convaincre.

La voiture arrive devant son immeuble et Andrea a un mouvement d'effarement. Une horde de journalistes l'attend et la bombarde de questions sitôt qu'elle met un pied dehors.

— Andrea ! Est-ce que vous allez continuer votre histoire avec Gabriel ?

— Andrea ! Par ici ! Qu'est-ce que vous allez faire de l'argent que vous avez gagné ?

— Andrea ! Est-ce que Gabriel embrasse mieux que votre mari ?

« Andrea ! Andrea ! Andrea ! »

Elle s'engouffre dans l'immeuble en quatrième vitesse. *Pourvu qu'ils ne me suivent pas à l'intérieur !* se dit-elle tandis que les pulsations de son cœur s'emballent. Enfin, elle est devant chez elle. Vite, elle fouille dans son sac à main pour trouver la clé et l'insère d'une main tremblante dans la serrure. La porte, à la surprise d'Andrea, reste bloquée. *Ne me dis pas qu'il a mis l'entrebâilleur ?* Si, Marc a en effet délibérément mis le système anti-intrusion. Elle reste là, incrédule, sur le palier, ne sachant que faire, à la porte de sa propre maison… Elle appuie à répétition sur la sonnette et tambourine en même temps.

— Marc, ouvre-moi ! C'est ridicule ! Il faut qu'on parle.

Au bout de longues minutes, il finit par ouvrir.

— Je n'ai rien à dire à une salope.

L'insulte est comme une gifle. Andrea en a le souffle coupé. Elle s'attendait certes à une mauvaise réaction, mais pas aussi radicale. Elle tente l'empathie.

— Marc ! S'il te plaît. Laisse-moi t'expliquer… Soyons adultes !

— Toi, adulte ? Tu t'es comportée comme une sale morveuse égoïste ! Tu m'as ridiculisé devant la France entière. Tu as baisé avec ce minable sans même penser à moi, à ma réputation. Toi et moi, c'est fini, t'entends ? Alors fous-moi le camp ! Tu n'as plus rien à foutre ici.

— Mais, mais… Je suis chez moi, quand même !

— Ma femme était chez elle, oui. Mais la salope que tu es devenue, non. Rendez-vous au tribunal.

Et il claque la porte brutalement. Andrea s'écroule sur le paillasson et se met à pleurer. Plus rien ne bouge. Elle laisse passer de longues minutes puis comprend que, pour l'instant, il n'y a plus rien à faire. Elle finit par sortir son téléphone et appelle sa sœur, qui habite Paris aussi. Elle lui explique la situation en quelques mots hachés par des hoquets de larmes.

— Bouge pas, j'arrive.

Les deux sœurs, même si elles ne se voient pas souvent, ont toujours eu l'une pour l'autre une affection sincère. Andrea descend au rez-de-chaussée pour l'attendre. Elle constate avec soulagement que les journalistes sont partis. Quand la voiture de Sabine arrive, un flot de reconnaissance l'envahit, un peu comme au cinéma quand on voit débarquer le héros. Elle monte à bord et se laisse emporter, hagarde, incapable d'avoir la moindre pensée cohérente. Elle n'est plus ni une daronne ni une femme, mais juste un petit zombie triste et gris.

38

Quand Andrea pénètre dans le salon, Sabine éteint précipitamment la télévision et se retourne vers elle avec un grand sourire.

— Ah ! Tu as meilleure mine qu'hier soir ! La douche était bonne ? Je suis allée te chercher des croissants, et le café est encore chaud.

Andrea la remercie. Elle n'a pas faim et se contente de se servir une tasse de café. Ses cheveux sont enturbannés dans une serviette orange. Elle s'est frottée des pieds à la tête, comme pour se laver des ondes négatives reçues ces dernières quarante-huit heures.

D'un œil extérieur, elle a été coupable d'adultère. Cela, elle ne peut pas le nier. Elle n'avait rien réussi à contrôler avec Gabriel. L'histoire s'était déroulée avec une fluidité désarmante. Entre eux, on pouvait parler d'évidence. Pourquoi est-ce qu'avec certaines personnes les choses sont si compliquées, laborieuses, alors qu'avec d'autres elles se mettent en place naturellement ? Si elle comprenait la réaction de Marc, elle lui en voulait malgré tout pour deux raisons : d'une part, même si elle avait commis une faute, il n'était pas obligé de l'insulter aussi violemment ; d'autre part, le poids de cette faute ne s'allégeait-il pas quand on considérait les dernières années, pendant lesquelles son mari s'était si peu occupé d'elle et l'avait maintenue dans un constant état de frustration ? Elle devait presque supplier pour faire l'amour ! Privée de mots doux, d'encouragement ou de soutien, elle ne se sentait pas valorisée dans son rôle de mère ni dans celui de maîtresse de maison. Tout était dû.

Celui des deux qui commet l'adultère passe toujours pour le méchant. Mais si l'on y regarde de plus près, le jugement est moins tranché, et la répartition des torts, très partagée. Faut-il d'ailleurs chercher un coupable ? Andrea n'en est pas sûre. Elle s'était forcée à maintenir à tout prix une vie de famille, alors que le cœur n'y était plus. Voilà la vérité. Peut-être est-il temps d'avoir le courage de regarder en face un fait : leur mariage est fini. Le mot *courage* résonne dans la tête d'Andrea. C'est une chose de dire qu'on va partir. C'est autre chose de le faire pour de vrai. Tout un tas de raisons matérielles et de résistances psychologiques se dressent. Sa sœur s'en aperçoit.

— Toi, tu es encore en train de cogiter ! C'est interdit, au moins pour les trois prochains jours, compris ? Jusqu'à ce que tu sois un peu remise. Dis-moi plutôt ce que tu as prévu de faire.

Andrea dispose encore d'une semaine avant de reprendre le travail à la crèche, selon l'arrangement convenu avant le début de l'émission. Il y a de tels nœuds dans son cerveau pour l'heure qu'elle n'arrive pas à penser à la suite… Elle est encore sous le choc d'avoir gagné la cagnotte de 100 000 euros. Comment va-t-elle mettre ce pécule à profit ? Et pourquoi ne pas s'autoriser une reconversion professionnelle ? Elle adore les enfants en bas âge, mais elle assume aussi d'en avoir marre des cris, des couches… Elle voudrait passer un concours de cadre de santé et devenir ensuite formatrice en puériculture. Le cachet versé par la prod' devrait lui permettre de concrétiser ce rêve. De profonds changements se profilent et elle en est à la fois terrorisée et surexcitée. Une chose est sûre : elle n'aime plus Marc. Les œillères sont tombées. Désormais, elle ne peut plus tricher avec elle-même. L'idée d'un divorce la tétanise.

Pourtant, elle sait que c'est le prix à payer pour tenter de retrouver le bonheur ou, à défaut, une liberté régénérante.

— Ouh, ouh ! Tu rêves encore ! Tu ne m'as pas répondu sur ton programme du jour, miss Dans-les-Nuages.

— Oh, excuse-moi… J'étais très loin, en effet. Tout à l'heure, on doit se voir avec ma fille. C'est gentil, elle se faisait du souci pour moi.

— Ça ne m'étonne pas. Elle tient à toi, Suzanne.

Andrea émet un rire timide.

— Tu crois ? Pour comprendre nos ados, on aurait parfois besoin d'un décodeur. J'ai eu tant de fois l'impression qu'elle n'en avait rien à faire de moi.

— Tu sais que ce n'est pas vrai ! Crois-moi, elle sait qui est là pour elle.

Les paroles de Sabine l'apaisent un peu. Elle serre sa sœur dans ses bras et la remercie.

— Qu'est-ce que je deviendrais si je ne t'avais pas ?

— Plein de choses, répond Sabine laconiquement. Allez, va te préparer ! Ta fille sera contente de te voir en forme… Et moi aussi !

Quand Andrea sort de l'immeuble de sa sœur, elle se sent déjà plus rassérénée et envisage l'avenir d'un œil moins sombre. Elle est pressée de voir sa fille, de savoir comment elle va, comment elle vit les choses et surtout d'avoir des nouvelles de sa terrible histoire avec Nicolas.

— Alors, tu as récupéré la liste ? demande Andrea avec inquiétude.

Suzanne raconte comment elle a réussi à remettre la main sur cette odieuse liste. Elle n'avait plus que cette idée en tête depuis le jour où elle avait surpris une conversation dans les toilettes des garçons, où elle allait parfois quand il y avait trop la queue dans celles des filles. Nicolas y racontait ses exploits à deux camarades et leur avait lu la liste des filles du bahut qu'il avait dépucelées. Une bonne dizaine ! La façon dont il se vantait de sa « collection d'hymens » donnait des haut-le-cœur ! L'honneur de Suzanne était définitivement sali.

Lorsqu'elle en avait parlé avec sa mère, elles étaient tombées d'accord sur leur priorité numéro un : récupérer cette liste, preuve des intentions dégradantes de ce garçon. Suzanne avait mis sa meilleure amie Nola dans la confidence pour mettre au point un stratagème. Nicolas rangeait cette liste dans une poche intérieure cachée de son blouson. Pendant la récréation, Nola avait reçu pour mission de renverser par inadvertance un chocolat bouillant sur le vêtement de Nicolas. Elle s'était confondue en excuses et avait proposé au garçon d'aller nettoyer pour lui le blouson. C'est ainsi qu'elle avait récupéré la liste sans difficulté.

— Et après ? demande Andrea à sa fille.

— Le lendemain, il s'est aperçu que la liste n'était plus dans sa poche et il a fini par faire le rapprochement avec Nola. J'étais avec elle quand il l'a coincée pour avoir des explications. Je ne voulais pas qu'il l'embête, alors j'ai craqué, je lui ai dit que c'était moi qui voulais récupérer la liste. Il était furieux ! C'était l'horreur ! Heureusement que Nola était là, ça m'a donné la force de ne pas me démonter devant lui.

— Et qu'est-ce que tu lui as dit ?

— Que j'irai voir chacune des filles pour récupérer leur témoignage et que je bousillerai sa réputation. Il m'a répondu qu'il n'en avait rien à foutre de sa réputation, qu'il n'avait forcé personne.

Suzanne émet un soupir désabusé.

— Bref, je pense qu'on ne pourra pas faire grand-chose. Je n'avais qu'à être moins naïve.

— Arrête ! Ne dis pas ça ! On ne peut pas laisser passer. Je crois que c'est important que ça se sache pour que cela cesse.

— Je ne vois pas comment, maman…

— Moi, j'ai ma petite idée.

Dans les jours qui suivent, Andrea s'investit corps et âme dans cette histoire, ce qui l'aide à se mettre à distance de la sienne. Elle retrouve chaque fille concernée et raconte l'odieux pari de Nicolas passé avec ses potes : s'amuser à déflorer un maximum de filles du lycée. Cette révélation choquante a l'effet d'une bombe dans l'esprit de chacune d'elles. Andrea et Suzanne n'ont pas de mal à les convaincre de s'unir pour rendre à Nicolas la monnaie de sa pièce. Ensemble, elles échafaudent un plan et se réunissent en secret après les cours, chez Sabine, pour caler les détails. Andrea supervise les opérations et orchestre les répétitions. L'événement ciblé approche : la grande fête d'automne de Balthazar, la coqueluche du lycée, qui, chaque année, organise une soirée mémorable aux frais de ses darons nantis – pétés de thunes, comme dirait Suzanne. Tout le monde se bat pour être invité. Nicolas ne manquerait ça pour rien au monde : Balthazar est son meilleur ami. Lorsque le jour J arrive, les filles sont au comble de l'excitation, et nouées de trac en même temps.

— Et si jamais on se rate ? gémit Suzanne, en perte totale de confiance. On sera la risée de toute l'école !

Andrea la rassure à grand renfort de superlatifs booste-moral. Cela finit par fonctionner. Les filles se retrouvent à la soirée. Elles sont convenues qu'il était plus malin d'arriver séparément pour ne pas éveiller les soupçons. Une fois sur place, chacune se met dans l'ambiance de la fête comme si de rien n'était et suit les instructions d'Andrea : faire semblant de boire et de s'amuser en attendant l'heure H de l'action, 22 heures. Elles ont synchronisé leur montre. Quand l'heure fatidique arrive, les filles se regroupent au point stratégique : le buffet bar. C'est le spot le plus en vue. Telles des rock stars, elles installent leurs micro-oreillettes sans fil reliées à une petite enceinte. L'attention se tourne rapidement vers elles, et les invités se massent autour du petit groupe pour assister à ce qu'ils pensent être une animation surprise. Ils n'imaginent pas à quel point. Suzanne lance la musique à fond et les filles entament une chorégraphie de street dance avec un groove impressionnant. Leurs mouvements deviennent de plus en plus audacieux. Non seulement elles dansent, mais elles chantent aussi ! L'enthousiasme des garçons vire à l'hystérie et ils sifflent si fort qu'ils ne percutent pas tout de suite les paroles de la chanson.

Y en a partout
D'ces drôles de cocos
Qui savent rien faire
Que d'jouer au coq
Pour s'taper des filles à gogo
Y en a partout
D'ces drôles d'oiseaux
Qui ont un pois chiche dans l'cerveau écrasé par leur gros ego
Cherchez pas, c'est toujours comme ça
Chez les mous du haricot

L'ambiance est devenue électrique. Les jeunes adorent l'esprit provocant de la chanson et en redemandent. Ils brandissent leur smartphone pour ne pas perdre une miette de ce moment amené à devenir culte. Les filles se déchaînent de plus belle. Le coup de projecteur sur Nicolas, c'est maintenant…

Y en a partout
Des mecs comme Nico

Elles le pointent du doigt en chœur.

Vous fiez pas à ses airs d'aristo
Dans la culotte, l'est pas réglo !
Nico, Nico
T'as voulu jouer avec nos peaux
Pour crâner d'vant tes potos

Nico, Nico,
C'est pas beau
D'rigoler sur notre dos
Nico, Nico,
C'était la dernière fois
Que tu prenais nos premières fois
T'en fais pas, on s'en remettra
Et sûrement plus vite que toi
Pour kiffer au lit, on a toute la vie
Par contre toi, c'est mal barré
Pour l'expression, désolées
Parce qu'au plumard, t'es un zéro
Faut pas jouer les héros
Quand on sait pas où est un clito
Retourne chez ta mère, mytho !
Avant qu'on t'fasse vraiment bobo…

Au moment où la dernière note retentit, les filles enlèvent leur top et révèlent le tee-shirt imprimé juste en dessous : « Nico est un zéro », avec les deux *o* dessinés sous forme de sens interdit.

L'assemblée reste une fraction de seconde médusée, puis les applaudissements éclatent à tout rompre. Nicolas tente d'intervenir pour crier à qui veut l'entendre que c'est n'importe quoi, un pur délire, qu'il ne faut pas écouter ce que ces folles racontent. Ses copains de classe sont goguenards. Quant à la jeune fille qu'il « ciblait » pour la soirée, elle s'avance vers lui sans masquer sa rage et lui renverse son verre de bière sur la tête avant de lui tourner le dos. Les filles se tombent dans les bras, ivres de joie d'avoir eu leur revanche. Un pansement pour leur permettre d'aller de l'avant.

Suzanne s'éclipse pour passer discrètement un coup de fil à sa mère. Andrea est heureuse. Nicolas rasera sûrement les murs dorénavant, et peut-être que l'épisode l'amènera à réfléchir à ses relations avec les femmes et au respect qu'il leur doit. En espérant qu'il ait compris la leçon !

Une fois cette affaire réglée, Andrea s'est remise à cogiter. Et la douleur s'est réveillée. Celle due à l'hostilité de son mari et, surtout, à la disparition de Gabriel, dont elle est responsable. N'est-ce pas elle qui a exigé qu'il ne l'approche plus et ne cherche en aucun cas à entrer en contact avec elle ? Certes, elle n'arrive pas à pardonner le mensonge de son double jeu. Mais force est de constater que son absence crée un vide presque insupportable dans son cœur. La situation est si tendue avec son mari qu'il est hors de question de réintégrer le domicile conjugal. Elle ne peut indéfiniment squatter chez sa sœur, elle finirait par être un poids. Elle s'est donc mise en quête d'un petit appartement à louer pour pouvoir accueillir Suzanne au plus vite. Pour l'instant, elles se croisent le temps d'un café ou d'un déjeuner. Sa fille vit mal le tête-à-tête forcé avec son père. Andrea tente de la rassurer. Explique que son père et elle vont tout faire pour que la situation s'éclaircisse au plus vite. D'ailleurs, Marc n'a pas perdu de temps. Il a déjà pris un avocat pour entamer une procédure de divorce. De si gros bouleversements dans sa vie devraient occuper toute la tête d'Andrea. Pourtant, elle ne cesse de penser à Gabriel…

39

Depuis que Gabriel a quitté le château, il est dans un état second. Le retour chez lui a été difficile. Quand il avait accepté ce projet d'émission, il était loin de se douter de la lourde charge émotionnelle qui lui retomberait sur le dos. Finalement, l'expérience de la Darons Academy l'avait sacrément chamboulé. L'aventure avec Andrea n'y était pas étrangère. Il était pourtant très échaudé des relations amoureuses, depuis son divorce. Les sentiments embrouillaient tout, on se faisait de belles promesses, on se disait des mots d'amour et puis, très vite, c'était les montagnes russes et cela finissait presque immanquablement par une blessure, une désillusion, une grosse claque. Un homme averti en vaut deux. Alors comment avait-il trouvé le moyen de tomber amoureux d'Andrea malgré les précautions prises pour conditionner son cerveau ? Il avait été très prudent, mais Andrea l'avait cueilli sans qu'il n'y prenne garde. Il était furieux contre la prod' de lui avoir donné pour mission de la séduire. Maintenant, il passait pour un traître, un salaud sans scrupules, alors que jamais de sa vie il n'avait été aussi sincère dans ses sentiments. Quelle ironie du sort ! Apparemment, le bonheur ne voulait pas de lui.

Il a pris rendez-vous avec la production de l'émission pour régler ses comptes. Assis en face de François T. et Yann D. dans leur imposant bureau, il tente de ne pas se laisser démonter, pour oser dire ses quatre vérités. Il leur rappelle avec véhémence leur promesse au moment de la signature du contrat.

— Vous m'aviez dit que, si j'acceptais cette mission et ce double jeu dans la Darons Academy, vous me proposeriez un poste d'animateur sur votre chaîne !

Les producteurs l'écoutent sans piper mot, cachant mal leur embarras.

— Tu comprends, bégaie Yann D., après le scandale qui a explosé dans la presse people, on ne peut pas te confier une émission tout de suite… Il faut attendre que les débris de l'explosion retombent.

— J'ai besoin de ce boulot et de cet argent pour récupérer la confiance de mon ex, et pouvoir aller voir mon fils en Norvège ou le faire venir plus souvent à Paris, vous le savez ! J'ai fait tout ça pour lui. Vous ne pouvez pas me lâcher maintenant.

Gabriel sent son poing se serrer et la veine de son front devenir pulsatile sous l'effet de la colère.

— On ne te lâche pas, bredouille François T. On laisse couler un peu d'eau sous les ponts. Promis, on revient vers toi dans quelques mois.

— Quelques mois ? Mais c'est maintenant que j'en ai besoin !

— On est désolés, Gabriel. On ne peut rien te proposer pour l'instant…

Gabriel sort furieux de l'entretien et regagne son petit deux-pièces de banlieue en ruminant. En arrivant chez lui, il attrape une bière chinoise dans le frigo, se laisse choir à même le sol et boit au goulot en essayant de ravaler sa frustration. Son ex choisit ce moment-là pour l'appeler, et une fois encore lui faire une leçon de morale sur son mode de vie à cause duquel il tire le diable par la queue en permanence.

— Tu crois que c'est un exemple pour ton fils ? Ne jamais avoir un emploi stable, ne pas savoir de quoi demain sera fait ?

— Désolé d'être artiste, raille-t-il.

— Arrête de faire le malin, et trouve-toi un job digne de ce nom ! Tu ne perceras jamais comme comédien.

Désabusé, Gabriel encaisse. À quoi bon relever ?

— Tu peux me passer Victor, s'il te plaît ?

— D'accord, mais deux minutes, répond-elle sèchement. Après, il faut qu'il aille à son cours de tennis.

— Papa ?

— Mon grand fils ! Comment tu vas ?

L'émotion éraille sa voix.

— Je vais bien. J'ai eu 15 en maths, et 17 en histoire. Et aussi, j'ai gagné à la balle au prisonnier ! Papa ?

— Oui, mon fils ?

Victor chuchote dans le combiné.

— Tu sais, moi, je trouve que t'es un super comédien !

Une boule d'émotion serre la gorge de Gabriel.

— Merci, fiston, tu es un amour…

— Je te souhaite bonne chance, papa, et j'espère qu'on va se voir bientôt. Au revoir !

Gabriel se retrouve de nouveau seul dans cette pièce, avec une bière à moitié vide, et il songe tristement que ce n'est pas encore demain la veille qu'il pourra s'occuper de son fils comme il le voudrait. Lui rendre visite le plus souvent possible en Norvège, le gâter, l'emmener en vacances… Son ex le prend pour un raté. Rectification : tout le monde le prend pour un raté ! N'est-ce pas ce qu'a dit le journal people qui a dénoncé sa mission d'agent double au sein du château ? Rien ne dit non plus que les producteurs tiendront parole pour lui offrir, d'ici quelques mois, un poste fixe d'animateur télé. La galère semble vouloir s'installer. Et par-dessus le marché, il a perdu Andrea. Il aimerait tant pouvoir lui parler. Écouterait-elle seulement ? Et de toute façon, aurait-elle envie de s'investir avec un comédien de second rang, qui a si souvent du mal à joindre les deux bouts ? Peut-être devrait-il

la laisser en paix. Son mari a une bonne situation à lui offrir. N'est-ce pas égoïste d'imaginer la reconquérir ?

Il laisse passer les jours en traînant son âme comme un fardeau. L'image d'Andrea le poursuit jusque dans ses songes les plus profonds. Ce qu'il s'est passé entre eux va au-delà du rapprochement des corps. Il sait qu'elle est son âme sœur. Quelque chose d'unique les connecte. *Je n'ai pas le droit de laisser passer ça*, finit-il par se dire. Alors, au septième jour, il décide de la retrouver coûte que coûte. Natacha, la responsable du programme, n'a pas voulu lui donner l'adresse d'Andrea. Heureusement, son assistante, qui l'a à la bonne, lui a fait une fleur. Il sait qu'elle est mariée et qu'il ne peut pas se pointer chez elle, comme ça, pour lui parler. Il est prêt à guetter la sortie de son immeuble aux heures où elle est susceptible de partir travailler – il se fiche de devoir attendre longtemps. Tout ce qu'il veut, c'est avoir une chance de s'expliquer.

À 7 h 30, Gabriel est déjà en train de faire le pied de grue. Il bruine. Il remonte son col ; il a froid, mais a aussi la détermination chevillée au corps. À 7 h 50, la porte cochère s'ouvre. Ce n'est pas Andrea, c'est sa fille, Suzanne, qu'il a déjà vue en photo. Elle l'aperçoit. Il tente de se cacher, mais il est trop tard. Va-t-elle continuer sa route ? C'est ce qu'il espère, mais non. Elle se met en mouvement dans sa direction et l'accoste.

— Vous êtes Gabriel ?

Il ne peut pas nier.

— Qu'est-ce que vous faites là ?

— Je… Je dois absolument parler à ta mère.

— Elle n'habite plus là pour le moment.

— Ah…

La jeune fille se tortille d'un pied sur l'autre et paraît hésiter à aller plus loin dans ses révélations.

— À vrai dire, mes parents se sont disputés fort après l'émission… Vous devez vous en douter, non ?

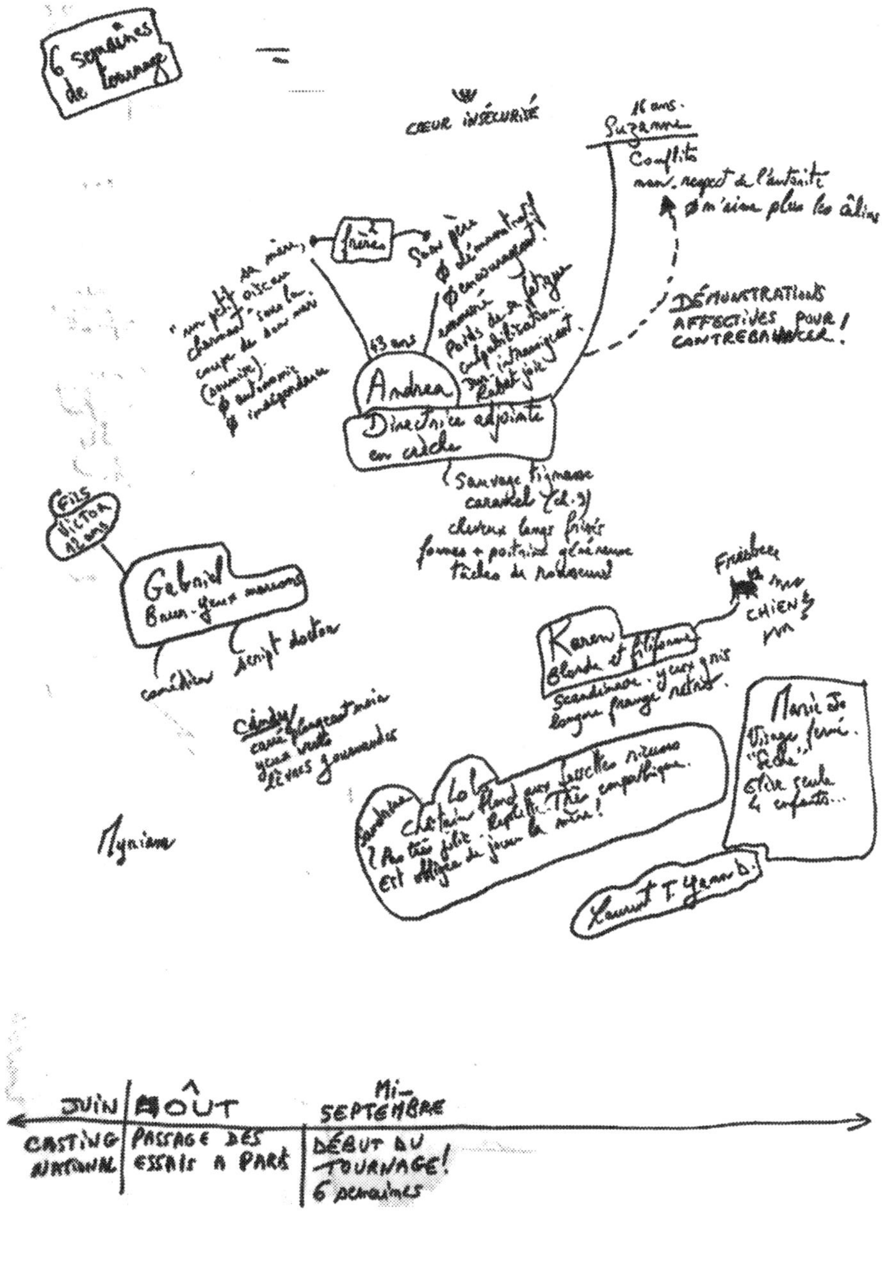
6 semaines de tournage
CŒUR INSÉCURISÉ
11 ans.
Suzanne
Conflits
non-respect de l'autorité
DÉMONSTRATIONS AFFECTIVES POUR CONTREBALANCER!
2 frères
43 ans
Andrea
Directrice adjointe en crèche
Sauvage tignasse caramel
cheveux longs frisés
formes + poitrine généreuse
taches de rousseur
Fils Victor 12 ans
Gabriel
Karen
Blonde et filiforme
CHIEN
Marie Jo
Visage fermé.
"sèche"
élève seule 4 enfants...
Myriam
Laurent T. Yann D.
JUIN
AOÛT
MI-SEPTEMBRE
CASTING NATIONAL
PASSAGE DES ESSAIS A PARIS
DÉBUT DU TOURNAGE!
6 semaines

Making of du roman
Extraits de mes carnets de travail

La colère des ados

Se coucher les cheveux mouillés !

" Soit jeune et tais toi ! "

" Ce n'est pas hôtel restaurant ici "

" Demander l'autorisation comme des bébés

" Tu comprendras quand tu auras des enfants

" Tu feras comme tu voudras quand tu seras chez toi "

" La oui mais non si le copain doit venir " impression de déranger

" ma Daronne elle aimerait bien se sentir chez elle ".

- Ingérence des parents ex. pour choisir meuble Ikea : " je suis devenue une handicapée de la prise de décision
- inégalité entre frères et soeurs (chouchoutage ≠ sévérité).
- Ils prodiguent des conseils (non-sollicités) par contre moi je dois me taire !
- Etre " femme de substitution " ou " mari de substitution "

Tannière, refuge sécurisant.

- " J'ai pas demandé à venir au monde ! " (se sentir être un poids / pas désiré.)

Père qui part du jour au lendemain avec une autre...

- absence
- fatigue
- irritabilité

∅ dialogue

∅ choses cachées

∅ écoute

♡ disponibilité

♡ Du temps de qualité.

C'est quoi une maman modèle ?

bien manger
faire du sport
CNV
parentalité positive
être soutenant mais ne pas s'imposer
être ouverte d'esprit en mode copine mais garder l'autorité.
accompagner, soutenir mais laisser faire.

injonctions contradictoires !

Andrea en vient à envier les couples divorcés...

On ne parle pas de « cocooning de croissance » mais de « crise de croissance » !

C'est une très bonne nouvelle que votre ado soit en crise ! Il va se mettre en mouvement pour réfléchir sur lui, sa vie, ses comportements, sa relation aux autres. Il va commencer à « sentir » ce qui lui va et ce qui ne lui va pas. La crise permet de « chercher la sortie »... Hautement salutaire !

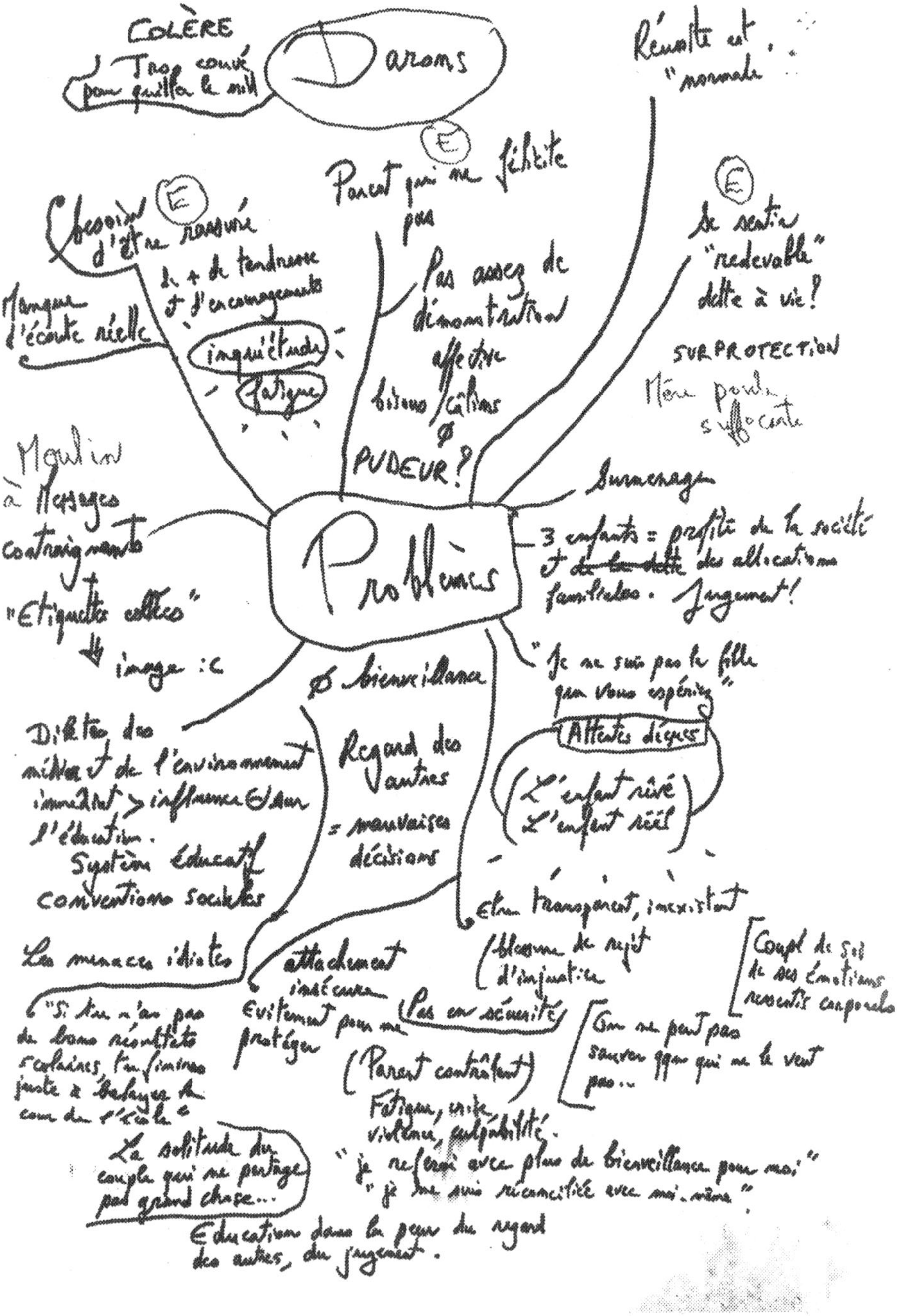
COLÈRE
Trop couvé pour quitter le nid
Darons
Réussite est "normale"
E
Parent qui ne félicite pas
E
Besoin d'être rassuré
de + de tendresse et d'encouragements
Manque d'écoute réelle
inquiétude
fatigue
Pas assez de démonstration affective
bisous / câlins ∅
PUDEUR ?
E
Se sentir "redevable" dette à vie !
SURPROTECTION
Mère poule suffocante
Moulin à Messages contraignants
+
"Etiquettes collées"
⇓ image :c
Surmenage
Problèmes
3 enfants = profite de la société et ~~de la dette~~ des allocations familiales. Jugement !
∅ bienveillance
"Je ne suis pas la fille que vous espériez"
Attentes déçues
L'enfant rêvé
L'enfant réel
Diktat des milieux et de l'environnement immédiat > influence ⊕/sur l'éducation.
Système éducatif
conventions sociales
Regard des autres
= mauvaises décisions
Être transparent, inexistant
Blessure de rejet d'injustice
Coupé de soi de ses émotions ressentis corporels
Les menaces idiotes
attachement insécure
Évitement pour me protéger
Pas en sécurité
On ne peut pas sauver qqun qui ne le veut pas...
"Si tu n'as pas de bons résultats scolaires, tu finiras juste à balayer la cour de l'école"
(Parent contrôlant)
Fatigue, crise, violence, culpabilité.
La solitude du couple qui ne partage pas grand chose...
"je me refais avec plus de bienveillance pour moi"
"je me suis réconciliée avec moi-même"
Éducation dans la peur du regard des autres, du jugement.

MAMMA CULPA

- Culpabilité de bien faire
- Jugement en permanence
- Lassitude / perdre patience !
- Moulin à messages contraignants = épuisement !
- Je t'ai transmis mes peurs, mes angoisses

Conflit intérieur entre Disponibilité et besoin de réalisation personnelle !

Double rôle :
accompagner ado + parents vieillissants !
Solitude ! Seule face à la lourde tâche

Objectifs

- Être moins dur avec soi-même
- S'aimer plus.

☹

Je n'ai pas "ma bulle"
Trop c'est trop !
Charge mentale
Cocon...
Et moi ? Qui s'occupe de moi ?
Ingratitude.
Se sentir "rejetée" par son enfant
Pas assez de reconnaissance !

— Je suis désolé.

— Ne le soyez pas. Moi, ça fait des années que j'en rêve, qu'ils se séparent enfin.

— Ah bon ?

Gabriel est perplexe. Il ne sait quelle tête se composer entre la commisération et l'explosion de joie. Suzanne le dévisage comme pour sonder ses intentions à l'égard de sa mère.

— Ma mère, vous l'aimez ? demande-t-elle sans détour.

La réponse sort toute seule, malgré lui.

— Oui.

La jeune fille semble satisfaite.

— Parfait. Alors retrouvez-moi après mes cours, à 16 heures, au café en face de mon bahut. On discutera.

Il acquiesce, étonné par sa maturité et son ouverture d'esprit. Après tout, il n'est qu'un étranger pour elle. Pourtant, elle lui donne une chance inespérée de s'expliquer. Vient-il de trouver une alliée pour se rapprocher d'Andrea ? Il ne tardera pas à le savoir.

40

Gabriel étouffe de chaud dans son costume et maudit l'idée que Suzanne lui a soufflée pour plaire à sa mère.

La jeune fille lui avait accordé un long moment au café. Il s'était demandé pourquoi elle prenait la peine de l'aider.

— J'ai vu ma mère il y a trois jours. Et quand elle a fini par me parler de toi, elle n'a pas mâché ses mots. Elle t'a traité de tous les noms. Je l'avais rarement vue aussi remontée ! Par contre, j'ai observé le reste de ses gestes, et j'ai trouvé qu'ils n'étaient pas en accord avec ses paroles : ses yeux étaient tristes et elle avait l'air agitée. Elle n'a pas arrêté de triturer sa serviette en papier, jusqu'à la disloquer en petites miettes. Quand je lui ai demandé si elle t'aimait bien, elle s'en est défendue bec et ongles !

— Alors c'est très mauvais signe, tout ça ?

La jeune fille avait explosé de rire, comme s'il venait de dire une imbécillité plus grosse que lui.

— Bien sûr que non ! C'est tout l'inverse ! Tu n'y connais vraiment rien aux femmes, toi.

Il avait d'emblée accroché au fort caractère de Suzanne. Bien trempé, mais au fond plein de générosité.

— Et tu crois qu'elle pourrait me pardonner ?

— Je ne sais pas... Peut-être. Ce qui est sûr, c'est que tu vas devoir mettre le paquet.

— Pourquoi tu m'aides ?

— J'me demande ! Probablement parce que t'as une bonne tête d'idiot sincère. Et parce que j'en ai marre de voir ma mère malheureuse en amour. Ça fait longtemps que c'est fini entre mes deux parents. Ils étaient les seuls à ne pas s'en apercevoir ! Grâce à cette émission, ils vont enfin oser tourner la page.

— Je te remercie. Et j'espère pouvoir te prouver bientôt que je suis sincère, et pas forcément idiot !

Ah, elle devait l'aimer, sa daronne, pour vouloir à ce point son bonheur ! Au château, Andrea avait laissé entendre qu'elle en avait vu des vertes et des pas mûres avec sa fille. Pas facile, les ados en lisière de l'âge adulte. Certains ont besoin de couper le cordon à la hache pour se libérer du carcan familial. D'où certainement un passage par des comportements agressifs, revendicatifs, protestataires… Faut-il vivre la parentalité comme une tyrannie pour avoir le cran de s'insurger et de s'extraire du nid trop douillet ? Quoi qu'il en soit, Suzanne semblait avoir pris conscience de tout ce que sa mère lui offrait de précieux, et sa colère de jeune ado révoltée était retombée comme un soufflet. Gabriel était touché de l'aide qu'elle lui avait proposé, acte hautement symbolique pour se racheter auprès de sa mère et renouer des liens un temps distendus. Suzanne et Gabriel s'étaient quittés bons amis, et la jeune fille s'était retournée vers lui une dernière fois en croisant les doigts pour lui porter chance.

Sa chance, c'était maintenant. Dans ce parc. À 16 heures, heure de sortie de crèche. Un itinéraire qu'Andrea emprunte tous les jours. Gabriel est arrivé depuis vingt minutes, et des enfants commencent à l'aborder. Il faut dire qu'il fait sensation avec son costume de Dingo ! Dingo ! Le personnage mythique de Disney, un grand chien anthropomorphe, meilleur ami de Mickey, connu pour sa maladresse. C'est Suzanne qui lui a donné l'idée.

« Ça reste entre nous, mais sache que ma mère est restée par certains côtés une grande enfant et qu'elle adore les personnages de Disney. De toi à moi, on passe au moins un week-end par an à Disneyland, et je peux te dire qu'elle n'est pas la dernière à s'en donner à cœur joie. »

Ce n'était pas tombé dans l'oreille d'un sourd.

Gabriel a l'habitude de jouer la comédie ; pourtant, en cet instant, le trac lui noue les entrailles comme avant une première. Des parents lui demandent des photos avec leurs gamins et il se prête au jeu gentiment, tout en restant sur le qui-vive pour guetter l'arrivée d'Andrea. Quand il l'aperçoit, il délaisse aussitôt le groupe d'enfants pour s'approcher d'elle. Mais les petits s'accrochent à lui pour le retenir.

— Reste, Dingo ! On veut jouer avec toi !

— Plus tard, promis ! Maintenant, il faut me lâcher la manche.

Il reste le plus doux possible, mais s'inquiète de voir Andrea s'éloigner. Il doit parcourir au moins cent mètres en courant pour la rattraper, ce qui, avec un costume aussi volumineux, relève de l'exploit. Essoufflé, il arrive à sa hauteur et lui tapote l'épaule. Elle sursaute quand elle se retourne.

— Vous m'avez fait peur !

— Je… Je suis désolé ! Vous me connaissez, je suis…

— Dingo, oui, je sais, lui répond Andrea, amusée. Je vous adore ! Et votre costume est très réussi. Qu'est-ce que vous me voulez ?

— Je suis venu vous dire que, si l'on m'appelle Dingo, c'est que… je suis dingue de vous.

Andrea le regarde avec des yeux médusés.

— Je ne comprends pas. C'est un gag ?

Dingo se met à genoux et retire son énorme tête pour laisser apparaître celle de Gabriel, en nage, défait, décoiffé, mais avec des yeux brillant d'une intensité fiévreuse. Il attrape la main d'Andrea.

— Oui, je suis dingue de toi, Andrea ! Il faut que tu me croies. Tout ce qu'on a vécu, ce n'était que du vrai et du beau. Dis-moi ce qu'il faut que je fasse pour que tu me pardonnes.

Les enfants et les mamans, attirés par la scène, les ont encerclés et attendent le dénouement. Agacée, elle retire sa main.

— C'est un peu facile, non ? Tu crois que je peux tout effacer comme sur une ardoise magique ? Et puis, c'est quoi ce déguisement grotesque ?

— C'est ta fille…

— Quoi, ma fille ?

Gabriel craint qu'Andrea ne se fâche encore plus après ça.

— Oui, je l'ai rencontrée et c'est elle qui m'a donné l'idée.

Gabriel voit qu'Andrea est perplexe. Elle se demande probablement pourquoi sa fille a voulu aider un inconnu comme lui.

— Elle est charmante. On s'est entendus à merveille.

Andrea ne sait plus quoi dire. Gabriel la fixe avec ses prunelles sombres aux éclats noisette et perçoit le début d'une hésitation. Il s'engouffre dans la faille et saisit de nouveau ses mains pour la supplier.

— Je t'en prie, accorde-moi une seconde chance.

Le groupe de curieux encourage Andrea.

— Allez ! Dites oui !

Après un long silence, elle finit par relever Gabriel. Elle a des larmes dans les yeux. Elle s'approche d'un pas, fait encore mine d'être terriblement fâchée, puis, n'y tenant plus, l'enlace.

Les badauds les applaudissent. Puis, lorsque les amoureux commencent à s'embrasser comme s'ils étaient seuls au monde, les mamans décident qu'il est temps de rentrer à la maison prendre le goûter.

Quinze jours plus tard, Gabriel et Andrea déjeunent ensemble à la terrasse d'un restaurant du quartier. Andrea serre précieusement dans sa poche la lettre que sa fille lui a remise la veille au soir, une lettre comme on n'en écrit plus. Une lettre qui deviendra un talisman, un symbole de leur lien précieux qu'elle a eu si peur de perdre. Suzanne, en lui offrant ces mots tendres et sincères, la réconcilie avec son métier de maman. La lettre finit ainsi :

« Maman, pardonne-moi mes humeurs d'ado, mes p'tits bordels, mes chaussettes sales et mon poil dans la main... Je serai toujours là pour toi, comme tu l'as été pour moi. Merci, je t'aime. »

Ces phrases ont pris tout leur sens, et sont venues s'appliquer comme un onguent sur son cœur. En la lisant, elle a ressenti une joie immense, comme si sa fille était venue réparer un terrible sentiment de non-reconnaissance, une blessure de non-amour...

Sans le savoir, Suzanne a adoubé sa daronne. Lui a rendu son titre de parent. Alors, à son tour, Andrea a ressenti le besoin de lui écrire une lettre. Le matin même, elle a choisi avec soin, dans la papeterie Makkura, le papier à lettres washi appelé « Gloire du matin ». Andrea aime particulièrement la texture de ce papier fabriqué au Japon et qui ressemble à de la soie. Véritable bijou, il possède des motifs au graphisme élégant dont le relief rehausse la présence. Andrea s'est dotée d'un stylo-plume, et s'est amusée à remplir sous vide le réservoir d'une encre noire chaude et intense. Pour écrire cette lettre à sa fille, rien ne devait être laissé au hasard !

Ma Suzanne,

Ce papier à lettres que tu tiens entre les mains s'appelle « Gloire du matin ». Je l'ai choisi exprès pour toi qui es au plus bel âge, à l'orée de ta vie d'adulte. Bientôt, tu voleras de tes propres ailes. Alors, je ne peux m'empêcher de me retourner sur ces dernières années de maman. Un drôle de rôle à jouer, pas toujours si drôle ! Éduquer est un devoir si ingrat… Quand il s'agit d'offrir des peluches, de s'extasier des risettes et gazouillis, tout le monde est partant ! C'est une autre histoire quand vient l'heure des tempêtes à essuyer et des crises à surmonter aux différents âges, comme celle du « non » à trois ans, ridicule comparée à celle du « grand non » de l'adolescence.

Je n'étais pas préparée, je crois. Mais qui l'est ? Quand tu es arrivée, j'avais déjà ton frère, il est vrai. Pourtant, j'ai eu le sentiment d'être aussi novice que la première fois. Je me sentais gauche, anxieuse : tu semblais si petite, si fragile ! Je m'étais dit : « Une fille, ce sera plus facile. » Ce sera une mini-moi. On se comprendra, forcément ! Je ne m'attendais pas à ce que nos caractères soient si différents. Il faut dire que j'avais projeté beaucoup de choses : les passions, les goûts, les projets que nous aurions en commun. Que d'attentes j'avais placées en toi ! Or, chaque enfant est unique, chaque personnalité aussi. Je ne savais pas encore que le fruit n'est pas fait pour l'arbre : on n'élève pas des enfants pour soi. Les parents ne devraient rien prévoir, rien prédire. Car l'enfant n'est pas là pour satisfaire leurs ambitions, mais pour trouver les siennes et tracer son propre chemin. Je suis un peu longue à la détente, je commence seulement à comprendre !

Je me revois dans cette maternité, la deuxième fois avec le même sentiment d'étrangeté que la première, en voyant ce petit être couché à côté de moi, toi, dans le berceau translucide qui te servait de lit. Toujours cette impression qu'en devenant mère, j'effaçais un peu la Andrea qui, peu de temps auparavant, était encore une jeune fille insouciante et égoïste. J'enfilai ce rôle comme une robe mal ajustée, je me sentais minuscule devant cette écrasante responsabilité d'accompagner un être à grandir et à s'épanouir. Depuis ce jour, je n'ai plus eu qu'une obsession : tenter de faire du mieux possible. Sauf qu'à vouloir bien faire, parfois, quand on est daron, on finit par faire mal.

« Inquiétude » est devenu mon deuxième prénom. Tu ne tenais jamais en place ! Une vraie terreur. Je craignais que tu te fasses mal. J'ai dû battre le Guinness des records *du nombre de fois où l'on prononce le mot* attention *! Éduquer, c'est amusant quand l'enfant l'accepte avec docilité. Toi, tu n'as jamais voulu que je t'apprenne quoi que ce soit. J'aurais adoré jouer à la maîtresse d'école, mais tu m'envoyais toujours balader. J'avoue : je voulais te transformer, te conformer, pour que tu sois une bonne élève. Je voulais tant recevoir mes palmes de parent parfait ! Je t'en ai voulu, fut un temps, de ne pas être la petite fille modèle dont j'avais rêvé. Tu détestais le rose, les tresses et les poupées. Pour Noël, tu demandais souvent des personnages de jeux de guerre. Je rêvais de te voir en tutu mais tu préférais la street dance. Maintenant, je suis capable de dire « mille fois tant mieux » ! Parce que tu es toi, tout simplement, et je sais les trésors que tu portes en toi.*

Je te demande pardon pour les fois où j'ai manqué de patience. J'aurais aimé être un parent exemplaire qui explique sans s'énerver, qui prend vraiment plaisir à jouer au parc et à mettre de la farine partout pour confectionner de bons gâteaux. Être aussi capable de sentir le vent tourner à l'adolescence !

Je n'ai pas vu venir l'orage qui grondait pour assouvir ton besoin d'autonomie et d'émancipation… J'ai continué à te traiter comme une petite fille, peut-être parce que je n'avais pas envie que ma petite fille s'éloigne si vite de moi. En persistant à te materner, je ne me suis pas rendu compte que je t'infantilisais jusqu'à dénigrer ta capacité à t'en sortir sans moi. Je ne voulais pas admettre que tu avais besoin de plus de liberté dans tes choix. Au risque de te tromper ! Si tu savais comme il est compliqué pour les parents de grands adolescents de vouloir à la fois continuer de les protéger et accepter de les laisser vivre leurs expériences, quitte à ce qu'ils commettent des erreurs, quitte à ce qu'elles s'avèrent douloureuses…

Je m'en veux de ce qu'il t'est arrivé avec ce garçon. J'aurais voulu être plus proche de toi à ce moment-là et que tu te sentes à l'aise pour te confier à moi. On ne peut malheureusement pas réécrire l'histoire ni tout effacer. J'espère juste que l'amour que je t'apporterai saura cicatriser peu à peu cette blessure…

Maintenant que tu as grandi, il nous faut toi et moi réinventer notre relation. Trouver la bonne distance. Doser ma présence. Ni trop ni pas assez. Comme en conduite accompagnée, c'est toi qui tiens le volant, mais on garde encore un peu les doubles pédales ! Notre complicité, je la désire tellement. Par moments, tu aimes te moquer de mes travers de daronne. J'en prends pour mon grade quand tu me traites de perroquet détraqué parce que je te répète en boucle de ranger ta chambre, de reboucher le dentifrice, de pendre ta serviette mouillée, mais c'est si drôle quand tu m'imites ! Imparable aussi, ton sketch de moi en monomaniaque du légume, qui monologue dix-huit fois par jour pour que tu manges les portions quotidiennes requises.

Puisqu'on est à l'heure de vérité, il faut que je te le dise : comme ça m'énerve quand tu essayes toute ta garde-robe pour choisir une tenue, et que les montagnes de vêtements s'accumulent partout dans la maison ! Tu les sèmes comme un Petit Poucet. On peut te suivre à la trace depuis la salle de bains, en passant par le salon, pour finir dans ta chambre, de préférence par terre, en boule dans un coin. Chaque fringue que tu essayes finit à l'envers et froissée. Pourtant… elles me manqueraient, ces trois machines par semaine qui tournent à plein régime ! Ce jour-là, cela voudra dire que tu es partie pour de bon… Que je ne verrai plus tous les jours ta frimousse. Que je ne t'entendrai plus crier « maman » d'un bout à l'autre de l'appartement, pour que j'arrive sur-le-champ.

« Maman. » Mon cœur tressaille encore quand je prends conscience de l'ampleur de ce mot. C'est moi qui ai créé cet être qui me dépasse maintenant d'une tête ? Ah, ma

Suzanne, toi et moi, on est passées par toutes les phases. On a traversé les bronchiolites, les otites, les angines… Les bobos, les bagues à toutes les dents, l'appendicite surprise en vacances, les galères de plâtres… Je me souviens des bêtises, les bonbons volés à la boulangerie, les placards en laque gravés avec la pointe des ciseaux, la fausse crotte posée sur la chaise de la maîtresse – une blague nulle de 1er avril qui nous a valu une convocation chez la directrice –, et j'en passe… Puis le jour où je t'ai grillée alors que tu venais de faire le mur pour aller en boîte avec Nola, j'ai eu peur. Que tout aille trop vite. Je me suis dit qu'il fallait absolument que je resserre la vis. Cela a marqué un tournant. J'ai perdu confiance en toi et plus rien n'a été comme avant. Je me suis crispée, enferrée, emmêlée dans mon rôle de daronne plus bonne qu'aux remontrances. J'ai oublié que, moi aussi, j'ai eu seize ans autrefois, avec l'envie irrépressible de vivre ma vie à corps perdu, de voltiger dans les airs de l'insouciance sans le filet imposé des parents. J'ai manqué de souplesse, ma Suzanne, et j'ai perdu de vue le plus important : nous ! Mais n'oublie pas que je me suis retrouvée dans le moment ingrat par excellence où le parent se cogne sur les parois en béton de l'adolescence. Le cadre, les limites. Je sentais que tu en avais besoin. Jouer le bad cop *n'a rien d'une partie de plaisir. Je l'ai fait parce qu'il le fallait. L'amour, ce n'est pas que brosser dans le sens du poil. Tu m'as détestée à ce moment-là. J'assume. Un daron n'est pas là que pour faire plaisir. Tu connais la citation : « Le temps qu'un homme comprenne que son père avait sans doute raison, il a généralement un fils qui pense qu'il a tort. » C'est de Charles Wadsworth. Même si tu es une fille, tu comprends l'idée générale !*

Je te l'avoue, moi aussi j'ai parfois eu envie de jeter l'éponge. Je me suis sentie terriblement blessée quand je t'ai vue t'éloigner de moi et me rejeter. J'ai été assaillie par un sentiment d'injustice et une colère foudroyante. « Après tout ce que j'ai fait pour elle… », voilà ce que j'avais dans la tête. Maintenant que l'orage est derrière nous et que nous avons surmonté cette épreuve, je pense que la tempête était inévitable : le parent d'un grand adolescent consacre plus de dix ans à son éducation, il s'est souvent oublié en cours de route, a consenti nombre de sacrifices pour faire passer son enfant en priorité ; alors, certainement, il est en partie normal d'avoir des moments de ras-le-bol quand son ado dépasse les bornes.

Je te demande pardon si, dans ma colère contre toi, il y a eu aussi beaucoup de choses qui ne t'appartenaient pas : la colère contre mon couple qui commençait à prendre l'eau, pour mon métier d'infirmière puéricultrice que j'avais dû abandonner à ta naissance, l'impression d'être passée à côté de ma vie de famille et d'en subir plus les contraintes que les joies. Et dans ta colère contre moi, il y avait sûrement aussi beaucoup de colère contre toi-même, le décalage entre tes ambitions, ton envie de réussir ta vie, et tes résultats scolaires très mitigés. Tu vois, derrière notre colère à toutes les deux, il y avait aussi de la peur et de la tristesse.

Qu'importe, l'essentiel pour moi aujourd'hui, c'est qu'après le choc créé par la collision de nos colères respectives, une fois les débris de l'explosion retombés, une nouvelle ère s'ouvre, où je sens que nous allons pouvoir nous retrouver sous un autre jour. Différemment. Mieux. Mon cœur est lavé de toutes les pluies des petites tristesses et des frustrations, des sentiments d'injustice et d'ingratitude. Il est grand ouvert pour toi, ma Suzanne. Ma fille.

De tous les mots de cette lettre, ne retiens que ceux-là : je t'aime. Fort, fort, fort.

Ta « vieille » daronne

Le matin même, Andrea s'est relue dix fois, a hésité. A-t-elle raison de se livrer ainsi, de coucher noir sur blanc ses pensées les plus intimes et de les exprimer à sa fille sans pudeur ? Suzanne est-elle prête à recevoir une telle lettre ?

Elle a rangé le courrier dans son sac et a rejoint Gabriel pour déjeuner dans un bistrot. Son visage s'est éclairé quand elle l'a aperçu. Ils se sont étreints sans se soucier des autres, puis ont commandé un menu réconfortant.

La joie les met en appétit. Andrea lui parle de la lettre pour Suzanne.

— Tu ne veux pas y jeter un coup d'œil ? J'ai peur d'être à côté de la plaque. Je n'ai pas envie de me rater...

Elle lui tend la lettre. Il la lit scrupuleusement. Elle guette les expressions sur son visage. Les petits froncements de sourcils l'inquiètent. Elle n'a peut-être pas réussi à être convaincante.

— Tu peux me le dire, si c'est pas bon !

Il relève les yeux vers elle et l'engueule avec bienveillance.

— Et si tu arrêtais de faire les questions et les réponses ? Elle est parfaite, ta lettre. Très vraie. Très touchante...

— Tu ne crois pas que j'en dis trop sur mes états d'âme de mère ?

— Je ne trouve pas. J'aurais tellement aimé que ma mère m'envoie une telle lettre ! Tu montres une réelle envie de dépasser les difficultés, de maintenir un lien harmonieux avec elle. C'est génial, Andrea. Quoi de mieux pour un enfant que de sentir à quel point son parent est concerné, prêt à se remettre en question, à dialoguer. Les histoires de *daronnerie* ne sont jamais faciles, mais bon sang, ta fille a de la chance d'être aimée comme ça !

— Merci, Gabriel...

Les joues d'Andrea rosissent de contentement et de gratitude. Son retour positif sur cette lettre l'allège considérablement. Ils sont si importants pour elle, ces mots qu'elle va transmettre à Suzanne.

Le serveur débarrasse l'entrée et leur apporte le plat. L'occasion de poser un nouveau sujet de conversation sur la table. Après la fille, le mari. La guerre du divorce bat son plein. Marc se montre très belliqueux et rancunier, ce qui complique les démarches et crée un climat détestable. Heureusement, Gabriel l'épaule de tout son être malgré ses propres batailles.

Assis en face d'elle, il engloutit les dernières bouchées de son steak frites et lui raconte à son tour sa course aux castings, pour tenter de décrocher des rôles. Il pense que ses derniers essais ont été bons pour être pris dans une publicité. Ce n'est pas encore Byzance, mais c'est un début. Il compte se démener pour que sa carrière décolle. L'idée qu'Andrea puisse le prendre pour un loser le rend malade. Leur histoire d'amour est si belle ! Il ne voudrait pour rien au monde que sa situation professionnelle projette des ombres sur ce tableau idyllique. Parfois, ces soucis le tiennent éveillé. Un certain sentiment d'impuissance le gagne. Comment sortir du lot et être enfin repéré dans ce métier compliqué ? Tellement d'appelés, si peu d'élus…

Malgré tout, il s'efforce de faire bonne figure devant Andrea. Penchés l'un vers l'autre, ils regardent ensemble la carte des desserts et savourent la perspective d'un fondant au chocolat, lorsque le téléphone de Gabriel se met à vibrer.

— Un numéro inconnu. Je ne réponds pas.

— Mais si, vas-y !

— Non, plus tard. Je ne veux pas perdre une miette de toi, lui lance-t-il amoureusement en picorant ses lèvres.

Après le dessert, ils commandent des cafés. Andrea s'éclipse pour aller aux toilettes. Gabriel décide d'écouter son message.

« […] Je vous ai vu dans différentes séquences de la Darons Academy. J'ai adoré le spectre de vos émotions, votre intensité, votre authenticité. Quant au final de l'émission, c'était éblouissant, votre façon de sortir de vous-même ! Quelle force ! C'était poignant et transpirant de sincérité. Je ne sais pas dire si c'est votre talent de comédien ou si c'est tout simplement vous, l'homme, qui vous êtes pris à votre propre jeu, mais qu'importe. Vous m'intéressez ! Je voudrais que vous passiez un essai pour mon prochain film. Je vous laisse appeler mon assistante pour prendre rendez-vous. À très vite, Gabriel ! »

L'intéressé doit écouter une deuxième fois le message pour être sûr d'avoir bien compris le nom du réalisateur. Andrea revient s'asseoir et remarque que Gabriel est chamboulé.

— Pince-moi !

— Quoi ?

— Pince-moi.

— Ça va pas, non ? s'esclaffe-t-elle. Alors, ce message ?

Il enroule entre ses doigts l'une des boucles d'Andrea et se remémore la phrase du Dalaï-lama : « Il n'y a personne qui soit né sous une mauvaise étoile, il n'y a que des gens qui ne savent pas lire le ciel. »

— Je crois qu'un joli ciel se dessine pour nous, lui répond-il, volontiers énigmatique.

Elle fronce les sourcils, agacée de ne pas comprendre. *Elle est tellement craquante quand elle a cette moue !* Et il est si agréable de l'effacer d'un baiser.

Le téléphone d'Andrea se met à sonner à son tour, interrompant ce délicieux moment. Elle grimace, fâchée d'être importunée. Tout ce qu'elle veut, c'est profiter encore et encore de sa lune de miel de chaque instant avec Gabriel.

— Je m'en fiche, je ne réponds pas ! s'exclame-t-elle en jetant quand même un regard oblique sur son smartphone. Mince, c'est Suzanne…

Gabriel lui sourit avec indulgence.

— Allez, décroche, va ! C'est peut-être important.

Elle répond, non sans cacher dans sa voix un léger agacement.

— Suzanne ? T'es où ? T'es pas en cours ?

— Maman… J'ai besoin de toi… Mais promets-moi d'abord que tu ne vas pas te fâcher.

Andrea se décompose.

— Tu m'inquiètes… Qu'est-ce qui se passe, Suzanne ? demande-t-elle d'une voix blanche.

— J'ai fait une petite bêtise… souffle la voix à peine audible.

Elle explique l'affaire en quelques mots, supplie sa mère de venir la chercher. Andrea s'est redressée, droite comme un *i* sur son séant de daronne en alerte, le corps aussitôt imbibé d'adrénaline maternelle, prête à réagir au quart de tour pour lancer une opération de sauvetage en mode action-réaction. Andrea répond d'un timbre assuré de mère au garde-à-vous, ainsi qu'elle le fait chaque fois que sa fille a besoin d'aide.

— J'arrive !

Daron un jour, daron toujours.

Remerciements

Un (jamais assez) grand merci à mon éditrice Céline Thoulouze, mon binôme en or, avec qui c'est un bonheur de peaufiner le texte inlassablement, comme de la dentelle, et un tout aussi grand (voire gigantesque) merci à la super équipe Récamier qui m'accompagne dans toutes les étapes – oh combien nombreuses – pour créer ce merveilleux objet livre : Vanessa (ma lumineuse responsable com et image), Charlotte (ma non moins précieuse attachée de presse), Pauline (ma fabuleuse intermédiatrice et organisatrice des Salons et événements), Emma (ma perle assistante éditoriale à haut potentiel d'évolution), Maxime (mon top interlocuteur pour les chiffres et le commercial), Nathalie (mon super porte-parole des négociations de droits étrangers), sans oublier le travail formidable de : nos correcteurs, notre studio graphique à la créativité débordante, notre service fabrication avec l'incroyable Phousa, nos amis imprimeurs, tous nos représentants de France et de Navarre à la dynamique sans pareil et enfin, bien sûr, nos chers distributeurs et chers libraires, qui me font l'honneur de m'exposer en belle place.

La liste des remerciements s'allonge et tant pis si ça fait un peu remise des Césars… mais j'ai à cœur de n'oublier personne !

Merci à Apolline Etienne et Romina Schelling pour la lettre qu'elles auraient aimé écrire à leurs parents et que j'ai voulu conserver telles quelles dans le récit aux pages 206 et 210.

Merci aux filles de mes copines d'avoir accepté d'être interviewées ! Vous avez été géniales.

Suzanne et Louise (filles de Ludivine).

Chiara (fille d'Izumi).

Merci enfin, avec tout plein de superlatifs à mes plus proches, dont le soutien inconditionnel me donne la foi et l'énergie d'aller au bout de chaque nouvelle aventure éditoriale.